생명의 불꽃, 사랑의 불꽃

옮긴이 허상문(許詳文)은 대구에서 출생해서 영남대학교 영어영문학과와 동 대학원을 졸업했으며, 연세대학교 대학원, 영국 케임브리지대학교, 미국 워싱턴주립대학교에서 영문학을 수학·연구했다. 대구대학교 교수를 거쳐 현재 영남대학교 문과대학 영어영문학과 교수로 재직중이며, 문학평론집으로 <문학과 변증법적 상상력>, 세계기행산문집 <오디세우스의 유랑>, <시베리아는 눈물을 흘리지 않는다> 등이 있다.

발행일 • 2006년 9월 20일
지은이 • D. H. 로렌스/옮긴이 • 허상문/발행인 • 이성모/발행처 • 도서출판 동인/등록 • 제1-1599호
주소 • 서울시 종로구 명륜동2가 아남주상복합Ⓐ118호
TEL • (02) 765-7145, 55/FAX • (02) 765-7165/E-mail • dongin60@chol.com
Homepage • donginbook.co.kr

ISBN 89-5506-305-9
정가 10,000원

※ 잘못 만들어진 책은 교환해드립니다.

D. H. 로렌스 수필 모음

생명의 불꽃, 사랑의 불꽃

허상문 옮김

도서출판 동인

옮긴이의 말

　20세기 영국의 대표적인 작가 중 한 사람인 데이비드 허버트 로렌스(David Herbert Lawrence)는 불꽃같은 문학의 세계를 지피면서 불꽃같은 생애를 살다 간 작가였다. 영국의 중부 노팅엄(Nottingham) 시의 작은 마을 이스트우드(Eastwood)에서 로렌스는 1885년 9월 11일 한 광부의 3남 2녀 중 넷째로 태어났다. 로렌스가 태어난 이스트우드는 그가 태어나기 훨씬 전인 빅토리아 시대부터 탄광도시로 발전하여 오다가 1860년경에 이르러서는 산업화의 현장으로 발전해 온 곳이다. 로렌스의 아버지 존(John)은 이곳에서 광부로 일하였으며, 그는 거의 문맹에 가까워 본능적인 삶을 영위하였다. 그의 생활은 정신적・지적인 것과는 거리가 멀었고 완전히 육체적이며 관능적이었다. 반면에 어머니 리디아(Lydia Beardsall)는 청교도적인 신앙심을 가진 지적인 여자였다. 그녀는 사립학교에서 교육을 받았으며 철저한 금욕주의자여서 성격과 기질의 여러 가지 면에서 남편과는 대조적이었다.

로렌스는 이스트우드 초등학교를 다녔고, 12세 때 노팅엄 고등학교에 입학했다. 노팅엄 대학교에 재학 중이던 때에 단편소설과 희곡 등을 비롯하여 장편소설인 『백공작』(The White Peacock)을 집필하기 시작하였다. 1908년부터는 크로이든(Croydon)의 데이비드 로드 스쿨(David Road School)에서 교편을 잡게 되는데, 이때 『백공작』을 고쳐 쓰고 이곳에서 사귄 헬렌 코크(Helen Corke)라는 여인과 체험한 비련을 토대로 『불법 침입자』(The Trespasser)를 썼다. 이즈음 10여 년 동안이나 깊게 교제해 온 제시 쳄버즈와 헤어지고 대학 친구인 루이 버로우즈(Louie Burrous)와 약혼했다. 로렌스의 이러한 급격한 행동은 어머니와의 깊은 심리적 관계로 다른 여성을 완전히 사랑할 수 없었던 일종의 이디푸스 콤플렉스(Oedipus Complex)적인 감정에서 나온 행동으로 이해할 수 있다. 1910년 12월 장기간 투병해 온 어머니가 돌아가시자 그는 심한 충격을 받았으며, 1912년 초에는 브로우즈와의 약혼도 파기하고 마음의 병을 치유하는 자세로 자서전적 소설인 『아들과 연인』(Sons and Lovers)을 쓰기 시작한다.

그 해 4월 로렌스는 노팅엄 대학 시절의 스승인 위클리(Ernest Weekley) 교수의 아내인 프리다(Frieda)를 만나게 된다. 프리다는 이지적인 여성이었지만 로렌스와의 사랑을 위해 10년을 함께 살아온 남편과 사랑하는 세 자식을 버리고 로렌스와 함께 유럽으로 사랑의 도피행각에 나섰다. 로렌스는 이탈리아에 머물면서 『아들과 연인』을 다시 썼으며, 또한 『무지개』(The Rainbow)의 전신인 『자매들』(The Sisters)을 쓰기 시작했다. 1913년 5월 영국에서 『아들과 연인』이 출판되었고, 1914년에는 프리다와 위클리 교수와의 이혼이 성립되어 그 해 7월 13일에 두 사람은 정식으로 결혼하였다. 로렌스는 결혼 이후 안정된 생활을 하게 되고 프리다로부터 작품을 쓰는데 많은 영향을 받았다.『무지개』가 나오기 전까지만 해도 로렌스는 문학적 재능이 있는 소설가로 인정을 받았으나『무지개』에 나타난 노골적인 성 묘사 때문에 1915년 11월에 외설물이라는 낙인이 찍혀 발매 금지가 되기도 한다.

    제1차 세계대전이 끝난 후 그는 다시 영국을 떠나 방랑생활을 시작하여 이탈리아, 오스트레일리아, 미국의 뉴멕시코, 그리고 멕시코 등지로 방랑의 생활을 거듭하며 새로운 삶의 세계를 찾아 나선다. 그는 여행을 통하여 갈수록 궁지로 몰려가는 듯한 문명세계를 벗어나 원시의 세계를 찾고자 했고, 지성보다 본능에 기초를 둔 삶의 방식이 잔존하고 있는 고장을 찾고자 했다. 그는 1927년 『채털리 부인의 사랑』(*Lady Chatterley's Lover*)을 쓰기 시작했으며, 1928년에는 독일에서 이 소설을 완성한 후 자비로 출판코자 했으나 다시 외설성 시비 때문에 엄청난 물의를 일으킨 가운데 판매 금지되었다. 그 후 그는 소설 창작을 거의 포기하다시피 하게 된다. 이때부터 로렌스의 병이 아주 악화되어 1930년 2월에 프랑스 남쪽으로 옮겨갔다. 같은 해 3월 2일 밤, 방스의 로베르몽에서 사망하여 3월 4일 그곳 공동묘지에 안치된다. 그야말로 '불꽃같은 삶과 문학'을 이국 땅에서 마감한 것이다.

    로렌스는 20세기 초에 인간의 생활이 기술화되고 기계화됨에 따라서 본질적인 인간의 삶과 인간관계가 상실되어 가는 것을 목격하게 되었다. 그래서 현대 문명사회의 병폐와 비인간화된 기존 사회제도에 반기를 들고, 일생동안 인간의 참다운 삶의 본질을 추구한 영문학사상 가장 독특한 개성을 지닌 작가 중의 한 사람이다. 그는 인간의 삶을 꿰뚫어 보는 예리한 직관력과 통찰력으로 현대 문명사회가 지성과 본능의 균형과 조화를 잃고 파괴적인 삶을 영위하고 있음을 간파했다. 그는 현대인간이 지성을 앞세워 과학문명만을 발전시키고 모든 자연적이고 인간적인 것을 부정하려는 경향에 맹렬히 반발하였다. 기독교 문명이 영혼과 정신을 강조한 나머지 육체의 본질을 부자연하게 억압한 것과 마찬가지로, 물질 문명이 인간을 기계의 노예로 만드는 것도 신랄하게 비판하였다. 그는 언제나 인간과 인간의 삶에 있어서 무엇보다 중요한 것은 '생명력'이라고 생각했다. 현대의 문명과 과학기술은 엄청난 발전과 진보를 이루고 있지만, 그것은 항상 이성과 지성에만 바탕 한 것이어서 진정한 생명은 찾아볼 수 없다는 것이다.

  현대사회와 과학기술이 생명력 있는 삶이어야 한다고 강조한 것과 마찬가지로 그 속에서 영위되는 인간관계도 항상 생명력 있는 관계이어야 한다고 로렌스는 주장한다. 로렌스는 인간의 삶은 일련의 관계의 연속으로 이루어진다고 보았다. 인간과 사물의 관계, 사물과 사물의 관계, 인간과 인간의 관계 등의 일련의 관계에 의해서 삶은 형성된다. 그런데 이러한 관계 중에서도 인간과 인간의 관계는 가장 중요한 것인데, 그 중에서도 특히 남녀의 관계는 무엇보다 중요한 관계라고 로렌스는 파악한다. "인간의 위대한 관계는 남녀의 관계이며 남성과 남성간의, 여성과 여성간의, 부자간의 관계는 2차적인 의미밖에는 없다"라는 견지에서 남녀

관계를 무엇보다 중요한 관계로 생각한 것이다. 현대사회가 갈수록 혼돈스럽고 어려운 상황으로 치닫는 것도 바로 건전한 남녀 관계가 이루어지지 못하기 때문이라는 것이다. 남녀관계 중에서도 건강하고 생명력 있는 육체적 관계가 중요하다고 로렌스는 생각한다. 물론 로렌스가 정신이라든지 영혼을 무시하는 것은 아니다. 그러나 영혼과 정신만으로는 인간이 존립할 수 없으며, 육체와 본능이라는 그에 못지 않은 중요하고 건전한 본성을 무시해서는 안 된다는 것이다. 그는 이것을 '피(blood)의 교류'라고 명명한다.

로렌스는 현대사회 혹은 현대문명의 혼란은 관념적 가치와 정신적 의식을 지나치게 강조함으로써 '육체와 피'의 의식을 거부하고 있다고 한다. 그리하여 현대사회의 인간관계 혹은 남녀관계에서는 진정한 '사랑'이 부재한다. 로렌스는 이 같은 현상을 누구보다도 강렬하게 저주하며 새로운 사회의 건설을 갈망한다. 그는 현대사회가 인간의 개성을 위축시키고, 지성의 발달이 인간을 불건전하게 만든다고 주장하면서 문명을 포기하고 원시와 본능으로 되돌아가 원시적인 생명력과 사랑을 회복함으로써 완전한 인간관계를 확립해야 한다고 주장한다. 즉, 완전한 '생명'과 '사랑'의 수립이야말로 현대문명과 사회의 혼란을 조정할 수 있으며, 이를 통하여 새로운 사회를 건설할 수 있다고 주장한다. 이러한 생명주의 내지 인간주의가 바로 로렌스의 독특한 문학사상의 중심을 이루고 있다.

그렇다. 로렌스의 주장대로 생생하게 살아 움직이지 못하는 삶이 무슨 의미가 있을 것이며, 살아 꿈틀대지 못하는 사랑이 어찌 진짜 사랑이라 할 수 있겠는가. 나중에 비록 한줌의 재가 되어 사라진다 해도 불꽃같이 활활 타오르는 삶과 사랑을 우리는 소망한다.

 이 책은 바로 이 같은 로렌스의 사상을 잘 보여주는 에세이들을 모아 번역한 것이다. 로렌스가 일생동안 규명하고자 했던 과학기술문명 속에서의 진정한 삶의 회복, 그리고 바람직한 인간성 회복과 인간관계의 추구라는 주제는 『아들과 연인』, 『무지개』, 『연애하는 연인들』 같은 소설 속에서만 나타나는 것이 아니다. 그의 에세이와 시에서도 이 같은 사상은 계속해서 나타나고 있다. 주옥같은 로렌스의 에세이를 통해서 '생명'과 '사랑'이라는 이 영원한 지상의 명제를 새롭게 음미해 보는 기회를 가져 볼 수 있게 되기를 바란다.

 이 책은 *Reflections on the Death of a Porcupine and Other Essays* (Cambridge: Cambridge University Press, 1988); *Selected Essays* (Harmondsworth: Penguin Books, 1950)에서 발췌한 에세이들을 번역대본으로 삼았다. 흔쾌히 출판을 허락해주신 도서출판 동인의 이성모 사장님께도 감사 드린다.

2006. 9.
허상문

차례

1. 생명의 불꽃

생명 ... 15
책 ... 24
어느 호저의 죽음에 관한 명상 ... 32
인간이라는 존재에 대하여 ... 59
문명의 노예 ... 72
구름 ... 80
왜 소설이 중요한가 ... 91
음악과의 사랑 행위 ... 102
머큐리산 ... 114
뉴멕시코 ... 122
미국원주민과 한 영국인 ... 136

2. 사랑의 불꽃

사랑 … 153
아무도 나를 사랑하지 않는다 … 165
인간의 운명에 대해 … 180
성(性) 대 사랑스러움 … 193
성의 탄생 … 204
여성의 유형(類型)에 대해 … 225
수탉 같은 여자, 암탉 같은 남자 … 233
남자는 일 해야 하고 여자도 마찬가지이다 … 240
여자들은 독단적이다 … 258
부모의 사랑 … 263
진짜 중요한 것 … 282

1

생명의 불꽃

생명

　　인간은 우주의 시작과 끝의 한가운데에 서 있다. 인간은 피조물도 아니요 창조주도 아니다. 인간은 창조의 핵심이다. 인간은 한편으로는 무한한 창조의 힘을 가지고 있으면서, 다른 한편으로는 이미 창조된 우주, 즉 유한한 영혼의 세계까지도 가지고 있다. 그러나 인간은 무한의 세계와 유한의 세계와는 분명히 구별되는 또 다른 것이라 할 수 있다. 즉 인간은 창조 그 자체이며 그것도 완벽한 창조이다.

　　인간은 혼돈 속에서 미완성의 상태로 태어난다. 또한 인간은 창조된 것이 아니라 원래 존재하고 있었던 것이며, 불완전하고 미숙하고 아직 완성되지 않은 아기, 어린아이, 생물인 것이다. 인간은 서서히 완성된 상태에 이르러, 마침내 완전함의 경지에 들어와 순수하고 무한한 존재가 된다. 그것은 낮과 밤 사이에 떠 있는 별처럼 다른 세계를 보여준다. 그리고 그것은 시작도 끝도 없으며, 창조가 모두 이루어져서 이제 창조주를 넘어 완벽의 경지에 있는 또 다른 세계라 할 수 있다. 또한 그것은 생명 그 자체를 넘어 살아 있는 상태, 죽음을 넘어 죽어 있는 상태, 이러한 두 세계의 특징을 모두 지니고 있으면서 동시에 두 세계를 초월한 상태인 것이다.

인간은 진정 자기 자신으로 존재할 때 비로소 삶과 죽음을 초월한 존재가 된다. 즉 인간은 이 두 특징이 완벽하게 조화를 이룬 결정체인 것이다. 그러므로 인간은 새들의 노래 소리와 뱀의 침묵을 이해할 수 있게 된다.

그러나 인간은 자기 스스로를 창조할 수 있는 능력을 가질 수도 없고, 자기 스스로 창조의 궁극 점에 도달할 수도 없다. 일생동안 인간은 지상이 아닌 공중을 떠돌고, 완벽이라는 또 하나의 세계에 들어갈 수 있을 때까지 떠돌아다니는 것이다. 즉 인간은 스스로를 창조할 수 없으며, 정지된 창조의 궁극 점에 도달할 수도 없다. 그리고 인간은 창조를 시작할 수 없고 이미 창조되어 있는 상태에 머물 수도 없다. 그렇다면 인간은 이 둘 모두를 초월하고 있는 이유는 무엇일까?

인간은 우주의 시작과 끝의 한가운데에 서있다. 그 곳에는 창조를 주관하는 힘과 이미 창조되어 있는 어떤 것이 존재하고 있으며 공존과 초월도 모두 바로 그곳에 있는 것이다.

인간은 스스로를 창조할 수 없다. 한순간도 인간은 스스로를 창조할 수 없다. 그러므로 인간은 모든 것을 창조하는 태초의 신비의 존재인 창조주에게 종속될 수밖에 없다. 그래서 매순간 우리는 태초의 신비로부터 퍼져 나와 균형을 이루는 불길처럼 창조의 일을 계속 하고 있다. 우리는 그 일에서 손을 뗄 수도 없고, 그렇다고 그 일을 완성할 수도 없다.

매순간 우리는 그 신비로부터 흘러나오게 된다.

이것이 바로 우리 존재에 대한 최초의 가장 위대한 진실이라고 말할 수 있다. 우리의 모든 지식은 바로 이 기본적인 진실을 그 바탕으로 삼고 있다. 우리는 태초의 신비의 힘으로부터 창조된다. 내 손과 발을 보라, 바로 거기에서 창조된 우주가 끝나고 있도다! 그 생명의 힘과 그 힘의 근원과 나의 생명의 근원을 누가 알 수 있겠는가? 그러나 매순간 촛불의 심지에서 곧게 타오르는 불꽃처럼 나는 내 영혼의 심지 위에서 순수하고 뛰어난 균형감각을 유지하면서 타오르고 있다. 또한 나는 태초의 신비가 가지고 있는 창조력이 풍부한 어둠과 사후(死後)의 마지막 어둠 사이에 놓인 육체의 불꽃처럼 균형을 잘 이루어 안정감 있게 타오르고 있다. 바로 거기에서 모든 것이 창조되고 끝을 맺는 것이다.

우리는 시작과 끝을 주관하는 두 어둠사이의 불꽃처럼 균형이 잘 이루어져 있다. 우리는 신비의 힘으로부터 나와 그곳으로 다시 되돌아간다. 그러나 우리에게 시작은 끝이 될 수 없고 그 둘은 하나가 될 수 없다.

우리의 할 일은 이 두 가지 신비의 힘 사이에서 순수한 불꽃을 태우는 것이다. 우리는 완벽이라는 경지의 세계에 이르러 존재를 완성해야 한다. 그 세계는 바로 순수한 창조의 세계를 말하는 것이다. 둘이면서 하나인 삶과 죽음의 정점에 이르러 바로 그 순간 삶과 죽음을 초월한 완전히 다른 세계에서 다시 태어나야 한다.

분명히 있다는 것을 알지만 나에게는 보이지는 않는 그 신비의 힘을 향해 내 얼굴을 돌려본다. 장님이 태양을 향해 얼굴을 돌리는 것처럼 나도 그렇게 해본다. 나는 창조의 시작인 미지의 세계를 향해 고개를 돌린다. 그리고 장님이 태양을 향해 그의 얼굴을 들어 올리는 것처럼 나는 창조의 근원으로부터 나에게 흘러 들어오는 한 줄기 빛의 달콤함을 알고 있다. 그리고 알고는 있지만 영원히 볼 수 없는 그 신비의 힘으로부터 나는 선물을 받는 것이다. 이렇게 하여 나 자신은 미지의 창조주로부터 흘러 들어온 것임을 알게 되는 것이다. 한 톨의 씨앗이 미지의 존재로부터 햇빛을 받고 완전하게 자라는 것처럼, 나는 모습을 드러내지 않는 그 위대한 태초의 창조력이 가지고 있는 온기를 향해 문을 열어 놓고 존재의 완성을 시도해본다.

이것이 바로 원리인 것이다. 우리의 존재는 무엇으로부터 시작되었는지 결코 알 수 없을 것이다. 그리고 어떻게 현재의 모습과 형태를 갖추게 되었는지도 결코 알 수 없다. 그러나 영혼과 육체의 문을 통해 생생한 미지의 존재가 어떻게 들어오는지에 대해서는 알고 있다. 누가 오고 있는가? 밤에 밖에서 들려오는 목소리의 주인공이 누구인가? 누가 문을 두드리는가? 누가 또 다시 두드리는가? 문을 고통스럽게 여는 자가 과연 누구인가? 이제 우리는 이런 것들을 모두 알게 된다.

그렇다면 이제 무엇이 보이는지 살펴보자. 우리의 몸 속 한가운데 무엇인가 새로운 것이 들어와 있다. 그러나 눈을 깜빡거려보지만 보이지 않는다. 그러면 지금까지 알아낸 우리 존재에 대한 이해의 등불을 들어 올려 본다. 그 지식의 빛으로 우리 몸 속에 들어와 있는 낯선 사람을 비춰 본다. 마침내 우리는 그 새로운 사람을 받아들이고, 그는 우리와 함께 지내게 된다.

우리의 생명은 바로 그렇게 얻어지는 것이다. 우리는 또 다시 어떻게 새로운 것이 되는가? 어떻게 변하고 발전하는가? 우리보다 더 나은 새로운 존재가 어디로부터 우리에게 오는가? 무엇이 우리에게 더 추가되고, 그것은 어떻게 실현되는가?

신비의 힘, 즉 태초의 미지에서 모든 창조가 일어나 드디어 그것이 우리에게 이르게 된 것이다. 그런데 우리가 와달라고 언제 요구한 적이 있는가, 우리가 새로운 존재를 불렀는가, 우리를 새롭게 창조해서 새롭게 완성해달라고 명령했는가? 우리는 결코 그렇게 한 적이 없다. 그리고 그것은 우리의 능력 밖에서 일어나는 것이므로 우리가 어떻게 할 수 없는 것이다. 우리는 스스로의 힘으로 창조된 것이 아니다. 낯설고 새로운 무엇이 미지의 세계, 즉 외부의 위대한 어둠으로부터 나와 문지방을 넘어와 우리 앞에 다가선다. 그리고는 우리의 몸 속으로 들어와 활동을 시작하는 것이다. 우리는 절대 우리 스스로의 힘으로 만들어진 것이 아니라 외부에 있는 미지의 존재로부터 이루어지게 된 것이다.

이것이 인간 존재에 대한 가장 위대한 최초의 진실이다. 우리는 어떻게 생겨나게 되었는가? 우리는 우리 스스로가 만들어낸 존재가 아니다. 스스로 새로운 것을 만들어낼 수 있다고 그 누가 말할 수 있는가? 우리는 스스로의 힘이 아닌 내 몸 속에 들어온 신비의 힘으로부터 생겨난다.

어떻게 신비의 존재가 내 몸 속에 들어올 수 있을까? 이미 미지의 존재가 내 몸 속에 들어와 있는 것이다. 왜냐하면 내가 살아 있는 동안 닫혀 있지도 않고 따로 분리되어 있지도 않기 때문이다. 나는 오직 화려하게 빛을 발하면서 변화하는 창조의 추이를 따라 미지에서 미지로 흘러

가는 불길인 것이다. 나는 완전한 존재의 모습을 바꾸어 가면서 단지 최초의 미지에서 최후의 미지로 흘러갈 뿐이다. 무엇이 시작을 부르는 신비의 힘이고, 무엇이 끝을 맺는 힘인가? 존재의 완성을 통해 신비의 두 존재가 하나로 합일되는 경지, 즉 한 송이의 장미가 이루는 완전함의 경지에서 끝을 맺는다고 하는 설명 이외는 대답할 길이 없다.

시작을 불러오는 신비의 힘은 영혼을 통하여 내 몸 속으로 들어온다. 그러면 내 영혼은 고통스러워하고 불편해한다.

내 영혼은 밤새 저 멀리서 다가오는 발자국 소리를 듣는다. 누가 오고 있는가? 그 낯선 사람이 들어오도록 문을 열어라. 또 문을 열어라. 내 영혼 속에서 나는 혼자서 가만히 그 낯선 사람을 기다리고 있다. 나의 영혼은 두려움과 그 새로운 사람에 대한 공포로 괴로워하고 있다. 그렇지만 기대에 차 기다리는 긴장감도 있다. 나는 그가 나를 찾아오기를 바라고 있는 것이다. 그리고 또 그 새로운 사람을 만나보기를 기대하고 있다. 왜냐하면 지금 나는 외롭고 지쳐 있으며 자만심에 가득 차 생명력이 없어졌기 때문이다. 여전히 내 영혼은 정신을 바짝 차리고 미소를 지으며 묘한 기대감에 가득 차 기다리고 있다. 이제 바로 그 순간이 다가오고 있다. 그 새로운 사람이 지금 오고 있는 것이다.

나는 귀를 기울이며 내 영혼 속 깊은 곳에서 그 소리를 들으려고 준비하고 있다. 미지의 세계로부터 많은 소리가 들려온다. 저건 확실히 발자국 소리일거야. 나는 급히 문을 연다. 그러나 아무도 없다. 나는 참고 기다려야 한다. 항상 자지 않고 깨어서 그를 기다려야한다. 내 스스로의 힘으로는 일으킬 수 없는 일이기 때문이다. 이렇게 마음속에서 일어나는 초조함을 억누르면서 기다리고 지켜보는 법을 배운다.

　마침내 온갖 욕망과 지루함을 견딜 수 없어 문을 열어보니 여기 새로운 사람이 서 있는 것이다. 이 얼마나 기쁜 일인가! 내 몸 속에 새로운 창조의 세계가 있다니! 아, 아름답기도 해라! 아, 기쁘고도 기쁘다! 미지의 세계로부터 창조된 나에게 그 미지의 힘이 더해진 것이다. 기쁨과 힘의 샘물이 내 안에 가득 채워진다. 즉 나는 존재의 새로운 단계로 올라가 새로운 창조를 실현하고 있다. 장미 중에서도 가장 새로운 장미로 되어 지상 위의 새로운 천국으로 올라간다.

　이것이 우리들의 창조에 관한 이야기다. 다른 길은 없을 것이다. 내 영혼 속에서 인내심을 기르면서 가만히 서서 기다려야만 한다. 무엇보다도 내 영혼 속에 울려 퍼지는 소리는 내가 미지의 존재를 기다리라고 하는 메시지임에 틀림없다. 이유는 내 스스로 아무것도 할 수 없기 때문이다. 나는 미지의 존재를 기다리고 그로부터 나의 새로운 창조가 시작되는 것이다. 결코 나 혼자의 힘으로 되는 것이 아니라 강한 믿음과 기다림으로 이루어지는 것이다. 나는 숲 가장자리에 자리 잡고 있는 작은 집과도 같다. 창조의 영원한 밤, 즉 숲 속의 보이지 않는 어둠으로부터 창조의 영혼이 내게로 온다. 그래서 나는 창가에 불을 밝혀두어야 한다. 그렇게 하지 않으면 창조의 영혼이 나의 집을 어떻게 볼 수 있겠는가? 만약 잠과 공포의 어둠 속에 싸여있는 집이라면, 천사는 그냥 지나쳐 버릴 것이다. 무엇보다도, 나는 두려워해서는 안 된다. 나는 깨어서 지켜보며 기다려야 한다. 장님이 태양을 찾는 것과 같이, 나는 미지의 어둠을 향해 내 얼굴을 들어올리고, 태양이 나에게 비칠 때까지 기다려야 한다.

창조를 위해 용기를 가져야 한다. 내가 난롯가에 쪼그리고 앉아 있다면 아무 소용이 없다. 이렇게 앉아 있으면 나에게 아무것도 가져다주지 않을 것이다.

일단 미지의 존재로부터 새로운 힘이 내 영혼 속으로 들어오게 되면 나는 기쁨을 느끼게 된다. 이제 누구도 더 이상 나를 초라하게 만들 수 없다. 왜냐하면 내가 새로운 존재의 완성을 위한 잠재력을 가지고 있으며 새로운 존재의 완성을 이룰 수 있는 씨앗을 가지고 있기 때문이다. 내 삶을 구성하고 있는 것을 찾으려고 더 이상 힘없이 문턱에서 서성댈 필요가 없는 것이다. 그 몫이 내게 주어졌고, 나는 이제 시작할 수 있다. 보이지 않는 완성의 장미가 내 안에 잉태되었고 결국 절대적인 힘을 가진 저 먼 하늘에서 빛나게 될 것이다. 장미가 내 안에 잉태되어 있으면 모든 산고가 즐거움이 되는 것이다. 만약 내가 창조의 힘을 지닌 보이지 않는 장미의 새싹이라면, 산고를 얼마든지 견딜 수 있다. 그것은 새로운 기쁨과 더불어 오는 통증일 뿐이다.

내 가슴은 항상 별과 같이 기쁘다. 그리고 내 가슴은 선명한 빛을 띤 별이며, 불씨로부터 스스로 조금씩 빛을 내며 떨고 있는 별이다. 이제 창조의 힘을 얻었고 뿌리내린 장미 중의 장미를 얻게 된 것이다.

내가 누구에게 경의를 표하고 누구에게 나 자신을 맡겨야 하는가? 신비의 힘, 오직 미지의 존재인 성령에게 맡겨야 한다. 생명을 불러일으키는 존재를 기다리고 있는데 바로 그 때 모든 것을 창조하는 위대한 힘을 가진 미지의 존재가 나를 알아본다. 그리고 내게 고개를 돌려 나에게 모든 것을 일깨워준다. 이것이 나의 기쁨이고 즐거움이다. 그리고 다시,

나는 미지의 끝, 즉 최후의 어둠을 향해 고개를 돌리게 된다. 그것이 내 생명의 끝으로 나를 이끌어 갈 것이다.

　　나는 낯설지만 창조의 힘을 가진 미지의 존재가 내 문안으로 들어오는 것을 두려워하는가? 나는 오직 고통과 말할 수 없는 즐거움을 느끼면서 그것을 두려워한다. 그리고 나는 죽음의 보이지 않는 손이 나를 어둠 속으로 낚아채, 내 삶의 줄기로부터 나를 한 송이씩 꺾어 모은 다음 나를 사후의 미지의 세계로 데려가려는 것을 두려워하는가? 나는 오직 경외심과 야릇한 만족감을 느끼며 그것을 두려워할 뿐이다. 왜냐하면 나의 최후의 만족은 평생 동안 한 송이씩 꺾여 나의 종말을 이루는 미지의 완결된 세계로 들어가는 것이기 때문이다.

책

책은 단지 장난감에 불과한가? 의식의 장난감인가?

그렇다면 인간은 무엇인가? 영원토록 총명한 아이인가?

인간은 '책'이라 불리는 인쇄된 장난감을 가지고 영원히 즐겁게 노는 총명한 아이에 지나지 않는가?

그렇기도 하다. 가장 위대한 인간조차도 놀랍도록 훌륭한 장난감을 만드느라 대부분의 시간을 보낸다. 『피크윅』이나 『탑에 선 두 사람』과 같은 장난감을.

그러나 그 이상의 것이 있다.

인간은 사고의 탐험가이다. 인간은 의식의 위대한 모험이다.

그 모험이 어디에서 시작되었고 어디에서 끝날 것인지는 아무도 모른다. 그러나 우리는 여기에 있다. 이미 한참을 왔는데, 어떤 끝도 보이지 않는다. 여기서 우리 인간 의식의 비참한 유대인들은 세계의 혼란이라는 황무지에서 길을 잃고 킬킬거리고 재잘거리며 야영을 하고 있다.

더 이상 멀리 갈 필요가 없다.

좋다. 캠프를 세우고 어떻게 되는지 보자. 최악의 상황이 최악이 되면 분명 황동 뱀을 세울 모세가 나타난다. 그러면 우리는 다시 떠날 수 있다.

인간은 사고의 탐험가이다. 인간은 사고하면서 긴 시대를 지나왔다. 인간은 나무나 돌과 같은 작은 형태를 만들어 생각을 표현했었다. 그리고는 오벨리스크와 점토판과 파피루스에 상형 문자로 생각을 담았다. 지금은 책 안에 즉 두 장의 덮개 사이에 생각을 담는다.

책의 가장 나쁜 점은 두 개의 덮개로 닫아버린다는 것이다. 인간이 바위나 오벨리스크에 써야 했을 때는 거짓말하기가 어려웠다고 할 수 있다. 일광이 너무나 강했기 때문이다. 그러나 곧 인간은 자신의 모험을 동굴이나 비밀 소굴이나 사원으로 가지고 들어가 자신만의 환경을 만들고 자신에게 거짓말을 할 수 있었다. 그렇다면 책은 두 개의 뚜껑이 달린 지하 소굴이다. 그 안은 거짓말하기에 완벽한 장소이다.

이는 인간 의식의 긴 모험에 있어서 진정한 딜레마에 부딪히게 한다. 인간은 거짓말쟁이이다. 인간은 그 자신에게 거짓말을 한다. 그리고 한번 인간이 자신에게 거짓말을 하고 나면, 그 거짓말은 마치 그의 코끝에 붙은 '인광'과 같아서 그 거짓말을 따라 돌고 돌게 한다. 구름 기둥과 불기둥이 인간이 그 놀이를 끝내기를 기다리고 있다. 조용히 옆에 서서, 인간이 코끝에 있는 그 도깨비불을 문질러 끄기를 기다린다. 그러나 인간은 거짓말을 따르면 따를수록 빛을 볼 수 있다고 더 확신하게 된다.

인간의 삶은 의식으로의 끝없는 모험이다. 낮에는 구름 기둥이, 밤에는 불기둥이 앞서서 시간의 황야를 통과한다. 인간이 자신에게 거짓말을 하고 또 다른 거짓말을 하는 한 거짓말은 마치 나귀 앞의 당근처럼 인간을 앞서 간다.

　인간의 의식 속에는 두 가지 체계의 지식이 있다. 그 자신이 말하는 것과 그가 찾아낸 지식이다. 그 자신이 말하는 것은 거의 항상 즐거운 것이지만 거짓말이다. 그가 알아낸 것은 보통 처음부터 쓴 편이다.

　인간은 생각의 모험가이다. 그렇지만 생각은 물론 발견을 의미하는 것이다. 진부한 사실을 자신에게 말하는 것이나 잘못된 결론을 이끌어 내는 것을 의미하는 것은 아니다. 생각은 모험이지 속임수가 아니다.

　그리고 물론 생각은 인간 전체의 모험이며, 재치만의 모험이 아니다. 그래서 칸트나 스피노자를 전적으로 믿을 수는 없는 것이다. 칸트는 자신의 머리와 정신으로는 생각했지만 그의 피로는 전혀 생각하지 않았다. 피 또한 인간의 내부에서 어둡고 심도 있게 생각을 한다. 피는 갈구하는지 혐오하는지를 생각하며 이상한 결론을 내린다. 내 머리와 정신으로부터 나온 결론은 만약 모든 인간들이 서로 사랑한다면 이 인간 세상은 완벽해질 것이라는 것이다. 내 피가 내린 결론은 터무니없다고 하면서 그런 곡예를 조금은 역겨워한다. 내 피는 완벽한 것이라는 것은 없다고 말한다. 점점 더 위험해지는 계곡을 따라 의식으로의 길고도 끝없는 모험이 있을 뿐이다.

　인간은 그의 머리와 정신이 자신을 잘못 인도하고 있다는 사실을 알고 있다. 우리는 현재 완전히 길을 벗어나 모든 것이 완벽하다면 얼마나 좋을 것인가 라고 말하는 정신을 따르고, 또 우리가 피를 가진 집요한 존재라는 성가신 현실을 제거하기만 한다면, 우리는 완벽한 모든 것을 가질 수 있다고 말하는 우리의 머리에 귀를 기울인다.

우리는 불행하게도 길을 벗어나 있으며, 마치 길을 잃은 사람처럼 언짢은 상태이다. 그리고 우리는 말한다. 나는 상관하지 않겠다. 운명이 해결하겠지.

운명이 해결하지는 않는다. 인간은 생각의 모험가이며, 생각의 모험이 길을 재발견할 뿐이다.

우리의 문명을 보라. 우리가 문명인이 된 후 문명이 별로 마음에 들지 않는다는 것을 깨달았기 때문에 우리는 화가 나 있다. 우리는 천년 동안 문명을 건설해왔으며, 너무 거대해서 바꿀 수가 없다. 그래서 결국 문명을 싫어한다.

정말 비극이다! 어떻게 해야 하는가?

그런데, 아무것도 할 것이 없다! 여기 우리는 우리가 하고 있는 놀이를 좋아하지 않는다는 이유로 부루퉁한 아이들처럼 우리들의 의지와는 어긋나게 놀이를 하도록 강요되었다고 느끼면서 심통을 부리고 있다. 그래서 놀이를 하지만, 실쭉해져서 아무렇게나 한다.

우리는 놀이를 아무렇게나 하고 있으며, 따라서 당연히 놀이는 점점 악화된다. 뒷일은 될 대로 되라.

얼마든지! 그러나 대홍수는 노아와 방주를 전제한다. 옛 모험과 옛 모험가를.

그렇게 생각하니까 대홍수보다 노아가 중요하고, 쓸려져 나간 모든 세상보다 방주가 더 중요하다.

지금 우리는 마음이 언짢아 있어 홍수가 밀려와 우리들의 세상과 문명을 쓸어가기를 기다리고 있다. 좋다. 오라고 하자. 그러나 누군가는 노아의 방주를 마련해 놓아야 한다.

예를 들어, 우리는 만약 끔찍한 충돌과 유혈사태가 온 유럽을 덮친다면, 그 충돌과 유혈사태로부터 필연적으로 갱생한 영혼의 생존자들이 일어설 것이라고 상상한다.

우리는 착각하고 있다. 러시아의 끔찍한 시대를 피해 살아남은 사람들을 보더라도 갱생한 영혼은 별로 없다. 그들은 그 어느 때보다 더 두려워하고 분별이 없다. 큰 재난은 인간성을 부활시키는 대신에 결국 인간성을 잃게 한다.

어떻게 해야 하는가? 만약 엄청난 재앙이 우리가 이미 잃은 만큼보다 더 심하게 인간성을 잃게 할 뿐이라면, 엄청난 재앙은 아무런 소용이 없다. 따라서 문명이라는 엄청난 덫에 걸려있는 불쌍한 우리들에게는 아무 것도 소용이 없다.

재앙 하나만으로는 결코 인간에게 도움이 된 적이 없었다. 언제라도 소용이 되는 단 한 가지는 인간의 영혼 속에 살아 있는 모험의 섬광이다. 만약 살아 있는 모험의 섬광이 없다면, 죽음이나 재난은 내일 신문만큼이나 의미가 없다.

로마의 몰락을 예로 들어보자. 기원 후 5, 6, 7세기의 암흑시대에, 로마 제국에서 일어났던 재앙들은 로마인들을 조금도 바꾸지 못했다. 그들은 재난에 상관하지 않고 똑같이 행동하면서, 우리가 지금 그러하듯이, 즐길 수 있는 만큼 즐겼다. 그러는 사이에 훈족[1]), 고트족[2]), 반달족[3]), 서

고트족4) 등이 그들을 전멸시켰다.

어떤 결과가 있었는가? 미개의 물결이 일어나 유럽을 끝에서 끝까지 덮어버렸다.

그렇지만 감사하게도 방주 안에 동물을 실은 노아가 있었다. 젊은 기독교가 있었다. 모험의 항해를 계속하며 떠다니는 작은 궤처럼 외롭지만 굳건한 수도원이 있었다. 의식의 위대한 모험에는 휴식이 없다. 울부짖는 대홍수 내내 몇몇 용감한 영혼들은 무지개 아래에서 궤의 키를 잡고 있었다.

초기 교회의 수도사들과 주교들은 암흑시대의 으르렁대는 홍수를 넘어 인간의 영혼과 정신을 부서지거나 약해지거나 축소되지 않도록 지켰다. 그 후 이러한 불멸의 용감한 정신은 골5)과 이탈리아의 미개인들에게 퍼져나갔으며, 새로운 유럽이 시작되었다. 그러나 그 근원은 결코 죽을 수 없었다.

일단 세상의 모든 인간이 용기와 새로움을 잃어버리면 그 세상은 끝이 날 것이다. 고대 유대인들은 다음과 같은 말을 했다. 이 세상에 단 한 명의 유대인도 열정적으로 기도하지 않는다면 그 종족은 사라진 것이다.

---

1) 훈족: 4-5세기에 유럽을 침공한 아시아의 유목 민족.
2) 고트족: 3-5세기에 동서로마제국을 침략한 튜튼족의 한 파.
3) 반달족: 5세기에 로마를 약탈한 게르만의 한 종족.
4) 서고트족: 4세기 후반부터 로마제국을 침범한 고트의 한 종족.
5) 골: 현재의 이탈리아 · 프랑스 · 벨기에 · 네덜란드 · 스위스 · 독일 등지를 포함하는 고대 로마의 속령.

그래서 우리는 우리가 지금 어디에 있는지 인식하기 시작한다. 운명에 모든 것을 맡기는 것은 소용이 없다. 인간은 모험가이며, 그 모험을 결코 포기해서는 안 된다. 모험은 모험이며, 운명은 모험가를 둘러싸고 있는 환경이다. 모험의 핵심에 있는 모험가는 혼란스런 환경 속에 있는 살아 있는 근원이다. 그러나 노아의 방주라는 살아 있는 근원이 없었다면, 홍수에 잠긴 이 세상에 혼돈이 다시 내려왔을 것이다. 그러나 혼란은 다시 내려올 수 없었다. 왜냐하면 노아가 모든 종류의 동물들과 함께 떠 있었기 때문이다.

로마가 몰락했을 때의 기독교인들의 경우도 마찬가지이다. 그들의 작은 요새인 수도원 안에서 큰 탐욕의 대상이 되기에는 너무 가난한 상태로 무서운 침략에 대항해 자신을 방어했다. 늑대와 곰들이 리옹[6]의 거리를 배회하고, 멧돼지들이 꿀꿀거리며 아우구스투스 사원의 포장도로를 뒤엎을 때, 기독교 주교도 역시 가엾은 선지자처럼 굳은 결심과 의도를 가지고 폐허가 된 거리를 따라 헤매며 사람들이 모인 곳을 찾았다. 그것은 위대한 모험이었으며, 그들은 포기하지 않았다.

그러나 노아는 물론 항상 알려지지 않은 소수집단에 속한다. 물론 로마가 멸망하기 시작했을 때 기독교인들도 마찬가지로 소수집단이었다. 지금은 기독교인들이 절망적이게도 잘 알려진 다수에 속해있다. 그래서 이제는 그들이 멸망할 차례이다.

나는 기독교의 위대함을 알고 있다. 그것은 과거의 위대함이다. 초기의 기독교인들이 없었다면 우리가 암흑시대의 혼돈과 절망적인 재난

---

6) 리옹: 프랑스 중동부의 도시.

에서 결코 일어서지 못했을 것이라는 것을 알고 있다. 기막히게도, 만약 내가 400년에 살고 있었다면, 나는 진실한 열정적인 기독교인이었어야 할 것이다. 즉 모험가가 되었어야 할 것이다.

    그러나 지금 나는 1924년에 살고 있으며, 기독교의 모험은 끝났다. 기독교에서의 모험은 사라졌다. 우리는 신을 향해 새로운 모험을 시작해야 한다.

어느 호저의 죽음에 관한 명상

작은 소나무들이 여러 군데 그 속을 드러내고 있다. 위로 올라갈수록 호저7)들이 껍질을 물어뜯어 그 흰 속살이 드러나 있다. 그래서 어떤 나무들은 꼭대기에서부터 죽어가고 있다.

모든 사람들이 호저를 죽여야 한다고 말한다. 인디언, 멕시코인, 미국인, 모두가 똑같은 이야기를 한다.

한 달 전 보름달이 뜬 밤, 나는 눈부신 달빛을 받으며 마른 목초지를 지나 길게 뻗은 개간지를 따라 걷고 있었다. 그 때 커다란 호저 한 마리가 내 쪽에서 어두운 숲 쪽으로 어기적거리며 기어가고 있었다. 그 호저는 털과 가시가 모두 곤두서있어, 달빛을 받은 모습이 등 위로 크고 둥근 후광이 흔들리고 있는 것처럼 보였다. 그 광경은 마치 그놈이 악마처럼 자신의 기운을 공기 위로 내뿜고 있는 것처럼 섬뜩하게 느껴졌다.

그 호저는 곰과 같이 둥그런 등 뒤로 뾰족뾰족한 수저모양의 흰 꼬

---

7) 호저: 설치류 호저과에 딸린 포유동물, 몸길이 90cm, 무게 27kg쯤 되며, 몸에는 부드러운 털과 꼿꼿한 털, 뾰족한 가시털이 빽빽하게 남.

리를 납작하게 조종하면서 매우 천천히 어기적거리며 기어갔다. 육중한 움직임으로, 딱정벌레처럼, 지저분하게 움직이는 모습이 불쾌했다. 나는 그 호저를 따라 어두운 숲 속으로 들어갔다. 거기에서 호저는 거대한 진드기처럼 웅크리고 앉더니 나무껍질을 문지르면서 소나무에 기어오르기 시작했다. 그것은 과연 거대한 후광을 지닌 진드기, 아니 벌레 한 마리가 올라가려고 발버둥치는 것처럼 보였다.

나는 그 동물이 역겨웠지만 가까이에 서서 지켜봤다. 그런 동물을 죽이는 것은 의무이기도 하다. 그렇지만 호저에 대한 혐오보다 호저를 죽이는 것에 대한 혐오가 더 컸다. 그래서 나는 그 호저가 기어올라가는 것을 지켜보았다.

그 호저도 나를 지켜보았다. 바짝 세운 긴 털을 후광처럼 빛을 발하며 흔들면서 거의 사람 키 높이까지 올라갔을 때, 그놈은 잠시 주저하더니 미끄러져 내려갔다. 내가 해칠 의사가 없다고 판단했든지, 아니면 내가 막대기로 쉽게 쳐서 떨어뜨릴 수 있는 상황에서 그 이상의 높이까지 올라간다는 것은 위험하다고 생각했음이 분명했다. 그래서 다시 땅딸막한 몸집으로 미끄러져 내려와서는 그 흰색의 뾰족뾰족하고 혐오스럽게 생긴 숟가락 모양의 꼬리를 다시 무지하고 어리석은 모습으로 움직이면서 어기적어기적 기어갔다. 그놈의 덩치는 중간 크기의 돼지 정도 되었고, 생김새는 흡사 곰 같아 보였다.

나는 호저를 놓아주었다. 역겨운 동물이었다. 그 호저는 로키산맥의 달빛을 더럽혔다. 야만적인 것은 모두 어느 정도 더러운 부분이 있듯이, 호저도 사람의 비위를 상하게 한다. 그런데 어떻든 소나무 가지를 집어 그 호저를 뒤집어 놓고 때려서 죽이는 것은 더욱 지저분한 것 같았다.

　　　며칠 후 무덥고 바람 한 점 없는 날, 소나무들이 은밀히 가시를 삐죽 내밀고 있는 아침이었다. 나는 기분이 좋지 않았다. 암소 '검은 눈의 수잔'이 숲 속으로 사라져버려, 내가 말을 타고 그 암소를 찾으러 가야했고, 그래서 거의 9시가 되어서야 소젖을 짤 수 있었기 때문이다. 부인이 갑자기 햇빛 속으로 들어오더니 말했다. "얼마나 놀랐는지! 이상하게 생긴 개 두 마리가 있는데, 그 중 한 마리는 수염이 코 언저리에 잔뜩 나 있는 정말 끔찍하게 생긴 놈이었어요."

　　　부인은 어린아이처럼 무언가 이상한 것을 보고 겁에 질려있었다.

　　　"수염이라구요! 호저의 털이겠지요 아마도! 호저를 뒤쫓았겠지요."

　　　"아" 부인은 안심했다. "그렇겠네요! 그렇겠네요!" 그리고는 목소리를 바꿔서 말했다. "불쌍하게도. 호저 털이 아플까요?"

　　　"아플 거예요. 개가 언제 왔는지 모르겠군요."

　　　"밤에 개 짖는 소리를 들었어요."

　　　"그랬어요? 왜 말하지 않았어요? 그래서 수잔이 숨었……"

　　　목장은 고적하다. 밤에는 소리가 거의 없다. 다만 구별할 수 없는 무수한 밤의 소리만 귓가에 울릴 뿐이었다. 하늘 저 먼 곳과 땅 저 깊은 곳에서 우주의 소리들이 들린다.

　　　나는 밖으로 나갔다. 눈부신 햇살로 가득 찬 들판에, 개 두 마리가 서있었는데, 한 마리는 검은 점박이였고, 다른 한 마리는 크고 털이 많으며 붉은 모래 빛으로 다소 잘 생긴 콜리 종이었다. 그런데 확실히 붉은 빛의 개는 좀 이상하고 무섭게 보였는데, 코 전체가 흰색의 가시로 둘러싸여 있어서 무언가 무섭게 자라난 것처럼, 이상한 수염처럼 보였다.

검은 점박이 개는 내가 울타리를 지나자 달아났다. 그러나 붉은 빛의 개는 킹킹대면서 뜨거운 벽돌 위에서 머뭇거렸다. 그 개는 통통하고 상태도 양호해 보였다. 나는 산에 있는 목장의 양떼들을 지키는 목동의 개일지도 모른다고 생각했다.

그 개는 내가 다가갈 때까지 꼬리를 흔들고 킹킹대며 머리를 숙이고 빙빙 돌면서 기다렸다. 더 이상 앞발로 코를 문지를 엄두를 내지 못했다. 너무 아팠다. 내가 머리를 다독이며 코를 보자 개는 큰 소리로 낑낑댔다.

개는 서른 개 이상의 가시털이 코 주위에 잔뜩 박혀 있었다. 희고 추한 가시털의 끄트머리가 2.5센티미터 가량 튀어나와 있었는데, 이미 상처와 피로 부풀어 오른 코에서 어떤 것은 좀 더 길고, 어떤 것은 좀더 짧게 삐죽 나와 있었다.

이곳에 있는 호저의 털은 길이가 5-7센티미터에 불과하다. 그러나 그 털은 사악하다. 만약 털을 뽑아내지 않으면 개는 죽을 것이다. 그 털은 계속해서 살을 파고들기 때문에, 어떤 때는 예상치 못한 곳에서 피부를 뚫고 나올 것이다.

그 때부터 재미있는 일이 시작됐다. 나는 개를 마당으로 데리고 들어갔다. 그리고 개는 닭들이 먹는 시큼한 우유 2리터를 다 먹었다. 그리고 나는 가시털을 뽑아내기 시작했다. 크고, 털이 많고, 잘생긴 개였지만 용기를 잃어서 내가 가시털을 하나씩 뽑을 때마다 날카롭게 짖었다. 긴 가시털은 뽑아내기가 쉬운 편이었다. 그러나 주둥이 근처에 있는 짧은 가시털들은 매우 깊이 박혀 있어, 잡기도 힘들었고, 잡아도 뽑기가 힘들었다. 그리고 가시털이 뽑혀 나올 때마다 피가 뿜어 나왔고, 개는 짖어대고 몸부림쳤다.

개도 가시털을 빼내고 싶어했지만 어찌할 줄 몰랐다. 내가 손으로 그놈의 코를 만지려고 할 때마다 그놈은 머리를 뒤로 젖혔다. 나는 개를 진정시키고, 그리고 살짝, 온 손가락에 피를 묻히면서, 또 하나의 가시털을 뽑아낼 수 있었다. 그러나 가시털이 하나씩 뽑힐 때마다 개는 지쳐갔다. 나는 가시털을 하나 더 뽑으려고 안간힘을 썼다. 노력하고 또 노력하고 또 노력했다. 그러면 그놈은 머리를 뒤로 젖히고, 꿈틀대고, 낑낑대며 현관 마루 아래로 도망쳤다.

그것은 이상스럽게 불쾌하고 피곤한 일이었다. 뜨겁도록 더운 날이었다. 개가 나오자 나는 한 시간 혹은 그 이상을 다시 개와 씨름했다. 그리고는 개의 눈을 가렸다. 그렇지만 개는 코에 다가가는 내 손의 냄새를 맡거나 아니면 어떤 불가사의한 본능으로 알았다. 손가락이 가시털을 잡으러 천천히, 천천히 다가가면, 개는 머리를 젖혔다. 이쪽으로, 저쪽으로, 위로, 아래로, 옆으로, 한 바퀴를 빙 돌았다.

주둥이와 턱에 있는 가시털들은 깊이 박혀 있었다. 흰 가시 털뿌리의 0.5cm 가량만이 부풀고 피가 흘러나오고 곪아 있는 검은 피부에 튀어 나와 있었다. 가시털을 뽑아내기란 여간 힘든 일이 아니었다.

우리는 개가 현관 마루 아래 조용하고 시원한 곳에 숨어 잠시 엎드려 있도록 내버려두었다. 30분 후 개는 다시 기어 나왔다. 우리는 밧줄로 가시털이 박힌 뒤쪽으로 개의 코를 감고, 한 사람이 집게로 그 가시털뿌리를 잡는 동안 한 사람은 그 줄을 쥐고 있었다. 그러나 그것은 너무 힘든 일이었다. 가시털이 뽑힐 때마다 개의 비명이 모든 신경을 곤두서게 했다. 그리고 개가 고통으로 겁에 질려 있어 더 이상 개의 머리를 움직이지 않도록 잡고 있는 것이 불가능했다.

두 시간 동안을 씨름하다가, 스무 개 정도의 가시털을 뽑고 나서, 나는 포기했다. 그놈을 진정시키는 것은 불가능했고, 나도 할 만큼 했다. 코 위쪽은 깨끗했다. 구멍이 뚫리고 부풀어오르고, 피로 거멓게 얼룩져 있었지만, 이제 주둥이는 깨끗해졌다. 그렇지만 그의 조그만 둥근 턱에는 흰 털이 조금 있는데, 아직 여덟에서 아홉 정도의 흰 가시털이 깊이 박혀 있었다.

우리는 개를 풀어 주었다. 개는 현관 아래로 뛰어 들어가 우리 눈에 보이지 않게 바싹 엎드려있었다. 우리가 가까이 다가가면 여우꼬리처럼 털이 수북히 난 꼬리 끝을 움직이는 것을 제외하고는 꼼짝 않고 있었다. 그놈은 정오가 되어서야 다시 기어 나와 닭 먹이를 먹고, 개 특유의 기가 죽고, 두려워하고, 다정하고, 욕심스러운 표정으로 꼬리를 흔들며 서있었다.

그렇지만 나는 충분히 했었다.

"집으로 가!"하고 말했다. "집으로 가! 네 주인에게 가. 주인에게 마저 해달라고 해."

개는 가려고 하지 않았다. 그래서 나는 개주인의 집 쪽이라고 생각되는 방향으로 작열하는 개간지를 가로질러 개를 이끌었다. 개는 90미터 정도를 따라왔다. 그러더니 강렬한 태양 아래에서 꼼짝하지 않고 서 있었다. 개는 그 자리를 떠나려 하지 않았다.

그렇다면 나는! 나는 개를 전혀 원하지 않았다.

그래서 나는 돌을 하나 집어 들었다. 개는 꼬리를 내리더니, 집 쪽으로 방향을 틀었다. 나는 개가 어떻게 하려는지 알고 있었다. 현관 아래로 뛰어 들어가 거기 박혀서 떠나지 않을 것이었다.

나는 돌을 내려놓고 삼나무 아래에서 괜찮은 막대기 하나를 찾아냈다. 더위가 절정에 달해 나는 구름 한 점 없는 마른하늘에서 내리친 천둥에 감전이라도 된 듯 온 몸이 뒤틀리는 것 같았다.

나는 더 이상 개가 주변에 있는 것을 참을 수 없었다. 조용히 개에게 다가가 별안간 막대기로 힘껏 때리면서 소리쳤다. "집으로 가!" 개가 재빨리 돌아서는 바람에 막대기의 끝이 개의 아픈 코를 쳤다. 그놈은 끔찍한 비명소리를 지르며 삽시간에 언덕 아래쪽으로 늑대처럼 달아났다. 나는 본의 아니게 상처 난 코를 때린 것에 대해 심한 가책을 느끼며 서 있었다.

그러나 개는 갔다.

그리고 이 달의 달이 떠올랐다. 다시 청명한 밤이었다. 그러나 그 사이에 천둥폭우가 쏟아졌다. 개천은 맑은 물을 가득 담은 채 평원을 가로질러 흐르고 있었고, 그 밤은 그렇게 아름다우면서도, 6월 하순 달의 공포감, 그 놀라운 광채가 어린, 무시무시한 거울과 같은 눈부심이 있는 밤은 아니었다.

농장에는 우리뿐이었다. 부인은 침실로 들기 직전에 청명한 밤 속으로 나갔다. 개천은 평원을 가로질러 내가 물을 대기 위해 파둔 곧게 뻗은 도랑을 따라 은빛 실처럼 흐르고 있었다. 집 앞의 소나무는 검은 그림자를 드리우고 있었다. 자연 상태의 산비탈이 조심스럽게 울타리까지 닿아 있었다.

"이리 와 봐요!" 부인이 흥분해서 말했다. "큰 호저가 개천에서 물을 먹고 있어요. 처음에는 곰인 줄 알았는데."

내가 나오자 호저는 사라지고 없었다. 그러나 달빛 아래, 막 싹이 나기 시작한 야생의 해바라기와 잔디 사이에, 창백한 빛으로 살아 있는 덤불처럼 보이는 회색 빛의 후광이 평원을 넘어가는 것이 멀리 달빛의 명암 속에서 보였다.

우리는 울타리를 지나 곧 그 호저를 따라잡았다. 호저는 거센 털로 뾰족뾰족한 수저 모양의 흰 꼬리로 마치 뒷걸음질하듯이, 그리고 꼬리가 머리인 듯이, 뒤에서 조종하면서 힘겹게 기어갔다. 호저의 가시 위로 난 길고 긴 털은 덤불처럼 희미한 잿빛을 발하며 흔들리고 있었다.

그러자 다시 호저가 싫었다.

"죽여야 될까?"

부인은 망설였다. 그러더니 역겨운 듯이 말했다.

"그래야지요!"

나는 집으로 돌아가서 22구경 소총을 가지고 왔다. 그런데 여태껏 나는 한 번도 살아 있는 것을 쏘아 본 적이 없었다. 쏘고 싶은 적도 없었다. 나는 항상 총이란 매우 불쾌한 물건이라고 생각했다. 사악하고, 야비한 것으로. 힘들게 목표물을 향해 한, 두 방 쏘아 본 적은 있었다. 그러나 그렇게 하는 것조차도 불쾌했다. 다른 사람들은 원한다면 쏠 수도 있을 것이다. 나 자신 개인적으로는 시도하는 것조차 불쾌했다.

그러나 사람의 감각을 천천히 굳게 하는 것이 있다. 이제 내 감각도 굳어진 것을 알았다. 나는 총을 찾아서 다소 떨리는 손으로 장전했다. 그리고 방아쇠를 뒤로 당기고 호저를 쫓아갔다. 호저는 여전히 풀밭을 따라 어기적거리고 있었다. 가까이 다가가 겨냥했다.

방아쇠가 걸렸다. 호주머니에서 발견한 안전핀으로 작은 걸쇠를 누르고, 방아쇠를 풀었다. 그리고 우리는 그 호저를 따라갔다. 호저는 여전히 숲을 향해 어기적거리고 있었다. 나는 옆으로 따라가며 아주 가까이에 서서 달빛의 명암 속에서 총탄을 발사했다.

여느 때처럼 겨냥을 너무 높이 했다. 호저는 돌아서서 왔던 곳으로 황급히 달아났다.

나는 다른 탄환을 넣고 호저를 추적했다. 이번에는 잿빛으로 빛나는 후광 아래 그 둥근 등을 향해 확실히 쏘았다. 호저는 숨어 있는 코를 박고 넘어질 듯이, 고슴도치처럼 머리를 아래로 처박은 채 몇 걸음을 힘겹게 옮겼다.

"아직 안 죽었어요! 한번 더 쏴요!" 부인이 외쳤다.

나는 방아쇠를 당겼지만, 총알이 없었다.

그래서 나는 삼나무 작대기를 가지러 급히 달려갔다. 호저는 꼼짝하지 않고 엎드려 있었고, 후광이 가라앉고 있었다. 호저가 희미하게 꿈틀거렸다. 그래서 나는 호저를 뒤집어서 코를, 혹은 어두워서 코 부분이라고 생각되는 곳을 힘껏 내리쳤다. 그리고 끝이 났다. 호저는 죽었다.

그리고 나는 달빛 아래에서 내가 쏘아 죽인 최초의 생명체를 내려다보았다.

"야비한 짓인가?" 나는 의심스러운 듯이 소리내어 물었다.

부인은 또 주저했다. 그리고는 "아니에요!"라고 화가 난 듯이 말했다.

그리고 나는 부인이 옳다고 생각했다. 호저와 같은 것들은 문제가 된다면 쏠 수 있어야 한다. 쏠 수 있어야 한다. 내가, 나 자신이, 쏠 수 있어야 하고 죽일 수 있어야 한다.

나에게 있어 이것은 하나의 방향전환이다. 나는 항상 호저를 죽이기보다는 피해가기를 택했었다.

이제 둘러 돌아가는 것은 소용없는 짓이라는 것을 안다. 죽여야만 한다.

나는 진흙 구덩이에 호저를 묻었다. 그런데 어떤 동물이 그 곳을 파서 호저시체를 먹었다. 이틀 후 그 곳에 호저의 가시와 뼈가 기다란 손뼈와 같이 흩어져 있었기 때문이다.

그 호저 — 아마도 배 부분의 젖을 보아 암컷일 것이라고 생각되는데 — 에게서 보기 좋은 것이라고는 발뿐이었다. 다소 길고 조심스럽게 생긴 검은 손, 동물의 손 같은 발이었다. 그래서 눈 위의 호저 발자국은 어린아이가 지나간 것처럼, 어린 소년의 작은 맨발의 모양과 같았다.

어쨌든, 호저는 죽었다. 수컷이든 암컷이든 죽었다. 그러나 서쪽에 있는 숲 속에는 더 크고 더 어두운 색을 띤 호저가 있다. 그놈도 총으로 쏘아야 한다. 이는 목장 일의 한 부분이다. 이곳처럼 반쯤 버려진 목장에서조차 말이다.

인간이 지상에서 정착하는 곳이면 그 어느 곳에서든지, 인간은 그 땅을 차지하기 위해 보다 열등한 생물과 싸워야 한다. 식량을, 생존을 위한 기본 조건인 식량을 위해서는 가장 한가로이 일하는 농부도 싸워야 한다. 씨를 뿌리고 그리고 자라는 곡식을 총으로 보호한다. 음식물, 음식물은 인간을 동식물의 세계와 얼마나 이상하게 연결시키는 것인가! 음식물은 얼마나 중요한 것인가! 그리고 음식물을 놓고 벌어지는 싸움은 얼마나 무서운가!

토끼의 가죽을 벗기고 내장을 들어낼 때도 마찬가지이다. 토끼 몸에서 내장이 다른 기관에 비해 얼마나 큰 부분을 차지하고 있는지, 다시 말해 토끼의 음식기관이 그렇게 큰 이유는 다른 유기체를 먹고 살기 위한 생존 전략적 측면이라는 것을 깨닫게 된다.

그리고 광활한 들판에서 말들이 코를 박고 풀을 우물우물 뜯고 있는 것을 볼 때도 그렇다. 정신 없이 발을 떼면서, 코 한번 쳐들지도 않고, 풀과 자주개자리[8]의 어린 순과 민들레를 맹목적으로 무자비하게 지치지 않고 끈질기게 뜯어먹는 것을 보면, 전(全) 생애가 정지된다. 모든 생물이 자신보다 낮은 질서에 있는 생물을 어떻게 먹어치우는지 또 그래야 하는지를 문득 다시금 깨닫게 된다.

그래서 수잔은 들판을 오락가락하면서 마치 풀을 베는 것처럼 어린 야생의 해바라기를 뜯어먹는다. 그리고 해바라기는 아래로 수잔의 어두운 목구멍 속으로 내려간다. 그러므로 수잔이 아래턱을 한가롭게 움직

---

8) 자주개자리: 콩과의 여러해살이풀. 사료용으로 재배함.

이면서 소 특유의 망각상태에 빠져 되새김질하며 서 있고, 내가 수잔의 젖을 짜고 있을 때, 수잔이 회청색의 눈을 굴리며 여기저기 힐끗거릴 때면 입에서 풍겨 나오는 카밀레9)의 냄새는 수잔이 되새김질하고 있는 것이 해바라기라는 것을 문득 깨닫게 된다. 해바라기! 그리하여 해바라기는 수잔의 윤기 나는 검은 가죽이 되고 진한 우유를 만들게 될 것이다.

그리고 닭들도 커다란 거무스름한 딱정벌레 – 멕시코인들은 토로라 부른다 – 가 지나가는 것을 보면 서둘러 그 뒤를 쫓아간다. 그리고 딱정벌레가 멈추면 즉시 갈색 빛 암탉이 부리로 찍는다. 5-7센티미터 길이의 큰 딱정벌레이지만 눈 깜짝할 사이에 닭의 모이주머니 안으로 들어간다. 사라져버린다!

그리고 고양이 팀지는 줄무늬 다람쥐를 감시하면서 또 다른 망각상태에서 느긋하고 조용히 웅크리고 있다. 줄무늬 다람쥐는 닭 모이 그릇에 담긴 우유를 먹기 위해 온다. 줄무늬 다람쥐 두 마리가 모이 그릇에서 마주쳤다. 등에 줄무늬가 그어진 조그만 다람쥐들이었다. 두 마리는 서로 마주 앉아 호기심에 차 작은 코를 들고 등을 구부렸다. 그리고는 각각 작은 두 손을 상대방의 어깨에 올리고, 서로의 얼굴을 바라보면서, 뒷발로 섰다. 그리고 마침내 키스하듯, 작은 코를 나란히 맞대었다.

그러나 팀지 양은 이 모습에 참을 수 없다. 희고 노란 빛의 고양이는 부드럽게 뛰어 올라 다람쥐들을 잡으러간다. 줄무늬다람쥐들은 재빠른 몸놀림으로 나무가 쌓여 있는 곳으로 달아나고, 팀지는 옆으로 가볍게 훌쩍 뛰어 오르며 공중으로 가로질러 간다. 팀지의 눈송이 같은 발이

---

9) 카밀레: 유럽산 국화과의 한해살이 또는 두해살이풀.

다람쥐 한 마리를 덮친다. 팀지는 다람쥐를 잠시 바라본다. 다람쥐는 꿈틀거린다. 팀지는 의기양양하게 두 다리를 앞으로 쭉 뻗고, 등을 구부린 채, 꽃같이 작고 흰 두 발을 다람쥐 위에 올려놓고는 주시하는, 그러나 변덕스러운 표정으로 바라본다. 줄무늬다람쥐는 움직이지 않는다. 팀지는 부드럽게 다람쥐를 입에 물고, 다람쥐는 여인의 목도리처럼 부드럽게 흔들린다. 그리하여 팀지가 의기양양한 몸짓으로 집을 향하면 팀지의 하얀 작은 발은 거의 땅에 닿지 않는다.

그러나 팀지는 쫓겨난다. 우리는 팀지에게 더 이상 거실을 내어주지 않는다. 팀지가 검투사처럼 행동했기 때문이다. 다람쥐가 '팀지의 날을 위해 도축'되어야 한다면 밖에서 해야 할 것이다. 실망스럽지만 여전히 거드름을 피우면서 팀지는 헛간 옆의 점토화덕 쪽으로 향한다.

거기서 팀지는 조용히 다람쥐를 내려놓고, 작고 흰 구름처럼 부드럽게 작은 한쪽 발로 다람쥐의 줄무늬 등을 밟는다. 다람쥐는 움직이지 않는다. 팀지는 엉겅퀴의 관모처럼 부드럽게 아주 조금, 아주 조금 발을 들어 다람쥐를 놓아준다.

그러자 다람쥐는 고무줄이 튕겨 나가듯이 팀지의 들어올린 흰 발 사이로 휙 뛰쳐나간다. 그러면 즉시 팀지는 공중으로 뛰어 올라 흰 앞발을 앞으로 내밀면서 다람쥐를 덮친다. 두 동물이 꼼짝하지 않는다.

그러다가 팀지는 다람쥐를 다시 부드럽게 입에 물고, 주위를 둘러보며 집으로 몰래 들어갈 수 있는지 살핀다. 그럴 수가 없다. 그래서 장작더미로 향한다.

일종의 놀이이며 귀엽기도 하다. 다람쥐는 장작더미 속으로 탈출하고, 팀지는 유유히, 유유히 나뭇단 사이를 정찰한다.

　　모든 동물 중에서 팀지가 가장 귀엽고 아름답다는 것을 부인할 수 없다. 팀지의 몸만이 아름다운 것은 아니다. 생명력이 만발해 있기 때문이다. 팀지의 '무한한 다변성'은 부드러운 눈송이와 같은 가벼움과 동시에 가녀리면서도 맹렬한 사나움을 지니고 있다. 팀지의 사나움은 어느 날 내가 침대에 누워서 무의식적으로 이불 아래로 발가락을 움직였을 때 알게 되었다. 갑자기 지독히 강한 타격이 내 발에 덮쳐왔다. 팀지가 어딘가에서 튀어나와 이불 아래 발가락이 움직이고 있는 곳으로 강철같은 힘으로 돌진해온 것이었다. 마치 누군가가 보복심을 가지고 확실하게 갑작스런 일격을 가하려고 한 것 같았다.

　　"팀지!"

　　팀지는 알 수 없는 고양이 특유의 사냥하는 눈빛으로 나를 쳐다봤다. 그 눈빛은 사나운 것도 아니다. 묘하게 대상을 알 수 없는 오만한 힘이 확대된 것처럼 보였다. 그러한 힘이 팀지에게 있다.

　　정말로 그렇다. 생명은 힘과 생기의 원주를 따라 돌며, 각 생명은 더 낮은 궤도의 다른 어떤 생명을 정복함에 의해서만이 자신의 궤도를 유지한다. 더 낮은 궤도의 생명이 정복되지 않으면 더 높은 궤도는 존재할 수 없다.

　　자연 속의 한 생물은 다른 생물을 먹어치우며, 이는 모든 존재와 모든 실재의 한 본질이다. 슬퍼할 것도 개혁하려 노력할 어떤 것도 아니다. 살생을 거부하는 불자(佛子)는 진정 어리석다. 만일 그들이 하루에 쌀 두 낱알만을 먹는다면 이는 두 낱알의 삶을 사는 것이다. 우리는 어떤 것을 창조하지 않았으며, 우리는 우주의 창조자가 아니다. 그러므로 한 생명은 다른 생명을 잡아먹는다는 사실, 한 궤도의 존재는 다른 궤도의 존재를 정복함으로써만이 존재할 수 있다는 사실을 기반으로 하여 창조가 이루어졌다는 것을 깨닫고서, 그렇지 않은 척 하려 한다는 것이 무슨 소용이 있는가? 존재의 궤도 중에서 어떤 것이 더 높고 어떤 것이 더 낮은지를 깨달아야 할 뿐이다.

더 높고 더 낮은 것이 없다고 말하는 것은 무의미하다. 우리는 민들레가 양치식물인 골고사리보다 높은 궤도의 존재에 속하며, 개미는 민들레 보다 더 높은 존재이고, 지빠귀는 개미보다 더 높고, 그리고 고양이 팀지가 지빠귀보다 높고, 그리고 나, 사람은 팀지보다 높다는 것을 충분히 잘 알고 있다.

더 높다는 것은 무엇을 말하는 것인가? 엄격히 말해 좀더 생명력이 있다는 것을 의미한다. 좀더 생생히 살아 있다는 것을 말한다. 개미는 소나무 보다 좀 더 생생하게 살아 있다. 우리는 이것을 알고 있으며, 반박할 할 필요도 없다. 개미와 소나무가 서로 다른 두 방식으로 생명력이 있으며, 그러므로 그 둘을 비교하거나 같은 단위로 계산할 수 없다고 말할 수도 있다. 이 또한 진실이다.

그러나 하나의 진실이 다른 진실을 대신할 수는 없다. 심지어 명백히 모순된 진실들조차 서로 대신할 수 없다. 논리는 너무 조악한 것이어서 삶이 요구하는 미묘한 차이들을 구분할 수 없다.

진실로 절대적인 의미에서 개미와 소나무를 비교하는 것은 무익한 것이다. 그러나 존재에 있어서는, 그 둘은 서로 비교될 수 있을 뿐 아니라 때로 경쟁하기도 한다. 만약 서로 겨루게 된다면, 작은 개미는 거대한 나무의 생명을 먹어버릴 것이다. 경쟁을 하게 된다면 말이다.

그리고 존재의 궤도에서 이것은 시험이다. 가장 낮은 위치에서부터 가장 높은 위치에 있는 존재에 이르기까지, 시험의 질문은 이것이다. 너의 이웃이 결국 너를 정복할 수 있을까?

그럴 수 있다면, 그 이웃은 더 높은 궤도의 존재에 속한다.

이것이 적자생존의 이면에 숨겨진 진실이다. 모든 존재의 궤도는 더 낮은 위치에 있는 존재를 정복하는 것에 의해 유지된다. 현실적인 질문은, 어디에 적합한가 이다. 무엇에 적합한가? 오로지 생존을 위해서? 생존하기에만 적합한 것은 더 높은 형태의 존재에게 어떤 식으로든 음식을 공급하거나 기여하기 위해서만 생존할 것이며, 그 높은 형태의 존재야말로 생존을 넘어서 정말로 살 수 있다.

생명은 양치식물이나 야자수에게서 보다 민들레에게서 더 살아 있다.

생명은 나비에게서 보다 뱀에게서 더욱 살아 있다.

생명은 악어에게서 보다 굴뚝새에게서 더욱 살아 있다.

생명은 타조에게서 보다 고양이에게서 더욱 살아 있다.

생명은 마차를 끄는 두 마리 말에게서 보다 마차를 모는 멕시코 인에게서 더욱 살아 있다.

생명은 나를 위해 마차를 모는 멕시코인에게서 보다 나에게서 더욱 살아 있다.

존재에 관해서 말하고 있는 것이다. 즉, 생물의 종이나 인종 혹은 유형이라는 관점을 말한다.

민들레는 땅을 움켜쥘 수 있고, 야자수는 양치식물과 더불어 구석으로 몰리게 된다.

뱀은 가장 사나운 벌레를 삼킬 수 있다.

사나운 새는 가장 큰 파충류를 죽일 수 있다.

큰 고양이는 가장 큰 새를 죽일 수 있다.

인간은 말이나 어떤 동물이라도 죽일 수 있다.

한 인종은 다른 인종을 정복하고 지배할 수 있다.

이 모든 것이 **존재**라는 관점에서 그렇다. 존재에 관한 한, 그 생명체는 그에 대항하는 모든 다른 생명체를 삼켜버리거나 죽이거나 정복할 수 있는 가장 높은 형태의 존재이다.

이것은 하나의 법칙이다. 이 법칙에서 벗어날 수 없다. 어떤 사람이든지, 어떤 인종이든지, 이 법칙에서 벗어나려 한다면 희생당할 것이다. 정복될 것이다.

그러나 강조하고, 또 강조하건대, 지금 존재에 대해서, 생물의 종과 유형과 인종과 민족에 대해서 말하고 있는 것이며 각각의 개체나 실재에 대해서 말하는 것이 아니다. 만발한 민들레는 푸른 대지 위의 햇살로 가득한 작은 태양이며 그 어떤 것과도 비교할 수 없는 것이다. 그 민들레를 지상의 다른 것과 비교한다는 것은 어리석고, 어리석고, 어리석은 일이다. 만발한 민들레는 그 자체가 비교할 수 없는 유일한 것이다.

그러나 이는 4차원의, 실재의 차원에서의 일이다. 4차원에서 일어나는 것이지 그 외에 다른 곳에서는 일어나지 않는다.

왜냐하면 시간과 공간이 존재하는 차원에서는 어떤 사람이 그 노란 해거울 민들레를 밟을 수도 있고 그러면 민들레는 죽게 될 것이다. 어떤 소가 삼킬 지도 모를 일이다. 개미들이 몰살시킬 수도 있다.

이것이 냉혹한 생명의 법칙인 것이다.

1. 고유의 완전한 실재, 고유의 살아 있는 자아를 성취한 생물은 어떤 것이라도 유일한 존재이며 어느 것과도 비교되지 않는다. 이는 4차원, 즉 존재의 천국에서 일어나는 일이며, 그곳에서는 완벽한 존재로서 비교될 수 없다.

2. 이와 동시에 모든 생물은 시간과 공간 속에서 존재한다. 그리고 시공간 내에서 모든 생물은 다른 모든 존재에 대하여 상대적으로 존재하며, 결코 절대적으로 존재할 수 없다. 한 생물의 존재는 다른 존재에게 영향을 미치고, 또 영향을 받는다. 그리고 존재를 위한 투쟁 속에서 어떤 한 유형이나 종 또는 계층의 생명이 기울인 노력이 다른 종을 파괴할 수 있다면, 그 파괴자는 그가 파괴한 종보다 좀더 생명력이 강한 궤도의 존재이다. (존재에 대해서 말할 때는 항상 유형이나 종에 관하여 말하는 것이지, 개체로서가 아니다. 생물의 종은 존재한다. 그러나 한 개체의 민들레도 실재한다.)

3. 그러나 생명력이라 불리는, 존재를 위한 투쟁에 있어서 결정적인 요소가 되는 그 힘은 4차원에서 비롯된다. 다시 말하면, 모든 생명력의 궁극적인 원천은 그 다른 차원 혹은 세계에 있으며, 이는 민들레가 꽃을 피우는 곳이고, 인간이 천국이라 부르는 곳이며, 지금은 우리가 4차원이라 부르는 곳으로서, 단지 시간과 공간이라는 개념으로 이해될 수 없

는 곳을 일컫는 것일 뿐이다.

4. 우리 존재가 생명력을 가지는 일차적인 방법은 우리 보다 낮은 단계에 있는 생물에게서 흡수하는 것이다. 이런 방식으로 생명력은 새롭고 더 높은 생물로 변형된다. (흡수에는 여러 방법이 있다. 음식으로 먹는 것이 한 방법이라면, 사랑하는 것도 종종 한 방법이 된다. 최상의 방법은 순수한 관계를 맺는 것인데, 이는 양자가 실재에 이른다는 것을 의미하며, 두 실재의 생명을 증폭시키도록 생명력이 살아서 흐르게 하는 것이다.)

5. 어떠한 생물도 민들레와 같이 태양과 살아 있는 전 우주를 향하여 순수한 관계의 꽃을 활짝 피우기 전에는 충분히 자아에 이르지 못한다.

그래서 우리는 여전히 어느 한 쪽을 희생시키지 않는 한, 인간의 힘으로 결코 벗어날 수 없었던 존재와 실재의 올가미 속에 묶여 있다.

희생은 무익한 것이다.

모든 존재의 단서는 실재이다. 그러나 존재하지 않는 실재가 있을 수 없는 것은 잎이나 긴 주근(主根)이 없는 민들레꽃이 있을 수 없는 것과 같다.

실재는 플라톤이 말하는 것처럼 관념적인 것이 아니다. 영적인 것도 아니다. 실재는 초월적 형태의 존재이며, 존재만큼이나 물질적인 것이다. 물질이 갑자기 4차원으로 들어가는 것일 뿐이다.

모든 존재는 이중적이며, 완성을 향해 치솟아 오르다가 실재에 이른다. 작은 우산모양의 털로 부유하는 민들레의 씨 속, 아주 작은 곳에 성령이 자리하고 있다. 성령은 빛과 어둠, 낮과 밤, 비와 태양을 하나의 작은 단서로 묶어 관장하는 것이다. 거기 민들레의 씨 속에 성령이 자리하고 있다.

씨가 땅에 떨어진다. 성령이 깨어나 말한다. "오라!" 그러면 하늘에서 햇살이 나오고 땅에서 수분과 어둠과 죽음 같은 것들이 나온다. 그것들은 잔치에 초대된 사람들처럼 불러들여진다. 태양이 씨 안 중심부에 내려앉으면, 어둡고 축축한 죽음의 반환물은 그 반대편에 앉고, 주인은 그 가운데에 자리한다. 그리고 주인이 말한다. "자! 함께 즐겨라!" 그러면 태양은 의욕적인 호기심을 띄고 땅의 어두운 얼굴을 살피고, 어둡고 축축한 땅은 놀라운 표정으로 태양으로부터 온 상대방의 환한 얼굴을 본다. 주인이 다시 말한다. "여기가 너희의 집이다! 나를 너희 가운데에서 들어 올려 내가 성령에서 변화되게 하라. 성령은 내가 밖을 보기를 원한다. 내가 너희들과 함께 춤추기를 원하는 것이다."

그리하여 씨 안의 태양과 씨 안의 땅은 서로 손을 잡고, 웃고, 춤추기 시작한다. 그러면 그들의 춤추는 모습은 불을 지펴놓은 듯이 이글거리는 화톳불과 같다. 그리고 그들의 발걸음은 땅으로 흐르는 작은 개천의 흐름과 같다. 그렇게 씨 안의 태양과 죽음의 반환물인 흙이 함께 춤을 추면 푸른빛의 작은 불꽃과 같은 잎들이 싹을 내밀고, 단단하고 작은 뿌리들이 조금씩 땅으로 뻗어 내린다. 그러면 주인이 웃으면서 말한다. "내가 올라가고 있다! 더욱 마음껏 춤을 추어라! 아 뒹굴어라 너희 둘 다. 뛰어난 씨름선수들은 어느 쪽도 이길 수 없다." 그래서 씨 안의 태양과 죽음의 반환물인 흙은 더 빠르게 춤을 추기 시작하고, 푸르러 가는 잎들은 지상에서 원을 그리며 칼과 사자의 이빨을 휘둘러 어떤 외부인도 맹렬하게 제압하면서 춤추기 시작한다. 땅은 씨 안의 태양과 씨름하고 씨름하며, 그래서 긴 뿌리는 투사의 팔이 땅의 힘을 붙들듯이 아래로 뻗어 내리면서 모든 침입자를 어떤 것이라도 무자비하게 목을 조른다. 씨 안의 태양과 땅이 기이하게 엉켜 쓰러지고 나면 그 중심으로부터 긴 꽃줄기가 남근처럼 꽃봉오리를 틔우며 올라온다. 그리고 그 봉오리에서 성령이 외치는 소리가 들려온다. "내가 올라왔다! 보라! 내가 올라왔다! 여기 있다!" 그리하여 꽃봉오리가 열리고, 꽃을 지키기 위한 푸른빛의 칼을 아래에 빙 두르고, 문어와 같은 팔을 땅에 깊이 박은 채 마시고 위협하면서 우주의 한복판에서 꽃이 피어난다.

    그리하여 민들레꽃이 된 성령은 둘러보면서 말한다. "보라! 내가 노랗게 되었다! 태양이 나에게 그의 몸을 빌려주었구나! 보라! 나는 황금빛의 씁쓸한 피로 흘러 넘친다! 축축하고 검은 땅에서 나온 죽음이 나에게 그의 피를 빌려주었구나! 나는 몸을 가지게 되었다! 나의 몸이 마음에 드는구나! 그러나 이것이 전부가 아니다! 나는 이 몸을 유지할 것이다. 좋구나! 그런데 아! 내가 이겨서 다른 몸으로 변할 수 있다면, 얼마나 아름다울 것인가! 이 몸이 물러서야 할 것이다. 이 몸은 그 다음을 창조하는 데 도움이 될 수 있다."

    그래서 성령은 씨 안에 자신의 단서를 남겨두고, 비교적 혼돈 상태인 우리의 우주로 나아가 떠돌며 또 다른 육체를 찾는다.

    그리고 이것[성령의 이동]은 영원히 계속 될 것이다. 아직까지 인간은 절반도 성장하지 못했다. 꽃줄기조차 아직 나타나지 않았다. 잎과

뿌리뿐이며, 어떠한 단서도 나오지 않았다. 꽃봉오리의 징후는 어디에도 없다.

인간은 봉오리를 틔우기 시작해야 하거나, 아니면 성령에 의해 버림받을 것이다. 어룡(魚龍)10)들이 버려진 것처럼 창조물 중에서 실패한 것은 버려질 것이다. 버려진다는 것은 생명력을 상실한다는 것을 의미한다. 그 안에서 태양과 어두운 땅이 더 이상 함께 내달리지 않을 것이다. 이미 멈추고 있다. 인간에게 태양은 생기를 잃어가고, 땅은 불모지가 되어간다. 그렇지만 태양 자체는 결코 생기를 잃지 않을 것이며, 땅도 황폐해지지 않을 것이다. 그 단서가 인간의 내부에서 상실되고 있을 뿐이다. 인간은 꽃도 피지 않고, 씨도 없는 통통한 양배추와 같이 속에 아무것도 없다.

생명력은 한 생물, 한 인간, 한 민족, 한 인종 안에 존재하는 성령이라는 단서에 의존한다. 그 단서가 사라지면 생명력도 사라진다. 그리고 성령은 끊임없이 새로운 육체를 찾으려하며 지난 것을 새로운 것에 종속시킨다. 어떤 생물이나 인종도 성령이 함께 하면 살아 있고, 더 낮은 단계의 생물이나 종을 지배하며 새로운 형태로 동화시킬 수 있다는 것을 알게 될 것이다.

어떤 인간이나 생물이나 인종도 꽃을 피우는 단계로 나아가지 않는다면 활발한 생명력을 가질 수 없다. 가장 강력한 존재는 아직까지 알려지지 않은 꽃을 향해 움직이는 것이다.

---

10) 어룡: 중생대에 물에 살던 파충류. 몸은 방추형이며 지느러미 또는 지느러미와 유사한 날개를 가졌다.

꽃을 피운다는 것은 모든 우주와 순수하고 새로운 관계를 맺는다는 것을 의미한다. 이것이 천국의 상태이다. 그리고 봄날의 꽃과 코브라와 굴뚝새의 상태이며, 인간이 자신의 발이 땅의 중심부를 잡고 서서 스스로가 고귀하고 태양으로 된 왕관을 쓰고 있다는 것을 알고 있을 때의 상태이다.

이 역시 4차원의 세계이다. 이 상태, 완전해진 관계로 이루어진 신비로운 다른 현실. 모든 일직선들이 구부러져 어떤 핵심으로 나아가는 것처럼 시공의 차원을 벗어나는 것은 이 완벽해진 관계를 향해서이다.

그러나 꽃을 피우기 위해 나아가는 어떤 인간이나 생물이나 인종도 아래 단계의 인간이나 생물로부터 막대한 양의 열정적인 힘, 생명력을 끌어내야 할 것이다. 그리고 모든 것들과 완벽해진 관계를 이루어야 할 것이다.

정복은 항상 일어날 것이다. 그러나 정복의 목적은 정복자와 피정복자가 새로운 꽃을 피우기 위해 완벽한 관계를 이루는 것이다. 자유는 환상이다. 희생은 환상이다. 전능함은 환상이다. 자유와 희생과 전능함이란 것은 모두 인간의 탈선이며 막다른 골목이고, 실패이다. 실제적인 것은 오직 새로운 영감을 주는 지시와 모든 것과의 새로운 관계라는 압도적인 힘이다.

천국은 항상 거기에 있다. 완성된 것은 상실되지 않는다. 생식은 드러난 것을 지원하기 위해 영원히 계속 된다. 그러나 계시의 횃불 자체가 전해진다. 그리고 이것은 아주 중요하다.

살아 있는 모든 것은 좀더 많은 생명을 생식하고자 한다.

그러나 이보다 더 중요한 것은 모든 드러난 것은 새로운 드러남이 불붙게 하기 위해 내밀어진 횃불이라는 사실이다. 민들레가 나에게 태양을 내밀면서 "네가 가져갈 수 있을까!"라고 말하는 것처럼.

민들레꽃이나 푸른 딱정벌레와 같이, 드러난 천국의 모든 빛은 아직 한 번도 드러나지 않은 새로운 빛을 밝히기 위해 이상한 열정으로 떨린다. 이것은 자기희생이 아니다. 이것은 자기공헌으로서 거기에 가장 높은 상태의 행복이 있다.

존재의 횃불은 생식의 자궁 속에서 전해진다.

그리고 계시의 횃불은 프로토코쿠스[11])에서부터 용감한 남성이나 아름다운 여성에 이르기까지 살아 있는 모든 것들에 의해 누구든지 취할 수 있는 자에게 넘겨진다. 계시의 횃불을 가질 수 있는 사람은 나머지 모든 것을 능가하는 힘을 지닌다.

생식은 어떤 종에게 있어서나 오로지 완전함의 횃불이 계속 타오르게 하기 위해 순환한다. 그 횃불은 만발한 민들레이며, 잎이 무성한 나무이고, 깃털이 찬란한 공작새이며, 현란한 색깔의 코브라이고, 높이 뛰어 오르는 개구리이며, 깊이를 알 수 없는 갈망의 대상으로서 신비스러움을 지닌 여성이고, 절정의 힘을 자랑하는 남성이다. 이때 모든 생물은 순수한 자신이 된다. 한 단계의 완전함은 아직까지 알려지지 않은 또 다른 단계에 불을 밝히도록 재촉한다.

계시의 횃불로부터 불이 붙으면서 동시에 생명력이 유입되고, 더 낮은 단계의 존재를 소비하여 새로운 것으로 완성할 필요성이 생긴다.

---

11) 프로토코쿠스: 해조류 단세포동물.

이 소비와 완성은 정복과 대담한 지배를 의미한다. 새로운 불길을 향한 명예로운 굴복과 새롭게 되고 굴복해야 하는 것에 대한 명예로운 지배 속에 자유가 있다. 내가 보다 낮은 단계의 존재인 나의 말을 길들여야 하는 것처럼. 그리고 말들은 안도하며 즐겁게 봉사한다. 만약 내가 말들을 산 속에서 풀어주고 죽도록 마음대로 달리게 둔다면, 진정한 행복의 전율은 생명을 잃고 사라진다.

모든 더 낮은 단계는 어느 정도 더 높은 단계에 봉사하고자 한다. 그리고 정복당하는 것에 저항한다. 항상 정복이 일어나며, 항상 일어날 것이다. 피정복자가 오래되고 쇠퇴하는 인종이라면, 그들은 정복자에게 그들의 횃불을 넘겨줘 버릴 것이며, 정복자가 너무 경솔하게 행동한다면 손가락에 심한 화상을 입을 것이다. 만일 피정복자가 야만종이라면, 그들은 정복자의 횃불을 소진하여 정복자가 주의하지 않는다면 불꽃이 사그라지게 할 것이다. 그렇지만 항상 정복은 일어나고, 정복자와 피정복자는 영원히 생겨난다. 천상의 왕국은 정복자의 왕국이며, 그들 자신의 정복이 끝난 후에 그들은 영원한 정복을 위해 봉사할 수 있다.

천국, 완벽한 관계는 평화롭다. 4차원의 세계가 그렇다. 그러나 거기로 향하고 있음이 있다. 그리고 이는 영원한 정복의 과정이다.

장미가 만발했을 때, 식물의 왕국은 위대한 정복을 이루었다. 그러나 정복자의 정복자인 장미조차도 이후 정복자인 나비와 애벌레에게 자신을 주어야 한다. 정복자이지만 이후에 이루어지는 정복에 공헌한다.

평등이라는 것은 없다. 천상의 왕국, 4차원에서는 자신의 중심에서 우주와 완전한 관계를 이룬 영혼은 완벽하고 다른 것과 비교될 수 없다.

이보다 더 우월한 것은 없으며, 정복자이고, 비교되어질 수 없다.

그러나 자신의 완성을 향한 정복의 투쟁에서 모든 인간은 더 열등한 단계의 생물을 지배해야 하며 그 지배력을 결코 포기해서는 안 된다. 또한, 만일 자신보다 더 새로운 완성을 향해 나아가는 자신을 능가하는 사람들이 있다면, 그는 그들의 더 큰 요구에 따라야 하고 그들의 더 큰 신비에 봉사하여야 하며, 그리하여 자신의 내부에 있고 정복과 충실한 봉사로 얻어진 천상의 왕국에 충실해야 하는 것이다.

자신의 실재를 완성한 사람은 민들레나 나비처럼 우리가 네 번째라고 부르는 그리고 옛 사람들이 천국이라고 하는 또 다른 차원으로 들어가게 된다. 이는 완성된 관계의 상태이다. 그리고 여기에서 인간은 삶의 과정에서 봉사를 하든지 지배를 하든지 영원한 평화를 누릴 것이다.

그러나 이조차도 천상의 왕국에 충실하게 헌신하는 것을 의미한다. 천국은 창조가 혼돈을 정복함에 따라 영원히, 영원히 확장되어야 한다. 그래서 나의 완성은 아직 다가오지 않은, 드러나지 않고 인식되지 않은 나 자신을 넘어서는 어떤 완성에 봉사할 뿐이다. 우리는 천상의 왕국 둘레에 벽을 세우려 해왔다. 그러나 이는 쓸모 없는 것이다. 이는 속이 썩은 양배추와 같은 것이다.

우리의 마지막 벽은 돈으로 만들어진 황금 벽이다. 파멸을 초래하는 벽이다. 이 벽은 삶과 생명력과 살아 있는 태양과 살아 있는 땅으로부터 그 어떤 것도 할 수 없을 만큼 우리를 차단한다. 어떤 것도 강철같은 종교의 가장 광적인 교리조차도 돈만큼 우리를 삶과 영감의 유입으로부터 격리시킬 수는 없다.

우리는 생명력을 잃고 있다. 빠르게 잃고 있다. 우리가 영감의 횃불을 붙잡아 우리의 돈주머니를 놓지 않는 한, 돈이 없는 이는 불꽃 중의 불꽃으로부터 불을 붙이지만, 우리는 불길에 의해 오래된 넝마조각처럼 타버릴 것이다.

우리는 금전 자체와 돈의 잣대로 인해 생명력을 잃고 있다. 돈이 없는 이의 손에 들린 횃불이 우리 집에 불을 놓아 불타는 가축 우리에 든 양처럼 우리를 태워 죽일 것이다.

인간이라는 존재에 대하여

인간은 생각의 모험가이다.

이것은 인간이 지성을 가졌다는 뜻은 아니다. 지성에는 능력과 속임수가 있다. 체스에 규칙이 있는 것처럼, 지성에도 그러한 용어가 주어진다. 진실한 생각은 하나의 경험이다. 진실한 생각은 피 안의 변화와 몸 자체의 서서한 변동과 혁명으로서 시작된다. 이것은 하나의 새로운 깨달음과 정신적인 의식 속에서 새로운 현실을 얻어냄으로써 끝이 난다.

이 때문에 생각은 연습이 아니고 모험이다. 생각하기 위해서 인간은 그 자신의 위험을 감수해야한다. 두 배로 위험을 감수해야 한다. 먼저, 인간은 나아가 몸으로 삶에 부딪혀야 한다. 그리고 나서 정신으로 그 결과를 마주해야 한다.

어린 데이빗처럼 밖으로 나가 삶이라는 거인과 몸으로 맞선다는 것은 정말 무서운 일이다. 그 예로 전쟁을 들어보자. 엄청난 삶과의 직면 후 앉아서 그 결과를 마주하는 것은 더욱 힘들고 쓰라린 것이다. 다시 전쟁을 예로 들자. 많은 남성들이 전쟁에 나가 싸움과 마주했다. 그 후에 감히 누가 자기 자신을 직면하겠는가?

위험은 두 배이다. 왜냐하면 인간은 이중적이기 때문이다. 우리는 모두 두 개의 자신을 가지고 있다. 첫 번째는 상처 입기 쉬우며 결코 완전히 통제되지 않는 이 몸이다. 불합리한 공감과 욕망과 열정을 가지고 특유의 직접적인 의사소통을 하는 몸은 마음을 무시한다. 그리고 두 번째는 의식적인 자아, 내가 존재한다는 것을 알고 있는 자신이다.

내 몸에 살고 있는 자신은 결코 알아낼 수가 없다. 몸이라는 자신은 이상한 매력과 혐오감을 가지고 있어서 나로 하여금 너무나 많은 비이성적인 고통, 실질적인 고뇌, 그리고 때로는 놀라운 기쁨을 겪도록 한다. 내 몸에 있는 그 나는 나에게 이상한 동물이며 때로는 아주 힘든 것이다. 내 몸은 보이지 않는 내가 살고 있는 정글과 같고, 야간의 검은 표범과 같은데, 그 두 눈은 내 꿈속에서, 그늘이 지면 깨어 있는 낮에도 초록빛으로 반짝거린다.

그리고 다른 나가 있다. 잘 생기고 이성적이며 분별이 있고 복합적이며 훌륭한 의도로 가득 찬 나가 있다. 볼 수 있고 이해할 수 있는 알려진 나이다. 나는 나 자신에 대해 이렇게 말한다. "그래, 나는 사고에 있어 참을성이 없고 너그럽지 못한 편이라는 것을 안다. 그러나 보통의 생활방식에 있어서 나는 꽤 편하고 정말로 친절한 편이다. 나의 친절함이 때로는 약간 가식적이게 한다. 그렇지만 나는 기계적인 정직함을 믿지 않는다. 마음 뿐 아니라 느낌과 분별의 정직함도 있는 것이다. 만약 어떤 사람이 나에게 거짓말을 하고 있고 내가 그것을 안다면, 그렇다고 그 사람에게 말하느냐 않느냐 하는 것은 선택의 문제이다. 만약 그의 감정과 내 감정을 상하게 할 뿐이라면, 그의 면전에서 거짓말쟁이라고 부르는 것은 감정적으로 정직하지 못한 것이 될 것이다. 차라리 마음속으로 약간 부정직한 채로 그 거짓말을 삼키는 척 할 것이다.

이것이 스스로와 대화하는 알려진 나이다. 알려진 나는 행동하고 느끼는 모든 것에 대한 이유를 알고 있다. 이런 나는 자신의 훌륭한 취지에 대해 어떤 변하지 않는 믿음을 가지고 있다. 이런 나는 모든 다른 사람들과 자신 주위의 '개인들' 사이에서 현명하고 무해한 길의 방향을 잡으려 한다.

이렇게 알려진 나에게는, 모든 것이 지식의 이름으로 존재한다. 어떤 사람은 그 사람이라고 내가 알고 있는 사람이다. 영국은 내가 영국이라고 알고 있는 것이다. 나는 내가 나라고 알고 있는 것이다. 그리고 버클리 주교의 말이 절대적으로 옳다. 어떠한 것이든 우리 자신의 의식 속에 존재할 뿐이다. 알려진 나에게 내가 알고 있는 것을 벗어나서는 어떤 것도 존재하지 않는다. 사실, 나는 항상 내가 알고 있는 것에 보탤 뿐이다. 그러나 이것은 지식이 지식을 낳기 때문이라고 생각한다. 어떠한 것이 외부로부터 들어오기 때문은 아니다. 외부란 존재하지 않는다. 첨가될 더 많은 지식이 있을 뿐이다.

내가 기차에 타고 있는데 한 사람이 내 칸으로 들어온다면, 그는 이미 상당 부분 나에게 알려진 것이다. 우선 그는 한 남자이며 나는 남자가 무엇인지 알고 있다. 그리고 그는 나이가 들었다. 나이가 들었다는 것 역시 무슨 뜻인지 나는 알고 있다. 그리고 그는 영국 사람이며 중산층이다 등등. 결국 나는 모든 것을 아는 것이다.

내가 모르는 것이 조금 남아 있다. 그는 낯선 사람이다. 개인적으로 나는 그를 모른다. 나는 그를 흘낏 본다. 이것은 아주 작은 모험이다. 여전히 지식의 모험이며, 어떤 방식으로 그룹 지어진 어떤 성격들의 조합이라는 지식이다. 한번 보고서 나는 그에 대해 알고자 하는 만큼 알게 된다. 끝났다. 모험은 끝이다.

이것은 안다는 것의 모험이다. 사람들은 스페인에 가보고 스페인에 대해 '안다.' 사람들은 곤충학을 공부하고 곤충들을 '안다.' 레닌을 만나고서 레닌을 '안다.' 많은 사람들이 나를 '안다.'

그리고 이것이 우리가 사는 방법이다. 우리는 우리가 이미 알고 있는 것으로부터 다음에 알아야 할 것으로 나아간다. 우리가 페르시아 왕에 대해 모른다면, 우리는 업적을 쌓기 위해 테헤란의 궁전에 찾아가기만 하면 된다고 생각한다. 달에 대해 많이 알고 있지 못하다면, 달에 대한 최신의 책을 구하기만 하면 되고 그러면 우리는 정통해질 것이다.

우리는 우리가 그것에 대해 모든 것을 알고 있다는 것을 알고 있다. 알려졌다! 알려졌다! 이해라는 환상적인 작은 놀이만이, 둘과 둘을 더하는 것과 그 기관의 실제적인 작은 신이 되는 것만이 남아 있다.

이 모든 것이 알고 이해하는 것의 모험이다. 그러나 이것은 생각의 모험은 아니다.

생각의 모험은 마음이 아니라 피에서 시작한다. 만약 기차에서 아랍인이나 흑인이나 심지어 유태인이 내 옆에 앉는다면, 나는 그를 그렇게 쉽게 알게 될 수 없을 것이다. 흑인의 얼굴을 한 번 흘낏 보고 그가 흑인이라고 말하기에는 충분하지 않다. 그가 내 옆에 앉으면 내 피에서 희미하지만 불편한 움직임이 일어난다. 이상한 진동이 그로부터 오고, 그것이 내 자신의 진동에 미미한 교란을 일으킨다. 내 콧구멍에 희미한 냄새가 느껴진다. 그리고 무엇보다도, 내가 눈을 감아도 나와 접촉하는 이상한 실재를 느낀다.

이제 나는 나와 나라고 알고 있는 존재로부터 그 사람이라고 알고 있는 존재에게로 더 이상 나아갈 수가 없다. 나는 흑인이 아니므로 흑인을 잘 알 수가 없고, 그러므로 나는 결코 그를 완전히 '이해'할 수 없다.

그렇다면 어떻게 해야 하는가? 막다른 골목이다.

그렇다면 세 가지 방법이 있다. 그냥 흑인이라는 단어를 판에 붙여 놓고 분류하여 끝낸다! 또는 내 자신의 지식의 관점에서 그를 탐구하고자 노력할 수 있다. 즉, 다른 사람을 이해하듯이 그를 이해하는 것이다.

또는 세 번째의 방법도 있다. 내 피가 불편하다는 것과 무언가가 그로부터 나와서 나의 정상적인 진동을 방해한다는 것을 인정할 수 있다. 그 정도 인정하면서, 저항하거나 나 자신을 격리시킬 수 있다. 혹은 계속 방해를 허용할 수도 있는데, 왜냐하면 결국 어떤 특이하고 이질적인 공감이 우리 사이에 있기 때문이다.

물론 마찬가지겠지만, 만약 흑인이 백인들 사이에 끼게 되면, 그는 자신을 고립시키고 흑인만의 미묘한 분위기가 백인들에게 닿지 않도록 할 것이다. 만약 내가 흑인들로 가득한 기차에서 나 혼자라는 것을 깨닫게 되면, 나 역시 의심 없이 그렇게 할 것이다.

그러나 이것과는 별개로, 나는 그와 나 사이의 어떤 특이하고도 계산할 수 없는 반응을 인정하게 될 것이다. 이 반응은 내 피와 신경의 진동에 미미하나 분명한 변화를 일으킬 것이다. 내 피에서의 이러한 작은 변화는 내 꿈속에서 그리고 무의식 속에서 자라다가, 만약 그대로 둔다면, 새로운 깨달음이나 새로운 의미의 단어로서 빛 속으로 나오고자 한다.

남자와 여자라는 훨씬 더 일반적인 예를 들어보자. 이미 알려진 자아에서 출발하는 남자는 자신이 알고 있는 것에 공감하는 여자를 좋아한다. 그는 그와 그녀가 서로 알고 있다고 느낀다. 그들은 결혼한다. 그 후부터 재미있는 일이 시작된다. 그들이 서로를 잘 알고 있는 한 그들은 알려진 자신들을 전제로 하여 잘 들어맞는다. 사랑하는 커플 등과 같은 말이 오고간다. 그러나 진정한 피의 교류가 일어나는 순간, 아마도 이상한 불협화음이 시작될지도 모른다. 그녀는 그가 생각했던 그녀가 아니다. 그도 그녀가 생각했던 그가 아니다. 그 다른 어떤 일차적인 혹은 육체적인 자아로서, 예전에 사랑했던 그 멋진 존재에서 흔히 어두운 악마와 같은 모습이 나타난다.

결혼 전에는 모든 즐거움의 화신인 듯했던 남자가 결혼 후에는 자신의 진짜 색깔을 드러내, 옛날의 다소 혐오스럽기까지 한 아담의 아들로 나타나기 시작한다. 그리고 사랑스러움과 매력의 천사였던 그녀는 점차 뱀과 어울린 이브의 거의 악마 같은 딸의 모습으로 나타난다.

어떻게 된 일인가?

어쩔 수 없는 십자가형이다. 알고 있듯이, 십자가는 몸을, 아니 몸 안에 살고 있는 어두운 자신을 상징한다. 그리고 육체적인 자신의 십자가 위에서, 내가 나라고 알고 있는 자신, 소위 실제의 자신이라고 알고 있는 자신이 처형당한다. 십자가는 고대의 상징으로서 필연적으로 남근의 의미를 담고 있다. 그러나 성보다 훨씬 더 깊은 상징성이 있다. 그것은 우리의 피와 뼈 속에서 어둡게 살고 있는 자신이며, 남근상도 그 자신에게는 하나의 상징일 뿐이다. 내 피와 뼈 속에서 어둡게 살고 있는 이 자신은 나의 두 번째 자아, 나의 다른 자아이며 난장이이고 카비리12)의 두 번째이며 제미니13)의 두 번째 별이다. 그리고 메카에 있는 신성한 검은 돌도 이를 상징한다. 남자와 여자의 피를 일렁이게 하는 어두운 자신이다. 남근상이라고 불러도 좋다. 그렇지만 남근상보다 훨씬 더 큰 의미가 있다. 온전한 자아가 분할되는 십자가에서 그리스도가 처형된다. 우리 모두가 십자가 위에서 처형된다.

결혼은 우리 시대의 큰 문제이다. 이것은 우리에게 주어진 스핑크스의 수수께끼다. 문제를 풀거나 아니면 갈기갈기 찢기게 되는 것이 법칙이다.

우리는 우리가 알고 있는 자아를 바탕으로 우리 지식의 연장 혹은 알고 있는 자아의 연장으로서 여성을 받아들이고 결혼한다. 그 다음에는 예외 없이 충격이 오고 십자가형이 일어난다. 알려진 자아의 여성은 아름답고 사랑스럽다. 그러나 어두운 피의 그녀는 남자에게 가장 악의에 차 있고 공포를 주는 존재이다. 마찬가지로, 연애시절의 멋있고 밝은 남

---

12) 카비리: (그리스신화) 대장장이 신 헤파이토스와 바다의 노인 프로테우스의 딸 카비로 사이에서 태어난 자식들.
13) 제미니: 쌍둥이자리. 그리스신화에 따르면 쌍둥이는 제우스의 아들로서 형은 2등성인 카스토르이고 아우는 1등성인 폴룩스이다.

자는 더 바랄 것이 없다. 그러나 뱀의 충고를 받은 피를 지닌 이브에 대해 공포에 질린 남편은 아담의 완고함으로 고집을 부리고 오만하며, 한마디로 말해서 적이다.

수수께끼를 풀어라. 가장 빠른 방법은 아내는 자기 안에 있는 뱀의 충고를 받은 이브를 묻어버리고, 남편은 옛날 오만한 아담에서 벗어나도록 스스로를 설득하는 것이다. 그러면 그들은 성공적인 결혼이라 불리는 아름답고 공정한 결합을 이룬다.

그러나 네메시스14)가 우리의 길에 있다. 남편은 오만함을 상실하고 아내는 아이들을 자기편으로 하여 마음대로 한다. 그러나 보라, 여자의 아들은 다음 세대에서 다른 여자의 남편이 된다! 그러니 아, 여자들이여 어머니의 말을 듣는 아들을 조심하라! 그렇지 않으면 아내는 옛날 뱀의 충고를 받아들인 이브의 본성을 상실하여 남자의 도구가 된다. 그 다음에는, 아, 다음 세대의 젊은 남편이여, 그 딸의 복수를 준비하라.

어떻게 해야 하는가?

생각의 모험가여! 우리는 우리가 알고 있는 자신이 아니라 우리 그대로의 자신을 받아들여야 한다. 나는 나의 중심에 검은 시금석을 가진 태고의 적색토로 만들어진 아담의 아들이다. 그리고 세상의 어떤 아름다운 단어들도 그것을 바꾸지 못할 것이다. 여성이 이상하게도 뱀과 친하게 지낸 이브라는 것도 변하지 않는다. 우리는 서로 만나도 결코 혼합되지 않는 이상한 한 쌍이다. 나는 어머니로부터 출산을 통해 태어났다. 그러나 나는 나의 중심에 검고 오래된 돌이 박혀 있는 태고의 아담으로 깨

---

14) 네메시스: (그리스신화) 밤의 여신인 닉스의 딸. 인과응보 · 복수의 여신.

어났다. 그녀도 그녀를 낳은 아버지가 있지만 그녀 자신의 기둥은 수수께끼와 같은 완전한 이브이다.

　내가 그녀에 대해 알고 있는 모든 것에도 불구하고, 그녀를 아주 잘 알고 있음에도 불구하고, 뱀이 여전히 그녀를 더 잘 알고 있다. 그리고 나의 훌륭한 말과 훌륭한 행동에도 불구하고 그녀는 나의 가운데에 있는 아담의 검은 돌과 충돌한다.

　네 자신을 알라는 말은 결국 네 자신을 알 수 없다는 것을 아는 것을 의미한다. 나는 적색토로 만들어진 나 자신인 아담을 알지 못한다. 그 아담은 내가 이해할 수 없는 것들을 끊임없이 행할 것이다. 또한 현대적 교양 아래에 감춰진, 뱀에게 귀를 기울이는 이브로서의 여성도 알 수 없다. 그러한 여성을 받아들여야 한다. 그래서 우리는 내가 산 속 나무 사이에서 표범을 만나듯이 만나서 다가가 만지고 위험을 감수해야 한다. 남자와 여자가 실제로 만나면, 둘 다에게 항상 끔찍한 위험이 도사린다. 여성들에게는 남성들 영혼 속의 변하지 않는 딱딱하고 검은 돌에 의해 그녀들의 여성성이 손상되지 않도록 해야 하는 위험이 있다. 남성들에게는 뱀이 그 자신을 끌어내려 그의 목을 칭칭 감고 독으로 키스하지 않도록 해야 하는 위험이 있다.

　여성과 남성에게 위험은 항상 있다. 위험을 감수하고 모험을 하라. 고통을 겪으면서 피의 변화를 즐겨라. 그리고 당신이 남자라면 천천히, 천천히 깨달음을 위대하게 경험하라. 당신이 남자라면 이것은 최후의 모험과 깨달음이라는 경험이 된다. 철저히 의식을 가진 깨달음이다. 당신이 여자라면 이것은 생각하지 않고도 알 수 있는 이상하고 몽롱한 뱀의 깨달음이 된다.

　　그러나 남성에게 그것은 생각의 모험이다. 그는 몸과 피의 위험을 무릅쓴다. 그는 그의 내면의 의식 속에서 검은 돌을 끄집어내어 만진다. 그리고 새로운 모험에서 감히 생각을 한다. 그는 그가 한 것과 그에게 일어난 것들에 대해 감히 생각해 본다. 그리고 용기를 내어 생각하면서 모험에 몸담게 되고 결국에는 깨닫게 된다.

　　인간이 되는 것! 먼저 몸과 피의 위험을 감행하고 그리고 나서 당신의 정신의 위험을 감행하는 것. 언제든지 당신의 알려진 자아의 위험을 감행하고, 그리고 다시 한 번 당신이 결코 알 수 없었거나 예상하지 못했던 자아가 되는 것이다.

　　단지 한 개인이 되기보다는 인간이 되는 것. 오늘날 인간은 피와 뼈의 위험을 감수하지 않는다. 그들은 자신에 대한 자신만의 생각으로 갑옷을 두르고 앞으로 나아간다. 그들이 무엇을 하든지, 자신에 대한 자신만의 생각으로 총 무장하고서 모든 것을 실행한다. 알려지지 않은 그들의 신체적 자아는 결코 단 한 순간도 칼집에서 나오지 않는다. 항상 유일한 주역은 알려진 자아이며 자기의식적인 자아이다. 그리고 신체의 신비스런 미로 속의 어두운 자아는 꼭 끼는 갑옷 속에서 비겁하게 눌려 있다.

　　인간은 결혼을 하고 머리로 모든 간통을 저지른다. 그들에게 일어나는 모든 일은, 모든 그들의 반응과 모든 그들의 경험은 단지 머리에서 일어난다. 그들 안에 있는 알려지지 않은 자아에게는 아무것도 일어나지 않는다. 그 자아는 다치거나 고통 받지 않도록 갑옷 속에 갇혀있다. 그리고 갑옷 속에서 그 자아는 심각하게 정신을 잃게 된다.

오늘날의 모든 고통은 심리적이다. 머리에서 일어나는 것이다. 붉은 아담은 단지 압박과 정신적 혼란이 서서히 진행되는 고문을 겪는다. 한 남자의 아내는 정신적인 것이며 남성에게 알려진 것이다. 그의 안에 있는 태고의 아담은 결코 그녀를 보지 못한다. 그녀는 단지 그 자신의 의식적인 자아의 산물일 뿐이다. 그리고 그는 단 한순간도 그녀의 특이한 낙원에서 뱀으로 가득 찬 낯선 덤불로 들어가는 위험을 무릅쓰지 않는다. 그는 두려워한다.

그는 그의 자의식의 갑옷 안에서 비범하게 총명하고 민첩해진다. 그는 정말로 무언가를 느끼는 것처럼 여러 감정들을 경험할 수 있다. 그러나 이것은 모두 거짓이며, 그는 아무것도 느끼지 않는다. 그는 단지 당신을 속이고 있다. 그는 자신의 거짓을 확실히 알기 때문에 거짓된 감정과 진실한 감정을 인지하는 데 유난히 예민해진다. 그는 다른 사람들의 거짓이나 진실성을 시험해보는 기준이 되는 자신만의 의식적 거짓이라는 시금석을 항상 가지고 있다. 그리고 그는 다른 사람들의 거짓을 항상 폭로한다. 그러나 실제의 아담과 이브를 자유롭게 만들기 위한 것은 아니다. 그 반대이다. 그는 실제의 아담과 이브에 대해서 거리에서 겁에 질린 보통 사람보다 더 두려워한다. 그는 훨씬 더 비겁한 사람이다. 그러나 그는 더 많이 비겁하기 때문에 더 위대한 사람처럼 보이려고 노력한다. 그는 자신의 더 큰 거짓에서 승리하고자 거짓을 비난한다. 그는 실제의 것에 대해서도 자신이 더 우월함을 확립하고자 실제의 것을 칭찬한다. 그는 반드시, 반드시 우월해야 한다. 왜냐하면 그는 자신이 거짓되다는 것을 말할 필요도 없이 분명히 알기 때문이다. 그의 위조된 감정은 참된 감정보다 더 실제인 것처럼 보이고, 얼마 동안은 더 큰 효과가 있다. 그러나 어느 때든, 어디에서든 그는 그것이 거짓된 감정이라는 것을 알고 있다.

그리고 이것은 그의 힘의 하나이다. 그는 적색토의 아담처럼, 거짓과 진실, 선과 악의 영원한 시금석인 그 무겁고 변하지 않는 검은 돌 대신에, 그 자신이 거짓되다는 지식의 이 끔찍하고 작은 비석을 가지고 있다. 그리고 그 자신에게 세운 이 소름끼치는 작고 하얀 비석에, 거짓된 정신적 사람들 특유의 절대적 확실성이 있다.

그것은 반대로 나아가는 인간의 존재 방식이다. 당신은 인간이 아니라는 것을, 그 때문에 거의 모든 것에 도전한다는 것을 그렇게 확실히 아는 것이다. 인간이 되는 것을 제외하고는 무엇이든 해본다. 강하고 확실한 사실은 당신은 인간이 아니라는 것, 즉 인간이 되는 것을 제외하고 지상의 모든 것에 도전하는 현대 백인의 내적인 확신이다. 거기서 그의 용기는 무덤 속으로 떨어진다. 그는 감히 인간이 되지 못한다. 그의 몸 중심부에 검은 시금석을 가지고 있는 태고의 적색토 아담이 되지 못한다.

그는 그가 인간이 아니라는 것을 알고 있다. 그러므로 그의 신조는 무해하다. 그는 적색토로 살다가 낯선 날씨를 거쳐 새로운 봄철을 맞이하는 인간이 아니라는 것을 알고 있다. 그는 사멸이 앞에 있다는 것을 알고 있다. 단지 사멸만이 의식적인 자아를 기다리고 있기 때문이다. 그러므로 그의 신조는 무해하고 무자비할 정도로 친절하다. 가족애까지는 미치지 못하더라도 친절함 이상이다. 삶에는 위험이 전혀 없을 것이며 마찰조차도 보기 힘들 것이다. 그는 이렇게 주장하면서, 한편으로는 계속해서 생명의 나무를 천천히 그리고 악의를 가지고 잠식하고 있다.

문명의 노예

　　　　　남자들이 배우지 않고 있는 한 가지 사실은 그들이 받은 가르침에 반대해 자신의 본능적인 감정에 충실하라는 것이다. 문제는 우리가 모두 어릴 때 붙잡힌다는 것이다. 어린 소년들은 다섯 살 때에 학교로 보내지고, 그 즉시 놀이가 시작되는데, 그것은 어린 소년들을 노예로 만드는 놀이이다. 학교의 여교사, 젊은 처녀, 중년의 처녀 그리고 나이 든 처녀들에게로 넘겨지면, 그들은 소년들에게 덤벼들어, 그들 특유의 힘과 특유의 정당성과 특유의 우월성에 대한 절대적 확신을 가지고 그 불쌍한 어린것을 '만들기' 시작한다. 어린 소년의 인생을 형성하기 위한 이런 여성들의 힘에 대해 그 어느 누구도 한 순간도 의심하지 않는다. 예수회에서는 말한다. 어린 아이가 일곱 살이 될 때까지 나에게 맡기시오. 그러면 그의 평생에 대해 책임지겠습니다. 글쎄, 학교의 여교사들은 예수회 수도사만큼 영리하지 않으며, 그들이 하는 일에 대해서도 분명 수도사만큼 잘 알고 있지는 않지만, 그럼에도 불구하고 그들은 속임수를 쓴다. 그들은 그 어린 소년을 남성의 원형, 즉 오늘날의 남성으로 만든다.

이제 당신에게 묻는다. 당신은 정말로 여교사들이 남성의 기초를 형성시킬 만한 자질이 있다고 생각하는가? 그들은 대부분 훌륭한 여성들이고 최선의 동기로 가득 차 있다. 그리고 그들은 모두 어떤 종류의 시험을 통과했다. 그렇지만 도대체 어떻게 해서 그들이 남자들을 만들 자질을 가지고 있단 말인가? 그들은 모두 여자들이다. 젊은 여자, 중년의 여자 또는 노년의 여자들이다. 그들 중 어느 누구도 남자에 관해 아무 것도 알지 못한다. 다시 말해, 그들은 남자들에 관해 어떤 것도 알 수 없게 되어있다. 그들이 알고 있는 것이 무엇이든지 그것은 분명 가짜이다. 그들은 남성에 관해 아무 것도 알지 못한다. 여교사의 눈에, 특히 나이든 여교사의 눈에, 남성은 어떤 불필요하고 불유쾌한 존재이다. 여교사들이 유쾌하게 본다고 해도 남자들은 대체로 다 자란 아기들이다. 그 아기들은 모두 여교사의 손을 거치지 않았는가, 그리고 남자들은 거의 다 똑같지 않은가?

그래, 그럴지도 모른다! 오늘날의 남성들은 모두가 다 자란 아기일지도 모른다. 그러나 만약 그렇다고 해도, 이것은 불쌍한 어린것들을 그 여린 나이에 여성들의 절대적인 지배에 맡겼기 때문이다. 처음에는 어머니, 그 다음에는 여교사들에게. 평범한 여성들이 영아 학교의 훌륭한 노처녀 교사를 얼마나 존경하는지는 놀라운 일이다. 여교사가 말하는 것은 복음이다. 왕은 더 이상 신권을 지닌 왕이 아니지만, 여왕은 여왕이자 여교사, 신이 내린 여교사이다. 놀라운 일이다. 이것은 주물 숭배이다. 그리고 이 주물은 미덕이다.

"아, 그 여선생님은 정말 훌륭해. 정말로 훌륭해." 엄마들은 기분 좋은 목소리로 만족스럽게 말한다. "자, 조니, 너는 선생님이 말씀하시는 것을 명심해야 한다. 선생님은 어떤 것이 너에게 가장 좋은 것인지 알고 계신다. 넌 항상 선생님 말씀에 귀를 기울여야 한다!"

불쌍한 조니, 불쌍한 어린 것! 바로 첫날 이렇게 배운다 "자, 조니야, 착한 소년처럼, 다른 모든 착한 소년들처럼 앉아 있어야 한다." 그리고 조니가 참을 수 없어 할 때는 이렇게 말한다. "아, 조니야, 내가 너라면 울지 않을 거야. 다른 모든 착한 소년들을 봐라. 울지 않아. 그렇지 얘야? 착한 소년이 되어라. 그러면 선생님이 같이 놀아줄 곰 인형을 너에게 주실 거야. 조니는 곰 인형과 놀고 싶지 않을까? 자, 울지 마라! 다른 모든 착한 소년들을 봐라. 글쓰기를 배우고 있어-글쓰기를! 조니도 착한 소년이 되고, 또 글쓰기를 배우고 싶지 않니?"

사실, 조니는 그러고 싶지 않다. 그의 마음속 깊은 곳에서는 전혀 착한 소년이 되기를 원하지도 글쓰기를 배우고 싶어하지도 않는다. 그러나 선생님은 이끌어 간다. 착한 선생님은 조니가, 불쌍한 어린 노예가 가야할 길에 오르도록 한다. 그리고 일단 길에 오르면, 다른 모든 착한 소년들처럼 잘 간다. 학교는 착한 소년들이 열 넷, 열 여섯 혹은 몇 살이 되든지 인생이라는 궤도로 벗어날 때까지 좋은 선로 위를 따라 달리는 것을 배우는 아주 정교한 철도이다. 그리고 그 나이에 이르면 선로 위를 달리는 버릇이 완전히 고정된다. 다 큰 착한 소년은 한 선로에서 다른 선로로 옮겨 갈 뿐이다. 그리고 그 선로 위를 달리는 것은 아주 쉬운 일이다. 그는 그가 타고 가는 선로의 노예라는 것을 결코 깨닫지 못한다. 착한 소년이다!

여기서 우스운 것은 그 어느 누구도, 가장 의식 있는 아버지조차도 이런 부녀교사의 절대적인 정당성에 의문을 전혀 품지 않는다는 것이다. 이것은 모두 사랑스런 조니 자신의 행복을 위한 것이다. 그리고 이러한 부녀교사들은 조니 자신의 행복이 어떤 것인지를 잘 알고 있다. 그것은 다른 모든 착한 소년들처럼 착한 소년이 되는 것이다.

그러나 다른 모든 착한 소년들처럼 착한 소년이 된다는 것은 결국은 노예가 되는 것이며 적어도 바퀴 위를 달리는 자동인형이 되는 것이다. 이것은 우리 어린 조니가 자신의 모든 개별적인 남자다움을 살짝 드러내려고 할 때마다 그 개별성이 세심하게 뽑히고 꺾이게 될 것이라는 것을 의미한다. 자라나는 소년들로부터 싹트는 남자다움의 그 작은 가지를 잡아뜯어 버리고 그를 중성적인 개체 즉 착한 소년으로 변화시키는 늙은 여교사의 손가락보다 더 교활할 정도로 영리한 것은 없다. 그것은 미세하고 부드러운 형태의 절단 방법이다. 그리고 어머니들은 그것을 전적으로 믿는다. "아, 나는 그가 착한 소년이 되기를 원해." 그녀는 착한 소년 같은 남편이 얼마나 지루한 사람인가를 잊어버린다. 착한 소년은 어머니와 여교사에게 아주 좋은 것이다. 그러나 남자로서 그들은 김빠진 민족을 이룬다.

물론 그 어느 누구도 조니가 나쁜 소년이 되기를 원하지 않는다. 아무 수식어 없이 그냥 평범한 소년이 되기를 원할 수 있다. 그러나 그것은 불가능하다. 최고의 학교에서, '자유'가 많은 학교에서, 미덕을 향한 미묘하고 조용한 압박이 가장 클지도 모른다. 아이들은 모두 조용히, 꾸준히 그리고 냉혹하게 착한 소년이 되도록 종용된다. 그들은 훌륭하게 자란다. 그 다음에는 쓸모가 없다.

미덕이 의미하는 바는 무엇인가? 결국 다른 모든 사람들처럼 되는 것, 네 자신의 것이라 불리는 영혼이 없는 것을 의미한다. 절대로 네 자신의 것이라 할 느낌을 가져서는 안 된다. 당신은 선량해야 하며, 당신에게서 예상되는 바로 그러한 감정을 느껴야 하는데, 바로 다른 사람들이 느끼는 감정이다. 이것은 결국 당신이 아무것도 느끼지 않으며, 당신의 모든 감정이 당신에게서 죽어버리는 것을 의미한다. 그리고 남아 있는 것이라고는 조간신문에서 떠들어대는 판에 박힌 인위적 감정 같은 것뿐이다.

나는 정말로 훈련된 영국남성의 첫 번째 세대에 속하는 것 같다. 나의 아버지의 세대, 적어도 내가 자란 곳의 광부들은 여전히 타고난 그대로였다. 그렇지만 나의 아버지는 어떤 여자선생님이 운영하는 학교 이외엔 다녀본 적이 없었는데, 하이츠라는 선생님은 아버지를 착한 소년으로 결코 만들지 못했으며, 심지어 아버지가 자기 이름조차도 쓸 수 있도록 할 수 없었다. 아버지의 어머니가 그랬던 것처럼, 그녀 역시 아버지의 감정들을 통제하지 못했던 것이다. 시골은 여전히 열려 있었다. 아버지는 여자들로부터 빠져나와 패거리와 어울렸다. 그리고 돌아가실 때까지 삶에 대한 아버지의 생각은 미덕의 언저리를 빠져나와 맥주를 마시고, 때로 토끼를 잡으러 다니거나 하는 것이었다.

그러나 내 세대의 소년들은 제때에 잡혔다. 우리는 다섯 살이라는 한창 나이에 공립학교로, 영국학교로, 국립학교로 보내져, 착한 조니 운

운하는 일도 거의 없고 곰 인형도 없을지라도, 굴복할 수밖에 없었다. 우리는 선로에 올라타도록 강요받았다. 나는 공립학교에 갔다. 실제로 우리 대부분은 광부의 아들이었다. 대부분이 광부가 될 것이었다. 그리고 우리는 모두 학교를 싫어했다.

나는 첫날 내게 눈물을 흘리게 한 불안을 결코 잊지 못할 것이다. 나는 붙잡혀 있었다. 밧줄로 묶여있었다. 다른 소년들도 똑같이 그렇게 느꼈다. 그들은 학교를 싫어했는데 그곳에서 포로가 된 듯이 느꼈기 때문이다. 선생님들은 감옥의 간수처럼 느껴졌기 때문에 싫어했다. 심지어 소년들은 읽고 쓰는 것도 배우기 싫어했다. 끊임없이 반복되는 말. "내가 갱 아래로 내려가면 어떤 계산을 할 지 알게 될 거야." 그들이 기다린 것은 이런 것들이었다. 갱 아래로 내려가는 것, 탈출하는 것, 인간이 되는 것. 갱의 야생 토끼 굴속으로 달아나는 것, 학교의 좁은 선에서 나가는 것.

교장은 훌륭하지만 화를 잘 내는 하얀 수염을 기른 나이 든 분이었다. 그분에 대한 나의 어머니의 존경심은 대단했다. 내 기억으로 그분은 내가 데이빗15)이라는 이름을 좋아하지 않는다는 이유로 화를 냈다. "데이빗! 데이빗!"하고 그는 소리쳤다. "데이빗은 위대하고 훌륭한 사람의 이름이다. 데이빗이란 이름을 좋아하지 않니? 데이빗이란 이름을 좋아하지 않는구나!" 그는 화가 나서 얼굴이 벌겋게 달아 있었다. 하지만 나는 이유 없이 데이빗이란 이름을 정말로 싫어해, 그분은 내가 그 이름을 좋아하게끔 만들 수 없었다. 그렇지만 그는 내가 그 이름을 좋아하기

---

15) 데이빗: (성서) 사울을 이은 이스라엘 왕국 제 2대 왕. 다윗이라고도 함.

를 원했다.

그랬다. 데이빗은 위대하고 훌륭한 남자의 이름이었으며, 그래서 내가 그 이름을 좋아하도록 강요받았을 것이었다. 만약 내 이름이 아나니아6)나 아합17)이었다면, 변명이 될 수도 있었을 것이다. 그러나 데이빗은! 이런! 운 좋게도 나의 아버지는 안전등에 적힌 데이비18)와 데이빗을 구분할 줄 몰랐다.

그러나 그 늙은 교장은 서서히 우리들을 통제했다. 때때로 폭력적인 채찍질도 있었다. 그러나 실제 비결은 채찍질이 아니라 꾸준하고 끊임없는 압박이었다. 정직하고 예의 바른 소년들은 다름 아닌 나처럼 행동한다는 압박이었다. 그리고 그는 소년들을 통제했다. 왜냐하면 그는 그가 옳다는 것에 관해 전적으로 확신하고 있었기 때문이며, 어머니와 아버지들이 그가 옳다는 것에 모두 동의했기 때문에, 그가 책임을 맡은 6, 7년 동안 그 투박한 광산촌의 소년들을 꽤 잘 길들일 수 있었다. 그들은 실제로 길들여진 첫 번째 세대였다.

어떤 결과를 가져왔는가? 그들은 갱 속으로 들어갔지만, 갱은 더 이상 예전의 즐거운 지하의 토끼굴이 아니었다. 갱 아래 모든 것 역시 선로를, 새로운 선로를, 최신의 선로를 타고 달리도록 만들어졌다. 그리고 인간은 점점 더 인간답지 못하고 단순한 도구에 가까워졌다. 그들은 결혼해서 내 어머니 세대의 여자들이 항상 기원하던 훌륭한 남편들이 되었

---

16) 아나니아: (성서) 하나님 앞에서 거짓말을 하여 아내 사파이어와 함께 죽은 남자.
17) 아합: (성서) 이스라엘의 왕. 포도밭 탐나 포도밭 소유주인 나봇을 죽임.
18) 데이비: 옛날에 사용되었던 탄갱용 안전등인 데이비 등을 만든 영국의 화학자 험프리 데이비의 이름.

다. 그러나 남자들이 훌륭한 남편이 되자마자 여자들은 성가시고 골치 아프고 만족스럽지 못한 아내가 되었으니, 보라! 의식하지는 못하지만 아내들은 예전의 투박함을 그리워하면서 현재를 지켜워했다.

내가 마지막으로 미들랜드[19]에 갔을 때 대대적인 탄광 파업이 진행 중이었다. 내 나이의 남자들, 마흔을 갓 넘긴 남자들이 그곳에서 무책임하고, 창백하고, 조용히, 아무런 말도 없이, 아무런 느낌 없이 서 있었고, 어디에서 왔는지 모를 고약한 경찰들은 그들에게 작업을 종용하기 위해 떼를 지어 기다리고 있었다. 아, 그럴 필요가 없었다. 우리 세대의 남자들은 길들여져 있다. 그들은 선에서 벗어나지 않을 것이며 그곳에서 녹슬어 갈 것이다. 아내와 교장과 고용주에게는 길들여진 남자들이 아주 좋을지도 모른다. 그러나 한 민족, 영국에 있어서는 재난이다.

---

19) 미들랜드: 영국 잉글랜드 중부지방.

구름

세 살 난 어린 조카가 창을 통해 야윈 낙엽송들이 뾰족하게 솟아 있는 눈 덮인 산등성이를 올려다보며 서있었다. 아침이었고 태양이 빛났으며, 그리고 아무도 그 아이에 대해 생각하고 있지 않았다.

"하늘이 움직이고 있어요," 아이가 정말 놀라서, 그리고 신비스러워하는 듯이, 조금은 아이다운 그런 놀라움을 가지고 말했다.

"그래 재키야. 몰랐니?" 아이의 숙모가 대답했다.

그 아이는 그 말에 개의치 않고 조용하게 좀더 밖을 지켜볼 뿐이었다.

"왜 움직여요?" 아이가 물었다.

"바람이 불면 하늘이 항상 움직인단다." 숙모가 말했다.

"그렇구나!" 아이는 감동을 받지 못하고, 갑자기 희미하게, 공손하게 외쳤다.

여전히 아이는 위를 지켜보면서, 이해할 수 없을 때 그러하듯이 그 이상한, 약간 비웃는 표정을 얼굴에 띠고 있었다.

"바람이 불면 하늘이 왜 움직여요?" 아이가 무심코 물었다. 그는 어른들의 대답에 대해 미묘한 멸시감을 가지고 있어, 그런 대답을 심각하게 받아들이지 않고, 스스로 답을 얻을 수 있을 때까지 거의 냉소적으로 문제가 해결되지 않은 채 남겨져 있기를 더 좋아하기 때문이다. 그러나 마지못해 하며, 그리고 거의 의도적인 악의를 가지고, 변함 없이 묻는다.

"바람이 불기 때문에 구름이 따라가는 거지, 재키야."

아이는 눈에 비웃는 빛을 띠면서 움직이고 있는 하늘을 지켜보았다.

"구름!" 아이는 다시 따라했다.

"그래." 숙모는 아이에게 몸을 구부려 창문 밖의 하늘을 가리키며 대답했다. "저 큰 구름들이 어떻게 가고 있는지 보이지 않니?"

아이는 예의바르게 가리키는 방향을 보았다.

"예." 아이가 말했다.

그러더니 아이는 마치 구름도 하늘도 숙모도 존재하지 않는 것처럼 돌아서서 모퉁이에서 장난감들을 끌어내기 시작했다. 그러나 간간이 아이는 하늘을 응시하며 서 있다. 아이의 신(神)은 난로, 증기구동기, 전차, 철도들이다. 동물에 대해서는 전혀 관심이 없으며, 오히려 싫어하는 편이다. 아이가 건방지게 하늘을 지켜볼 때 무슨 생각을 하는지 궁금하다. 마치 하늘이 아이에 대항해서 높이 있는 것처럼 하늘을 본다. 아마도 하늘이 기계에 의해 가는 것도 아니고 운전사가 있는 것도 아니어서 분개하는지도 모른다. 아이에게 운전사는 기계를 운전하는 존재가, 즉 말을 운전하는 운전사가 아니며, 지상의 신적인 존재이기 때문이다. 말 운전사는 아무런 존재도 없다.

　　재키가 하늘이 움직이고 있다는 것을 알게 된 그 날 무서운 동풍이 하늘에서 불규칙적으로 구름을 몰고 있었다. 북동풍이 오랫동안 불다가 눈을 몰고 왔다. 며칠 동안 하늘은 보이지 않는 운명처럼 작은 눈송이들을 떼를 지어 방울방울 떨어뜨리고 있었다. 그러다 하늘이 간헐적으로 부서지면, 구름이 갈라져 구르다가 다시 뭉칠 뿐이었다. 마침내 어느 날 아침, 밖으로 틈이 났다. 눈부신 태양이 눈 위로 빛나고, 부서지기 쉬운 하얀 구름들이 하늘에서 높이 항해했다. 잠시 후 더 어둡고 무거운 구름이 멀리 떨어진 곳에 낮게 떠서 동쪽 하늘로부터 흔들리며 시야에 들어온다. 그러면 어두운 총빙(叢氷)처럼, 빛을 지우는 회색이 강해지고, 다시 한 번 눈이 부서져 내리기 시작했다. 그러나 저녁이 될 무렵엔 구름이 마치 하늘에서 허락 받고 물러나는 것처럼 사라지고, 서쪽의 빛은 맑으나 다소 창백하고 얼음으로 마비된 하늘로 몰려오면서, 바로 해가 질 때는 하늘이 다시 이상하리만큼 빠른 속도로 스스로를 비우기로 결심했다.

　　이후로 날씨는 더 좋아졌다. 매일 아침 눈을 뜨면 청명한 하늘에 봄날의 파랗고 은빛 색상과 같이 높고 우아한 행복해 보이는 구름이 보였다. 즉시 내가 이 명랑한 은백색의 여성의 말아 올린 머리카락처럼 생긴 구름의 방향을 주시할지라도 나는 항상 하나의 환상에 사로잡혔다. 하늘이 봄처럼, 여름처럼 보였고, 그래서 황록색의 대지를 기대했다. 억울하게도 구름이 무서운 동쪽에서 날아오고 있는 것이 보였다. 나는 실제 상황이 어떠하다는 것을 알았다. 그러나 누워서 보면서, 나는 다시 황갈색의 꽃과 새들의 노래에 대한 무의식적인 기대 속에 헤매었다.

자리에서 일어나, 눈으로 모든 것이 하얗게 덮이고 단단하게 얼어 있는 비탈을 보는 것은 언제나 충격, 큰 충격이었다. 봄의 환상이 너무 강해 구름이 무서운 동쪽에 대해 전달해 준 정보가 그 분위기를 바꿀 수 없었다. 무시무시한 하얀 구릉의 광경만이 그렇게 할 수 있었다.

이렇게 맑은 날이면 아름다운 구름이 내려왔다. 아침에 구름은 높고 하얗게 솟아올라, 그렇게 눈부시게, 그렇게 극도의 천상의 존재같이, 땅에는 거의 눈길을 주지 않은 채, 반구형의 웅대함으로 아주 고귀하게 떠다녔다. 그러나 오후의 시간이 지나감에 따라, 그 구름은 더 낮게 가라앉아 어두워지는 듯 했다. 그 훌륭한 쾌활한 형태를 잃고, 웅크리고서 공격적이 되었다. 어떤 구름은 쐐기 모양이 되었다. 어느 날 오후, 제방 둑 뒤로 큰 금회색의 뱃머리가 선명하게, 천천히, 불길하게, 그리고 마치 큰 회색 전함이 살그머니 육지를 지나가는 것과 똑같이 그렇게 살며시 미끄러져 지나갔다. 그 뱃머리는 노급(弩級) 전함20)의 앞부분이 그대로 드러난 것이었지만, 그 뒤로 무겁고 고투하는 회색 무더기의 구름이 따라 왔다. 그 구름은 그을려 건강하지 않아 보였다. 그러나 다시 그 구름은 지독한 얼음연기를 통해 황금색으로 변했다. 그래서 그 구름은 끼어 들고 갈라내며 일몰 때까지 따라 가다가 갑자기 모두 하늘을 떠나 서쪽 하늘에 단단한 누벽을 만들고 그 뒤로 태양이 지면서 창백하게 융합된 빛을

---

20) 노급 전함: 1906년 진수한 전함인 배수량 1만 7900톤의 드레드노트의 이름에서 유래. 이후 이 군함을 기준으로 하여 드레드노트급이라는 의미로 노급함이라는 말이 쓰였다.

되 비치면 그 빛은 어두컴컴한 벽의 가장자리에서 생생히 빛나는 반투명의 하늘의 얼음종이 되었다.

아침마다 하늘은 희고 푸르렀다. 아침마다 내가 가장 먼저 한 생각은 구름이 어디서 오고 있느냐 하는 것이었다. 그리고 아침마다 구름은 동쪽으로부터 왔고, 날은 음울하고 추하게 얼어붙었으며, 강력한 태양의 해빙은 느렸다. 조금씩, 조금씩 혹한은 태양과 싸웠고, 그럴 때는 큰길의 빈 공간에 그늘이 졌다. 아니, 비록 태양이 그에 대항해서 빛날지라도, 그늘의 가장 가장자리에서 추위는 굴복하지 않았다. 그것은 싸움이었다.

동풍이 바뀌기를 얼마나 갈망했는지! 서쪽을, 바람이 거칠고 활기차게 불어대는 콘월[21]을 얼마나 생각했는지. 서풍은 변화하는 하늘의 가장 아름다운 선물이라고 생각했다.

그러다가 갑자기 우리는 놀라서 깨어났다. 깜깜한 어둠 속에서 바람이 심상치 않게 세찬 소리를 내고, 서쪽 창문들은 맹렬하게 퍼붓는 우박으로 심하게 덜커덩거렸다. 집은 케틀드럼처럼 덜컹덜컹 소리를 내고, 울려 퍼지는 큰 베이스드럼처럼 윙윙거렸다.

"서풍이다." 놀라서 듣고 있을 때, 내가 말했다.

그랬다. 아침에 깨어나 전보다 더 진하고 더 보석 같은 푸른색의 맑고 구름 한 점 없는 하늘을 보았다. 나는 넋을 잃고 누워서 어떤 징조를 기다렸다. 여전히 하늘은 제비꽃처럼 부드럽고 아침처럼 새로웠다. 그러나 몸이 완전히 폭풍우의 합창으로 떨리도록 바람이 몰아쳤고, 그리고 더 이상 듣지 못했다.

---

21) 콘월: 영국 잉글랜드 남서부의 주.

오래 하늘을 살피지 않아도 되었다. 뜯겨진 구름 한 조각이 재빨리 오더니 그 다음엔 눈부시게 번쩍이는 긴 스카프 구름이 왔다. 놀랍도록 민첩하게 밝고 폭신한 끝 부분이 시커먼 구름 앞에 흘렀다. 충돌과 함께 폭풍우가 다시 덮쳤다. 완벽하게 수평으로 눈과 우박과 비가 남쪽 창문을 지나 자욱하게 쏟아졌고, 서쪽 창문은 휘날리는 얼음의 응결체로 덮여 있었다. 믿을 수 없이 빠르고 평평한 강물처럼 자욱한 우박이 집을 지나갔다. 우박은 몇 분 동안 지속되다가 세계를 마비시켜놓은 채로 끝났다. 어둠이 물러난 후에, 부서진 구름들이 비틀거렸다. 그리고 하늘이 열리고, 태양이 이글거리고, 바람이 몰아쳤다. 이리하여 눈은 엉망으로 처리되었다. 기쁘게도, 해와 반대편 경사지에서 흰색에서 검은 색의 진짜 땅이 드러나기 시작했다.

하루에 몇 차례씩, 꼭대기가 납작한 구릉의 서쪽지대로부터 푹신푹신하고 시커먼 것이 다가오고, 이상한 회색 베일이 매달려서 흔들리며 계곡에서 퍼져나가는 것을 보았다. 갑작스럽게 대포가 터지듯이 우박이 집을 치고 수평으로 우리를 지나갔다. 놀라운 일이었다. 그러나 저녁이 되면 반대편 경사지는 북극처럼 하얀색의 이랑무늬로 띠를 두른 기묘한 회색 빛 북극 호랑이처럼 보였고, 그 깊은 골에는 눈이 깊게 쌓여 있었다.

폭풍우는 해가 뜬 후에 그리고 항상 해가 질 때쯤에 불어왔다. 하루의 가장 맑은 시간은 오전 11시부터 차를 마시는 시각까지였다. 큰 바람이 누그러졌을 때, 갑자기 서쪽으로부터 솟아 나온 것은 떠다니는 눈보라였다. 계곡의 아랫부분에서는 길쭉한 모양의 창백한 안개가 기교를 부리듯 물결치며 하늘로 솟아오르고 있었다. 그러나 1분도 채 지나지 않아 작은 눈송이들이 높이뛰기를 하듯 창 앞에 왔고, 구름이 덮쳐와 직선으로 창을 쓸듯이 지나갔다.

　　오늘은 3월의 마지막 날이다. 차가운 서풍은 비록 여전히 얼음 같았지만 거의 잠잠해졌다. 그러나 하루 종일 태양이 빛났다. 나는 계곡으로 내려갔는데, 거기는 부드럽고 따뜻하며, 어둠 속에 살아 있는 지하세계의 개울처럼, 이상하게 눈부신 개울이 빠르게 흐른다. 눈 밑으로 봄이 왔다. 아룸22)의 잎들이 자라서 수면 높이에 녹색으로 접혀있다. 독스 머큐리23)는 땅에서 올라와, 고리처럼 몸을 구부리고, 초록색 줄꽃들을 피울 준비를 하고 있다. 버드나무의 꽃은 은색이고, 작은 개암나무의 꽃은 어렴풋한 금색이다. 어느 창백한 덤불의 잔가지들은 그 붉은 속살이 아름답게 위로 타오른다. 그러나 슬프게도 폭설이 이들을 엉망으로 만들었는데, 특히 가시나무를 갈기갈기 찢어놓았다.

　　반대편 경사지에 블루벨24)이 올라왔다. 그리고 따뜻하고 평평한 곳에 마요라나25)줄기와 씨앗 상자들이 작은 적갈색 숲에 서 있고, 첫 앵초가 반짝반짝 빛을 발했다. 회색 땅 여기저기에 한 송이 꽃이 피어 있고 많고 많은 꽃봉오리들이 그들의 황색 불꽃을 보여주었다. 식물이라기보다 꽃이라고 할 수 있으며, 이는 앵초 잎사귀들이 거의 나오지 않았기 때문인데, 잎들은 너무 작고 분명하지 않게 단단히 붙어 있었다.

　　나는 어느 높고 아름다운 곳 양지에 누웠다. 내가 오자 매 한 마리

---

22) 아룸: 천남성과의 식물.
23) 독스 머큐리: 유럽, 남서 아시아산의 산쪽풀.
24) 블루벨: 종 모양의 남빛 꽃이 피는 풀(금강초롱, 야생 히야신스 등).
25) 마요라나: 꿀풀과의 식물, 요리용 양념으로 쓰임.

가 살며시 떠났다. 따뜻했다. 바로 내 앞에 돌로 된 오래된 회색 울타리와 폭풍우에 잘려나간 제 멋대로 자란 소나무 네 그루가 있었다. 계곡을 가로질러 집이 있는 쪽의 비탈은 모두 눈으로 덮여 검은색으로 알록달록하고 마치 은색과 검은색으로 얼룩덜룩한 도롱뇽의 배와 같다. 그 위로 아름다운 구름이 흐른다.

    3월의 구름은 햇빛을 받아 매우 아름답다. 나는 두 세계가 있다는 것을 안다. 가까이에 희고 양털 같은 빛나는 모양의 구름이 이따금씩 서둘러 간다. 그 구름은 눈 덮인 비탈 바로 뒤를 통과해 가는데, 고전적인 풍경에서처럼 벌거벗은 철사 같은 줄기를 가진 쇠나무들이 늘어선 작은 언덕이 상대적으로 너무 무시무시하게 굳어진 것처럼 보인다. 민첩하고 발 빠르게 양털구름이 흘러가면, 양털 뭉치 같은 것도 있고, 기다란 것도 있고, 가볍고 긴 솔방울 같은 것도 있다.

    그러나 그 뒤로 또 다른 구름의 세계가 있다. 커다란 흰 구름들이 멀리서 빛을 발하며, 독특한 분위기 속에 매달려 꼼짝 않고 서 있는 것 같다. 어떤 것은 웅대하게 많은 꽃봉오리가 달린 하늘의 꽃처럼 거대하고 눈덩이라고 부르는 꽃처럼 둥그렇다. 두 구름은 설원의 위대한 흰 사자들처럼 눈 덮인 머리를 낮추고 나란히 달리며, 눈 덮인 갈기를 물결치며 주시하고 있다. 막 피어나려고 하는 흰색의 큰 꽃봉오리와 같은 탑도 있다. 모두가 더 이상 움직이지 않고 변하지도 않는 하늘에 살면서 변화 없이 완성된 형태로 정지된 것 같다. 그 앞에서 빛나는 양털 같은 구름들이 시야를 방해하며 서둘러 지나가기 때문이다. 그러나 정지하고 있는 구름들도 변화한다. 아주 천천히 함께 움직이며, 태양으로 둘러싸인 만져 볼 수 있는 엄청난 양의 눈처럼 함께 뭉친다. 그래서 동쪽으로 천천히 다가가고 또한 알 수 없는 거리를 떠나간다.

집으로 갈 때쯤 하늘은 어둑해진다. 거의 해질 녘 계곡 깊숙이 안개가 보인다. 이제 눈이 오고 수많은 하얀 수평의 평행선을 그으며 창문을 지나 사라져간다. 눈이 멈추고 태양이 진다. 그러나 서쪽에는 부자연스러운 구름의 벽이 서고, 그 위로 어두운 수정 같은 하늘에 저녁별 하나가 희미하게 빛난다.

하늘의 움직임은 이상하다. 나는 과학자들이 뜨거운 공기와 차가운 공기와 무역풍의 충돌에 대해 말하는 것을 믿지 않는다. 혹은 적어도 그에 관해서는 믿을 수도 있다. 그러나 구름의 원천이나 구름이 어디서 오는지, 혹은 어떻게 흩어지는지, 혹은 구름의 이상하고 신비한 움직임에 대해서는 설명이 되지 않는다. 구름은 구름의 길과 구름의 무서운 의도를 가지고 있다. 구름은 우리에 대해 궁금해하며 지나가는 외국인과 같아 보인다.

나에게는 우리가 내뱉은 증기로서가 아니라 깊이를 알 수 없는 창공에서 꽃으로 피어나 구름이 오고, 구름이 도착하는 것 같다. 창공은 깊이를 잴 수 없어 보이며 구름을 탄생시킨다. 창공은 위대한 여행으로 가득 차 있다. 태양 광선은 창공으로부터 멀고 먼 거리를 지나 우리 위를 비춘다. 우리는 우리의 타는 불꽃이 둥근 창공으로 들어가 하늘의 심장부로 태양으로 돌아가는 여행을 시작하는 것을 본다. 보이지 않는 물도 마찬가지이다. 물은 허락도 청하지 않고 위로 올라 우리의 시계를 넘어간다. 위의 공기는 매우 차다고 한다. 그러나 보이지 않는 물은 그 말할 수 없는 차가움 속에 완벽한 집을 가지고 있는 것 같다. 물은 하늘 그 자체가 되고, 그 완전히 차갑고 무한한 물의 파란 입자, 즉 하늘 상층부에서 드물게 얼어붙은 에테르는 그 공간에서 의기양양해 하다가 미지의 경계를 가로질러 태양의 영역으로 들어간다. 들이마신 숨처럼 물은 그 후 태양의 심장에 들어가 활력을 준다.

아낙시만드로스[26]인지 혹은 헤라클레이토스[27]인지 혹은 어떤 아주 고대의 그리스인이 말하기를, 태양은 물로 가득 차 있고 그 물을 다시 앞으로 뿌리며 나아가는 이원적 여행은 천계를 가로질러 항상 진행되고 있다고 했다. 즉 보이지 않는 물이 왔다가 돌아가며 불도 그와 똑같이 왔다가 돌아가는 여행을 한다. 중심이 맞물려 있는 보이지 않는 물과 불이 구심력에 의해 한 순간 태양의 불타는 심장으로 완성된다. 그리고 우주 최초의 물과 불이 대립적 친화력에 의해 서로 재빨리 붙는 순간 순환하는 우리 세계의 모든 여행이 시작되고, 서로 재빨리 떨어지는 순간 햇빛과 비가 내려온다.

그렇다고 할지라도, 누워서 구름을 보면 우리는 구름이 무한한 공간 바깥 창공의 첫 번째 테라스에 내린다고 믿을 수밖에 없다. 구름은 휴식 없는 바다로부터 집으로 날아가는 비둘기처럼 단지 다시 돌아가기 위해 위로 오르는 증기에 불과한 것이 아니다. 증기는 위로 오르면, 멀리, 저 멀리, 태양에서의 어떤 알 수 없는 완성을 향한 긴 여행을 위해 날개

---

[26] 아낙시만드로스(611-547 B.C.): 그리스 밀레투스의 철학자이자 천문학자. 산문으로 자연으로 대해 언급한 최초의 사람.
[27] 헤라클레이토스: 기원전 500년경의 그리스 철학자. '만물은 유전한다'는 말로 유명.

를 단다. 그리고 그것이 성취된 후에 되돌아오는데, 똑같은 것 같지만 상상할 수 없을 만큼 회복되고 달라져 있다.

그렇지 않다고 말할 사람이 있는가? 마법사의 공처럼 바다의 손바닥에서 위로 아래로 날아다니는 구름에 싫증이 난다. 나의 구름들은 먼 곳에서 와 하늘 깊은 곳으로부터 도달하여 온다.

왜 소설이 중요한가

　　우리들은 자신에 대해 이상한 생각들을 가지고 있다. 우리는 정신, 영혼 혹은 마음을 가진 육체로서의 우리 자신을 생각한다. '건전한 신체에 건전한 정신을'. 시간은 와인을 마신 후에는 결국 그 와인 병을 버리고 만다. 물론 그 와인 병은 바로 사람의 육체이다.

　　우스꽝스런 종류의 통속적 관념이 하나 있다. 나는 왜, 이렇게도 분명하게 지금 이 단어들을 써내려 가는 내 손을 내려다보며, 그 손에 명령을 내리는 머리에 비해 이 손은 아무것도 아니라고 결정 내려야 하는가? 정말로 내 손과 내 머리 혹은 정신 사이에 커다란 차이점이 존재할까? 내 손은 살아 있으며, 그것 자신의 생명을 가지고 움직인다. 내 손은 만짐으로써 낯선 세상과 만나고 수많은 것들을 배우고 알게 된다. 지금의 이러한 단어들을 써 내려가고 있는 내 손은 미끄러지듯 유쾌하게 움직이고 있고, 알파벳 아이(i)의 점을 찍기 위해 마치 메뚜기처럼 뛰어다니고 있으며, 이 테이블을 다소 차게 느끼고 있기도 하고 긴 글을 쓸 때면 지겨워하기도 한다. 또한 내 손은 그 자신의 기본적인 생각을 가지고 있으며, 나의 머리, 정신 그리고 영혼만큼이나 '나' 자신이기도 하다. 왜 나의 손보다 더 '나'다운 '내'가 있다고 상상해야 하는가? 내 손은 분명 살아 있는 것이기 때문에 살아 있는 나 자신인 것이다.

그러나 물론 내 상식으로도 나의 펜은 전혀 살아 있는 것이 아니다. 나의 펜은 살아 있는 내가 아니다. 살아 있는 나는 내 손끝에서 끝이 난다.

살아 있는 나라면 그게 무엇이든 나 자신이다. 내 손의 모든 미세한 부분들이 살아 있으며 모든 주근깨와 머리털, 주름살도 살아 있는 것이다. 살아 있는 나라면 그게 무엇이든 나 자신이다. 내 판단력에 따르면, 나 자신과 생명이 없는 우주 사이를 지키는 작은 무기인 내 손톱, 그 열 개만이 살아 있는 나, 그리고 나의 펜처럼 생명이 없는 것들과의 사이에 있는 신비스런 루비콘 강28)을 건넌다.

따라서 내 손이 모두 살아 있는 걸 보면서, 즉 살아 있는 나를 보면서 어떤 점에서 내 손이 단지 물병이나 물주전자, 깡통, 흙으로 빚은 용기 또는 가치 없는 것들과 같다고 할 수 있겠는가? 깡통이니 흙으로 빚은 그릇이니 하는 것은 터무니없는 소리에 불과할 뿐이다.

이것이 바로 당신이 소설가라면 알아야 하는 것이다. 그리고 그것이 바로 당신이 목사이거나 철학자, 과학자 또는 멍청한 사람이라면 모르기 마련인 그것이다. 만약 당신이 목사라면 당신은 천국에서의 영혼에

---

28) 루비콘 강: 이탈리아 북부에서 발원하여 아드리아 해로 흘러가는 강. 율리우스 카이사르가 "주사위는 던져졌다"라는 유명한 말을 남기고 이 강을 건넜다.

대해서 말할 것이다. 당신이 만약 소설가라면 당신은 천국 즉 낙원이라는 것이 당신의 손바닥과 코끝에 있다는 것을 알 것이다. 왜냐하면 손바닥과 코끝은 모두 살아 있는 것이며 그것은 당신이 지상낙원에 대해 말할 수 있는 것 이상으로 확실한 것이기 때문이다. 지상낙원은 내세의 삶이며, 나는 그것에 대해, 즉 삶이라는 것 이후에 대한 어떤 것에 열중하지 않는다. 만약 당신이 철학자라면 당신은 무한함과 그리고 모든 것을 알고 있는 순수한 영혼에 대해 말할 것이다. 그러나 만약 당신이 소설에 대해 알게 되면 당신은 즉시, 무한함이란 것은 나의 몸과 똑같이 생긴 물병의 손잡이에 해당할 뿐이란 것을 깨닫게 될 것이다. 동시에 앎이라는 것도, 만약 내 손이 불 속에 있는 것을 발견한다면 그 불은 내 손과 함께 지식도 너무나 분명하고 생생하게 태울 것이라는 것을 안다. 오, 그래! 내 몸은, 살아 있는 나는 격렬하게 알아차릴 것이다. 그리고 모든 지식의 총체에 관한 한 그것은 내가 살아 있을 때, 그리고 여러분들이 살아 있을 때 알았던 모든 것의 축적, 그 이상의 무엇도 될 수 없다.

　　이런 되잖은 철학자들은 마치 그들이 순식간에 증기 속으로 사라지는 것처럼 얘기한다. 그리고 속세에 살 때 보다 그때가 훨씬 더 중요하다고 말한다. 이것은 말도 안 된다. 철학자를 포함한 모든 사람들은 그들 자신의 손끝에서 삶이 끝난다. 그것이 살아 있는 인간으로써의 마지막이다. 말들과 생각들, 한숨과 호흡은 그로부터 날아가 버리고, 많은 *미세한 떨림*만이 공중에 떠다닐 뿐이며 그것은 전혀 살아 있는 것이 아니다. 그러나 만약 그 미세한 떨림이 다른 어떤 살아 있는 인간에게 닿는다면 그는 그것들을 그의 삶에 받아들임으로써 마치 갈색 바위에서 푸른 잎으로 기어가는 카멜레온처럼 그의 삶에 새로운 색깔의 옷을 입힐지도 모른다. 모든 것이 완전하고 훌륭하다. 이것은 여전히 소위 말하는 영혼이나 철학자, 성자로부터의 가르침, 메시지가 전혀 생명력이 있는 것은 아니라는 사실을 바꾸지는 않는다. 그러나, 무선 메시지처럼 공중을 떠다니는 미세한 떨림은 그렇지 않다. 이 모든 영혼들은 단지 떠다니는 미세한 떨림들일 뿐이다. 만약 살아 있는 인간으로서의 당신이 떠다니는 미세한 떨림으로부터 흔들려 새 삶에 영향을 준다면 그것은 바로 당신이 살아 있는 인간이기 때문에 그리고 생명을 유지하고 있기 때문이며 또한 무수한 방법들로 살아 있는 당신을 고무시키기 때문이다. 그러나 당신에게 전해져 흡수된 메시지나 영혼이 살아 있는 당신의 몸보다 더 중요하다는 것은 말도 안 된다. 저녁 식사에 나오는 감자가 더 중요하다고 말하는 편이 더 나을지도 모르겠다.

    삶보다 더 중요한 것은 없다. 그리고, 살아 있지 않다면 삶이란 어디에도 없다는 것을 난 분명히 안다. 알파벳 대문자 엘(L)로 시작하는 라이프(Life)는 단지 살아 있는 인간에게만 해당된다. 빗속의 살아 있는 양배추조차도 살아 있는 모든 것들은 놀랍다. 생명이 없는 모든 것은 살아 있는 것의 부속물이다. 사자는 개보다 더 낫지만 죽은 사자보다는 살아 있는 개가 더 낫다. '그것이 바로 삶이다.'

    성자나 철학자, 과학자로 하여금 이런 단순한 진리를 받아들이도록 하는 것은 불가능한 것처럼 보인다. 그들은 어떤 면에서 보면 모두 변절자이다. 성자들은 군중들을 위해서 마치 숭고한 음식인 양 자신들을 바치기를 원한다. 심지어 아시지[29]의 성 프란시스는 모든 사람들이 한

조각씩 가질 수 있는 에인젤 케이크30)로 변하기도 했다. 그러나 에인젤 케이크는 살아 있는 사람보다 더 나을 게 없다. 그리고 불쌍한 성 프란시스는 죽을 때 그의 몸에게 사과를 구해야 함은 당연한 것이다. '오, 나의 몸아, 용서해 다오. 계속 잘못을 저질렀소!' 몸은 다른 사람들에게 먹일 과자가 아니다.

다시 말해 철학자들은 생각할 수 있기 때문에 생각이나 사상을 제외하고는 어떤 것도 중요하지 않다고 결정 내린다. 이것은 마치 토끼가 모피를 만들 수 있기 때문에 모피 이외에는 아무것도 중요하지 않다고 결정 내려야 하는 것과 같다. 과학자에게는 내가 살아 있는 한 나는 그에게 아무 소용이 없다. 과학자에게 나는 죽은 것이다. 그는 죽은 내 몸 한 조각을 현미경 밑에 밀어 넣고는 그걸 나라고 부를 것이다. 그는 나를 조각조각 내어 그 하나 하나를 나라고 말한다. 과학자에 의하면 내 심장, 간, 위가 과학적으로는 모두 나인 것이다. 그리고 오늘날로 말하면 뇌, 신경 중추, 분비선 또는 새로 발견된 어떠한 조직들이 모두 나인 것이다.

이제 나는 영혼이나 신체 또는 마음, 지식, 뇌, 신경계, 분비선 또는 이러한 내 몸의 한 부분에 불과한 것이 나 자신이라는 것을 단호하게 부정한다. 전체가 그 일부분보다는 위대하다. 그러므로 살아 있는 인간인 나 자신은 나의 영혼, 정신이나 신체, 마음, 의식 또는 단지 나의 일부분에 해당하는 그 어떤 것보다 더 위대하다. 나는 한 인간이고 또한 살아

---

29) 아시지: 이탈리아 중부의 마을. 성 프란시스의 출생지.
30) 에인젤 케이크: 계란 흰자위를 거품내 밀가루, 설탕, 에센스 등을 섞어 구운 흰 스폰지 케이크의 일종.

있다. 나는 내가 할 수 있는 한 살아 있을 것이며 그렇게 할 것이다.

　　이러한 이유에서 나는 소설가이다. 소설가로서 나는 내 자신이 성자나 과학자, 철학자 그리고 시인보다 더 우월하다고 여긴다. 그들은 모두 인간의 서로 다른 어느 한 부분에 있어서 위대한 대가이긴 하지만 전체적인 부분에서는 아니다.

　　소설은 삶에 대한 하나의 빛나는 책이다. 책이 삶 자체는 아니다. 그것들은 단지 공중에 떠다니는 떨림에 불과하다. 그러나 그 떨림으로서의 소설은 살아 있는 인간 전체를 떨리게 만들 수 있다. 시나 철학, 과학 또는 다른 어떤 그 떨림의 책보다 더 그렇게 만들 수 있다.

　　소설은 삶에 대한 책이다. 이런 의미에서 성경은 아주 혼란스러운 소설이다. 당신은 성경이 신에 대한 책이라고 말할지도 모른다. 그러나 이것은 실제로 살아 있는 인간에 대한 책이다. 아담, 이브, 사라, 아브라함, 이삭, 야곱, 사무엘, 다윗, 밧세바, 룻, 에스더, 솔로몬, 욥, 이사야, 지저스, 마크, 유다, 바울, 베드로 시작부터 끝까지 살아 있는 인간에 대한 것이 아니라면 무엇이겠는가? 일부분이 아닌 인간 그 자체. 하느님조차도 살아 있는 인간이다.

　　공중을 떠다니는 떨림인 그 소설이 왜 이렇게도 중요한지를 정말로 깨닫기 시작했기를 희망한다. 플라톤은 나로 하여금 완벽하고도 이상적인 존재에 대해 알도록 만들었다. 그러나 그것도 단지 나의 일부분일 뿐이다. 완벽함이란 인간의 미지의 영역에 있는 한 부분을 살아 있게 할 뿐이다. 산 위에서의 설교는 사심 없는 내 영혼을 흔들리게 만든다. 그러나 이것 역시 단지 나의 일부분이다. 모세의 십계명은 내가 만약 그것을 지키지 않으면 도둑이나 살인자라고 경고한다. 하지만 그 죄조차도 단지 나의 일부분일 뿐이다.

　삶 그리고 삶의 지혜와 함께 떨리고 있는 이러한 나의 일부분들을 나는 무척이나 좋아한다. 그러나 내가 말하고자 하는 것은 언제든 그 모든 것의 총체 속에서 완전한 내가 함께 해야 한다는 것이다.

　그리고 이것은 물론 내가 살아 있을 때 일어나야 하는 것이다.

　그러나 이것이 교류로부터 생겨나는 것이라면, 그것은 전체적인 소설 그 자체가 나와 교류할 때만이 일어날 수 있다. 성경, 호머, 셰익스피어, 이것들은 오래된 최고의 소설들이다. 이것들은 인간에 관한 모든 것들이다. 이것이 의미하는 바는 이 모든 것들의 총체가 살아 있는 완전한 인간에게 영향을 준다는 것이다. 어느 한 부분을 넘어서 인간 그 자체에 영향을 준다는 것이다. 그것들은 삶의 새로운 접근에 대한 전체적인 나무를 제시해준다. 그것들은 한 방향으로만 자라도록 자극하지는 않는다.

　어느 한 방향으로만 자라는 것을 나는 더 이상 원치 않는다. 그리고 만약 내가 할 수 있다면 어느 누군가가 어느 특정한 방향으로만 나아가도록 자극하지 않을 것이다. 특정한 방향은 '막다른 길'에서 끝이 난다. 우리는 현재 '막다른 길'에 놓여있다.

　나는 어떠한 현혹적인 계시나 절대적인 말들이라도 믿지 않는다. '잔디도 시들고 꽃도 시들지만 신의 말은 영원히 그대로 있다' 이러한 종류의 말들에 우리는 취해 있다. 사실, 잔디가 시들긴 하지만 그러한 이유로 해서 비 온 뒤에 모든 새싹이 올라온다. 꽃도 시들지만 그로 인해 꽃봉오리가 열리는 것이다. 그러나, 인간에 의해 말해지는 신의 말들은 단지 공중에서 일어나는 진동일 뿐이며 그것은 점점 진부해지고 딱딱해지고 식상해지게 되어 우리는 마침내 그것을 듣지 않게 된다. 그러면 더 이상 존재하지 않게 되고 마침내는 시든 잔디보다도 더 멀리 사라져버리는 것이다. 독수리처럼 젊음을 재생시키는 것은 잔디이지 어떤 말들이 아니다.

우리는 어떠한 절대적인 것들이나 절대적인 것을 요구해서는 안 된다. 어느 한 순간이라도 그리고 영원히 어떤 절대적인 것에서 추악한 제국주의가 있게 하지 말자. 절대적으로 훌륭하거나 옳은 것은 없다. 모든 것은 흐르고 변화하며 어떤 변화조차도 절대적인 것은 없다. 모든 것은 서로 서로 스쳐 지나가는 분명히 조화되지 않는 부분들의 교묘한 집합이다.

살아 있는 인간으로서의 나는 어울리지 않는 부분들의 흥미로운 집합이다. 오늘의 나의 긍정은 어제의 나의 긍정과는 완전히 다르다. 내일의 나의 눈물은 일년 전 나의 눈물과는 아무런 관계가 없을 것이다. 만약 내가 사랑하는 사람이 변하지 않는 채로 머물러 있다면, 나는 더 이상 그녀를 사랑하지 않을 것이다. 변화하는 그녀가 나를 자극하여 변하게 만들고 나의 타성에 도전하며, 그녀 자신 또한 나의 변화로 인해 그녀의 타성이 동요 받을 때만이 내가 그녀를 계속적으로 사랑할 수 있기 때문이다. 만약 그녀가 제자리에 머물러 있다면 나는 그저 고깃덩어리를 사랑하는 셈일 것이다.

이 모든 변화 속에서 나는 어떤 고유함이나 완전함을 유지한다. 그러나 의도적으로 그러한 고유함이나 완전함에 손을 뻗치려 든다며 고통이 생겨날 것이다. 만약 내 자신을 이것이다 저것이다 라고 말하고 거기에 집착한다면 나는 가로등과 같은 멍청한 부착물로 변할 것이다. 나는 나의 고유함이나 개체성 그리고 진정한 내가 어디에 있는지 결코 모를 것이다. 내 자아에 대해 얘기한다는 것은 소용없는 일이다. 그것은 이상적인 나를 마음속에 만들어 놓고는 그 패턴에 나를 짜 맞추고자 하는 것과 같음을 의미한다. 그것은 옳은 일이 아니다. 천을 잘라 몸에 맞게 코트를 만들 수는 있지만 당신의 이상에 맞게 하기 위해 당신의 살아 있는 몸을 잘라낼 수는 없는 것이다. 사실, 이상적인 코르셋에 당신 자신을 끼워 맞출 수는 있다. 그러나 이상적인 코르셋에 맞추었다 해도 패션은 또 변한다.

소설로부터 배워보자. 소설에서의 등장인물들은 살아 있는 것 외에는 할 수 있는 게 없다. 만약 그들이 어떤 패턴에 따라 계속 선량하기만 한다든가 사악하기만 한다든가 심지어 변덕스럽기만 한다면 그들은 더 이상 살아 있는 게 아니며, 그 소설 또한 죽은 것이다. 소설에서의 등장인물들은 살아 있어야 한다. 그렇지 않고서는 아무것도 아닌 것이다.

이처럼 우리는 우리의 삶에서 진정으로 살아 있어야 한다. 그러지 않고서는 우리는 아무것도 아닌 것이다.

물론 살아 있다는 것이 무엇 인가하는 것은 존재한다는 것이 무엇인가 하는 문제처럼 설명하기 어렵다. 인간은 삶이라는 것이 의미하는 바를 머릿속에 그려놓고는 그 패턴에 자신의 삶을 맞추어 나가기 시작한다. 그래서 때로는 신을 찾기 위해 때로는 돈이나 술, 여자 그리고 시를 찾기 위해 사막으로 나가기도 한다. 당신은 어떤 일이 다음에 일어날지 결코 알 수 없다. 끔찍한 폭탄이나 가스로 인해 당신 이웃의 폐가 갈기갈기 찢겨 죽을지, 고아원의 아이들을 돕게 될지, 무한한 사랑에 대해 설교를 하게 될지, 이혼소송의 피고인이 될지 알 수 없는 것이다.

이런 소란스런 혼란 속에서 우리는 어떠한 지침이 필요하다. 당신이 하지 말아야 할 것들에 대해 생각해 내는 것은 좋은 방법이 아니다.

그렇다면 어떻게 해야 하는가? 진지하게 소설로 돌아가 보고 자신의 삶에서 어떠한 때에 당신이 살아 있는지, 어떠한 때에 죽어 있는지 살펴보아라. 당신은 살아 있는 사람으로서 한 여자를 사랑하고 있을지도 모르고, 완전히 죽은 사람으로서 한 여자에게 사랑을 호소하고 있을지도 모른다. 또 당신은 산 사람으로서 저녁을 먹고 있을지도 모르고, 단순히 음식을 씹고만 있는 시체에 불과할지도 모른다. 살아 있는 사람으로서 당신의 적에게 총을 겨누고 있을지도 모르지만, 시체 같은 모습으로 당신의 적도 아니고 친구도 아닌 단지 당신에게 아무 의미 없는 사람들에게 폭탄을 던지고 있을지도 모른다. 이때 당신에게 아무 의미 없는 것들이 살아 있는 것이라면 그것은 범죄가 되는 것이다.

살아 있는 것, 살아 있는 인간이 되는 것, 살아 있는 완전한 인간이 되는 것, 그것이 바로 핵심이다. 그리고 요컨대 소설이, 소설만이 최고의 방법으로 당신을 도와 줄 수 있다. 소설은 당신의 삶에서 당신이 죽은 사람이 되지 않도록 도와줄 수 있다. 오늘날 많은 남성들이 거리와 집안에서 죽은 시체처럼 걸어다니고 있다. 또한 시체에 불과한 수많은 여성들도 있다. 음색이 반쯤은 퇴색한 피아노처럼.

그러나 소설 속에서 남성이 죽어갈 때 여성 또한 활력이 없어진다는 것을 당신은 명백히 찾아볼 수 있다. 그럼 당신은 옳고 그름, 좋고 나쁨에 대한 이론 대신에 삶에 관한 직관을 발전시킬 수 있을 것이다.

삶에는 옳고 그른 것, 좋고 나쁜 것이 항상 존재한다. 그러나 어느 한 경우에 옳았던 것이 다른 경우에서는 그른 것이 되기도 한다. 소설에서 당신은, 소위 선량함이나 또는 어떤 경우에는 사악함으로 인해 죽어가는 인물들을 본다. 옳고 그름은 직관이다. 그러나 한 인간에게 있어서 신체적, 지적, 정신적인 모든 지각이 포함된 그러한 직관이다. 그리고 소설에서만이 그러한 직관들이 모두 제시되어진다. 또는 적어도 활력이 없는 안이한 삶이 아닌 삶 그 자체가 살아 있는 이유라는 것을 우리가 깨달을 때에야 그러한 모든 직관들이 제시되는 지도 모른다. 모든 것에서의 총체적인 역할을 벗어나면, 전체 남성, 전체 여성, 살아 있는 남성, 살아 있는 여성들 중에서 어느 것 하나만이 보여지기 때문이다.

음악과의 사랑 행위

"나에게 있어 춤을 추는 것은" 로미오가 말했다. "음악과 사랑하는 행위예요."

"그러면 당신은 결코 나와 춤추지 않겠군요"라고 줄리엣이 대답했다.

"글쎄, 당신은 너무 개인적이잖아요."

이상한 일이지만, 한 세대의 생각은 그 다음 세대의 본능이 된다. 우리 모두는 전반적으로 우리 할머니들이 가졌던 사고가 구현된 존재인데, 우리는 그것을 알지 못한 채 그렇게 행동한다. 접목이 그렇게 빠르다는 것은 이상하지만, 그런 것 같다. 사고가 빠르게 변하면, 인간도 그 속도에 맞추어 빠르게 변한다. 우리는 우리가 생각하는 바로 그 모습이 된다. 더 큰 문제는 우리가 우리 할머니들이 생각한 모습이 되었다는 것이다. 그리고 우리 아이들의 아이들은 우리가 생각하고 있는 한탄스러운 모습이 될 것이다. 이는 아버지의 죄가 아이에게 심리적으로 나타나는 것이다. 우리가 할머니들의 고매한 혹은 아름다운 사고의 결과만은 아니기 때문이다. 아! 우리는 우리 선조의 가장 강렬한 사고의 구현체이며, 그러한 사고는 공공연하게 인정될 수 있는 것이 아닌 3대나 4대째에 본능이나 행동역학으로 전해질 수 있는 주로 개인적인 것이다. 우리 할머니들이 은밀히 생각해보고 혼자서 하고자 했던 것들을 한탄한다. 그것이 우리이다.

우리의 할머니들은 무엇을 바라고 원했는가? 하나는 확실하다. 음악에 맞추어 사랑 받기를 원했다. 남자가 그의 목표에 뛰어 들어 끝내버리는 저속한 사람이 아니기를 바랐다. 그들은 남자가 그들의 손을 잡고 있을 때 천상의 선율이 울려 퍼지고, 남자가 그들의 허리에 팔을 휘감을 때 새로운 음악의 움직임이 터져 나오기를 원했다. 무한히 변화하면서 음악은 계속 솟아오를 것이었다. 사랑의 이 단계에서 저 단계로 흥겨운 춤 속에서 두 개의 사물이 서로 떨어질 수 없는 것처럼, 춤추는 두 사람도 그럴 것이었다.

물론 소위 사랑의 절정이라는 데에 이르기 전에 끝낸다는 것, 이것은 꿈꾸는 우리 할머니에게, 그리하여 현실의 우리에게 대단히 맥 빠지는 일이다. 그것은 절정이 아니라 굴욕적인 반(反)절정이다.

이것이 소위 사랑의 행위 그 자체이고, 실제로 전반적인 불화의 씨가 싹트게 하는, 굴욕적인 반절정이다. 물론 불화의 씨는 성행위이다. 성행위는 당신이 음악과 사랑하는 한 그리고 투스텝으로 셸리와 구름 위를 거니는 한, 매우 매력적이고 매우 즐거운 일이다. 그러나 결국 항복이라는 기괴한 진부함에 이르게 된다면. 아니지요! 아닙니다!

모파상과 같이 분명한 성행위의 신봉자조차도 똑같이 말한다. 그리고 모파상은 대부분의 우리에게 할아버지 아니면 증조할아버지이다. 확실히 그는 성행위란 우리에 대한 조물주의 냉소적인 장난이라고 말한다. 우리의 내부에 이러한 모든 사랑의 아름답고 고상한 감정을 만들어 놓고, 나이팅게일과 모든 천상의 존재가 노래하게 해놓고서, 단지 우리를 기괴한 자세가 되도록 내던지는 것, 이러한 굴욕적인 행위를 하도록 하는 것은 자비로운 창조주가 아닌 조롱하는 악마에게나 어울리는 냉소적 작품이다.

가엾은 모파상, 그 자신의 파멸에는 그러한 이유가 있다! 그는 음악과 사랑하기를 원했다. 그리고 그는 분노하면서 음악에 맞추어 성교할 수 없다는 것을 깨달았다. 그래서 그는 자신을 둘로 분리시키고, 혐오로 눈을 저주하면서 그만큼 더 성교를 했다.

그러나 그의 손자인 우리는 좀더 영악하다. 현악기와 색소폰의 연주에 맞추어 남자는 음악과 사랑을 해야 하고 여자는 사랑을 받아야 한다. 그것은 우리의 내적인 필요성이다. 왜냐하면 우리의 할아버지, 특히 우리의 증조할아버지들은 그들의 성교에서 음악을 철저히 배제했기 때문이다. 그래서 지금 우리는 성교를 음악적인 사랑의 행위로부터 아주 지독하게 배제한다. 우리는 음악과 사랑해야 한다. 그것이 우리 할머니들의 꿈이고 우리의 내적인 필요성이고 무의식적인 동기유발의 힘이다. 음악에 맞추어 성교를 할 수는 없다. 그래서 그 부분을 잘라내고 문제를 해결하라.

전혀 '성적이지' 않은 현대의 대중적인 춤은 확실히 반(反)성적이다. 그러나 거기서 다시 우리는 구별해야 한다. 성행위의 자극과 전혀 관계없는 현대의 재즈와 탱고, 그리고 찰스턴31)은 성교와 직접적인 대적상태에 있다는 것을 알아야 한다. 그러므로 교회가 춤과 '음악과의 사랑행위'에 반대하여 목소리를 높이는 것은 의미 없는 일이다. 왜냐하면 교회와 사회의 대다수가 성행위에 특별히 반대하지 않기 때문이다. 그렇다면 우스꽝스러운 일이 될 것이다. 성행위는 아주 광범위하고 모든 것을 포용하는 것이며, 종교적인 열정 그 자체도 주로 성적인 것이기 때문이다. 그러나 교회에서 말하듯이 '승화된' 것이다. 이것이 성행위의 위대한 비법이다. 승화시키기만 하면! 수은이 묵직하게 같이 구르다가 하나로 섞이지 않고 대신 달궈져서 이상하고 약간 유독한 증기로 사라져 가는 것을 상상해 보라. 그것이 그러한 과정, 승화, 음악과의 사랑이다! 도덕은 '승화된' 성행위에 대해선 전혀 문제삼지 않는다. 대부분의 '멋진' 것들은 '승화된 성행위'이다. 도덕이 싫어하는 것, 교회가 싫어하는 것, 현대 인류가 싫어하는 것은 성교일 뿐이다. 결국 '도덕'이란 것이 다수의 본능적 혐오가 아니면 무엇인가? 현대 젊은이는 특히 성교를 본능적으로 혐오할 뿐이다. 그들은 성행위를 사랑한다. 그러나 그들은 성교놀이를 할 때조차도 내적으로는 그것을 싫어한다. 그들이 성교놀이를 하는 것은, 장난감을 가지고 놀지 않을 다른 방법이 없기 때문이다. 그러나 그들은 그것을 좋아하지 않는다. 일종의 자기경멸감을 가지고 한다. 그리고 그들은 혐오와 안도감을 느끼며 이러한 침대에서의 행위로부터 고개를 돌려 다시 음악과 사랑한다.

---

31) 찰스턴: 미국에서 1920년대에 유행한 4/4박자의 사교춤.

그리고 정말로 이것은 모두 잘 된 일이다. 만약 젊은이들이 성교를 정말로 좋아하지는 않는다면 그들은 안전하다. 결혼에 관해서 보면, 그들은 그들의 할머니들의 꿈에 따라 아주 다른 이유로 결혼할 것이다. 우리의 할아버지, 증조할아버지들은 성교를 위해서 조악하고 비음악적으로 결혼했다. 그것이 현실이었다. 그래서 그 꿈은 모두 음악에 관한 것이었다. 그 꿈은 치품천사들의 희미한 종소리에 맞춰 두 영혼이 짝을 짓는 것이다. 제 3세대, 4세대인 우리는 그 꿈이 육체가 된 것이다. 할머니들은 모든 저속한 것 특히 성교가 없는 결혼, 단지 평등과 친밀한 동반의식의 조화만이 순수하게 남아 있는 결혼을 꿈꾸었다. 그리고 젊은이들은 그 꿈대로 살고 있다. 그들은 결혼한다. 그들은 그들이 할 수 있다는 것을 보여주기 위해 반쯤 혐오스런 기분으로 마지못해 성교할 뿐이다. 그렇게 하여 그들은 아이를 갖게 된다. 그러나 결혼은 음악에 맞추어 이루어지고, 축음기와 라디오는 각각 조금씩 가사를 조화롭게 하며, 결혼생활의 행복이라는, 동반의식과 평등과 용서와 결혼한 부부가 공동으로 가지고 있는 모든 것을 상호공유 하는 행복이라는 재즈풍의 지그춤을 유지시킨다. 음악에 맞추어진 결혼! 지친 오래된 뱀은 이러한 음악적인 에덴의 가정생활에서 성교에 대한 마지막 미약한 본능이며, 그것은 결혼한 부부가 서로의 진부하고 유기적인 차이로 인해 부딪히게 하고 그들이 한 몸으로 이루어진 쌍둥이 영혼이 되지 못하게 한다. 그러나 우리는 현명하여 곧 굴욕적인 행동을 완전히 제거하는 방법을 배운다. 그것이 유일한 지혜이다.

우리는 우리 할머니들의 꿈을 구성했던 그러한 것들이며, 우리의 작은 삶은 하나의 띠로 둘러져 있다.

댄스홀에서 현대의 무희들이 음악과 사랑하고 있는 것을 지켜볼 때, 우리 아이들의 아이들은 어떤 종류의 춤을 출 것인지 궁금해진다. 우리 어머니의 어머니들은 네 쌍이 추는 카드리유[32])와 랜서즈[33])를 추었고, 왈츠는 점잖지 못한 것이었다. 우리 어머니의 어머니의 어머니들은 미뉴에트와 코벌리의 로저와 피를 흥분시키고 남자가 성교에 점점 더 가까이 가도록 유도하는 멋지고 통통 튀는 시골춤을 추었다.

그러나 보라! 우리의 증조할머니는 춤추며 빙글 돌 때조차도, 부드럽고 고동치는 음악과 '한 사람'의 팔과 그리고 이 한층 더 고조된 고동치고 미끄러져 가는 조화를 꿈꾸었으며, 그 남자는 결코 상스럽게 그녀와 성교하러 침대로 뛰어 들지 않았고, 그녀와 영원히 미끄러지면서 희미하게 소리가 울려 퍼지는 길을 따라, 끝없는 음악과 끝없이 사랑을 했으며, 성교의 그 끔찍한 음악 없는 종결, 종말 중의 종말을 완전히 배제한 것이었다.

그래서 우리의 증조할머니는 두 손을 휘두르며 맹렬히 침대로 돌진해 둥이 두 개인 동물이 되어 헐떡이는 꿈을 꾸었다. 그녀는 지겹고 상스러운 남자가, 지배자 주인이 아닌 단지 영혼의 육화인 남자를 꿈꾸었다. 그녀는 모든 남성의 전형으로서의 남자, 협소한 개인주의를 넘어선 보편적인 남자로서의 '한 사람'을 꿈꾸었다.

그래서 이제 그 증손녀는 모든 남자로부터, 음악에 맞추어, 마치

---

32) 카드리유: 남녀 네 쌍이 추는 프랑스 기원의 스퀘어 댄스.
33) 랜서즈: 4인조 스퀘어 댄스.

한 남자가 하는 것처럼 사랑 받는다. 음악에 맞추어 모든 남자들은 마치 한 남자인 것처럼 그녀와 사랑을 하고, 그녀는 한 개인의 팔이 아닌 현대 종의 팔에 안겨 돈다. 멋진 일이다. 그리고 현대의 남자는 마치 한 여자에게 하듯이 모든 여자와 음악에 맞추어 사랑을 한다. 모든 여자가 마치 한 여자인 것처럼! 우리의 증조할아버지의 꿈이 비록 모든 것을 포용하는 것이라 할지라도 여전히 너무 성교에 치우친다는 것을 제외하면 보들레르가 자연의 큰 허벅지와 사랑을 하는 것과 거의 같다.

그런데 현대의 젊은 여성이 찰스턴을 추면서 현대 남자라는 종의 팔에 안겨 음악에 맞추어 바닥을 가로질러 미끄러져 갈 때, 혹은 그의 반대편에서 몸을 흔들 때, 그녀의 영혼 밑바닥에서 끓어오르고 있는 꿈은 무엇인가? 만약 그녀가 만족하고 있다면 꿈은 없다. 그러나 여자는 결코 만족하지 않는다. 만약 여자가 만족한다면, 찰스턴과 블랙바텀[34]이 탱고를 몰아내지 않을 것이다.

그녀는 만족하지 않는다. 전날 밤을 지낸 아침에, 성교에 대한 관심으로 뒹굴었던 증조할머니보다 그녀는 훨씬 더 만족스럽지 못하다. 그녀는 훨씬 더 만족스러워 하지 못하고, 그러므로 그녀의 꿈은 아직 의식화는 되지 않았지만 훨씬 더 탐욕적이고 더 빠르게 전복적이 된다.

블랙바텀으로 투스텝을 변화시키는 십대를 갓 벗어난 이 여리고 부드러운 숙녀의 꿈은 무엇인가? 그녀의 꿈은 어떤 것일까? 그녀의 꿈은 그녀의 아이들, 나의 아이들, 아이들의 아이들이 될 것이기 때문이다. 나의 꿈이 정자이듯이 그녀의 꿈은 바로 미래의 영혼의 난자이다.

---

34) 블랙바텀: 1920년대의 흑인 엉덩이 춤.

그녀가 꿈꿀 수 있는 것이 그렇게 많이 남아있지 않다. 왜냐하면 그녀가 원하는 것은 무엇이든지 얻을 수 있기 때문이다. 모든 남자든 아무 남자도 아니든, 이 남자든 아니면 저 남자든 그녀는 선택할 수 있으며, 이는 그녀가 군주나 주인이 없다는 것이다. 끝없는 음악의 길을 미끄러져 가는 것, 끝없는 사랑이 끝없이 그녀에게 이루어지게 하는 것, 이것도 역시 할 수 있다. 만약 그녀가 막다른 길에서, 뒹굴며 성교하고 싶다면, 그것도 할 수 있다. 그것이 단지 얼마나 어리석은 것인지, 궁지에서 하는 얼마나 서투른 행위인지를 증명하기 위해서.

어떤 것도 그녀에게 거부되지 않으며, 그래서 원할 것도 없다. 그리고 욕망이 없으면 꿈조차도 불구이다. 불구의 꿈들! 아마 그녀는 불구의 꿈을 꾸면서, 마지막 소망으로, 꿈을 전혀 꾸지 않기를 소망할지도 모른다.

그러나 삶이 지속되는 한, 그리고 삶이 잠이 들고 깨어나는 일인 한, 이것은 결코 이루어지지 않을 단 하나의 소망이다. 어떤 남자도, 어떤 여자도 꿈으로부터 도망칠 수 없다. 신사들이 선호하는 어린 금발소녀도, 그녀가, 우리가, 그가 알기만 한다면, 어딘가에 꿈이 있다. 보석과 돈을 넘어선 꿈까지도 있다.

그 꿈은 무엇인가? 그 귀부인의 불완전하고 억압된 꿈은 무엇인가? 그 꿈이 무엇이든 그녀는 결코 알지 못할 것이다. 누군가가 그녀에게 말해줘야만, 그 이후에 점차적으로, 수없이 무시하듯이 반박하고 나서야, 그녀는 그 꿈을 인정할 것이고, 그 꿈은 그녀의 자궁으로 들어갈 것이다.

나 자신도 그 연약한 귀부인의 꿈이 무엇인지 알지 못한다. 그러나 한 가지는 믿어도 된다. 그 꿈이 현재의 일과는 매우 다른 어떤 것일 것이다. 꿈과 일! 영원한 상극. 그래서 그 꿈이 무엇이든 '음악과 사랑하는 것'은 아닐 것이다. 그것은 그 밖의 다른 어떤 것일 것이다.

아마도 그것은 인류에게서 시작되어 결코 끝나지 않았고, 결코 충분히 펼쳐지지도 않은 어떤 꿈을 되찾는 것일지도 모른다. 타르퀴니아35)에서 에트루리아36)의 무덤 벽에 남아있는 그림을 보고 있다가 갑자기 그런 생각이 들었다. 그림 속의 여자들은 투명한 아마포에 묵직하고 화려한 장식으로 테두리를 한 옷을 입고서, 그 반대편에는 팔다리를 드러낸 남자들이 전혀 버려지지 않은 상태지만 그러한 자유로움으로 눈부시게 춤추고 있다. 그들에게는 끝나지 않은 삶이 그러하듯이 어떤 위대한 아름다움이 있다. 그 춤은 그리스의 것이라 해도 상관없지만 그리스 춤처럼 끝나버리지는 않는다. 그 아름다움은 그리스의 것처럼 그렇게 순수하지 않다고 해도 좋으나 더 풍부하고, 그렇게 편협하지 않다. 그리고 모든 그리스의 표현아래 깔려 있는 비극적 의지라는 비인간적이고 추상인적 요소가 조금도 없다.

에트루리아인들은 그리스인들이 처음부터 그러했던 것과는 달리 적어도 로마인이 그들을 치기 전에는 비극과는 관계가 없었던 것 같다. 에트루리아인들은 특이하게 전반적으로 태평하여 아주 인간적이고 도덕이라는 것이 없었던 것 같다. 우리가 판단 할 수 있는 한, 그들은 결코

---

35) 타르퀴니아: 이탈리아 중부 라티움 주 북부의 도시.
36) 에트루리아: 기원전 3세기경 로마제국에 의해 멸망될 때까지 이탈리아의 서부 지역에 있었던 고대 이탈리아 지명. 1927년 로렌스는 고도의 문명을 꽃피우며 살았던 이 종족의 무덤벽화를 보고 깊은 감동을 받은바 있다.

'우리가 그렇게 생각하기 때문에 어떤 행동은 비도덕적이다' 라고 말하지 않았다. 그들은 진지하게 삶을 유쾌한 것으로 받아들이려는 생각이 강했던 것 같다. 죽음조차도 즐겁고 활기찬 일이었다.

도덕주의자들은 신의 뜻에 의해서 그들이 멸망했다고 말할 것이다. 그에 대한 대답을 한다면, 신의 뜻은 때가 되면 모든 것과 그 뜻 자체까지도 멸한다는 것이다. 그리고 모든 것을 짓밟은 로마인들의 파괴적인 힘이 신의 뜻과 일치하는 것이라면, 또 다른 신을 찾아야할 것이다.

아니다. 머리를 치켜 깎은 현대 젊은 귀부인의 영혼 밑바닥에서 태어나지 않은 꿈은 내가 본 이 에트루리아의 젊은 여인, 이중 플루트 소리에 맞춰 팔다리를 드러내고 힘차게 춤추는 그녀의 젊은 남자의 맞은편에서 그렇게 자유분방하게 춤추는 여인이라고 믿는다. 그들은 무겁고도 동시에 가볍게, 그리고 조금도 성교에 반하는 것이 아니면서 그러나 헐떡거리는 성교와 연관되지도 않은 춤에 열광하고 있다.

그러한 점이 에트루리아인들의 또 다른 멋있는 점이다. 남근상이 어디에든 있었고 그래서 모두가 그에 익숙해져 있었으며, 그리고 모두 틀림없이 그 앞에 작은 제물을 영감의 근원으로 바쳤다. 그것은 일상생활의 일부분이었기 때문에 우리가 하는 것처럼 머리로 생각할 필요가 없었다.

그리고 확실히 남자들, 적어도 남자 노예들은 옷을 전혀 걸치지 않고 즐겁고 경쾌하게 돌아다니고, 그러므로 피부가 보기 좋은 갈색이 되어 그들의 옷이 되었다. 그리고 에르투리아의 귀부인들은 그에 대해 아무 생각도 하지 않았다. 무슨 생각을 하겠는가? 우리는 벌거벗은 소에 대해 아무 생각도 하지 않으며, 아직 애완견에게 바지나 패티코트를 입힐 생각도 하지 않는다. 놀랄만한 이야기가 되겠지만, 생각해보면, 우리의 이상은 자유가 아닌가! 그래서 귀부인이 춤을 출 때 노예가 완전히 벌거벗은 채로 피리를 분다고 해도, 그리고 그녀의 상대가 거의 다 벗은 채이고, 그녀 자신도 속이 다 비치는 옷을 입고 있다 해도, 글쎄, 누구도 그것에 대해 아무 생각도 하지 않았다. 부끄러워할 것이 없었고, 모든 재미는 춤을 추는 데 있었다.

바로 거기에 에트루리아 춤의 매력적인 특성이 있다. 그들은 성교를 피하기 위해 음악과 사랑하는 것도 아니고 금관악기밴드의 연주에 맞추어 성교로 돌진하지도 않는다. 그들은 생명의 영약으로 춤을 추고 있다. 그리고 그들이 문에 있는 남근석에 조그만 공물을 바쳤다면, 그것은 누구나 생명이 충만해 있을 때는, 가능성도 충만하고 그 남근이 생명을 주기 때문이다. 그들이 어떤 여자의 무덤 입구에 이상하게 생긴 궤 모양의 여성 상징물에 공물을 바쳤다면, 그것은 자궁도 역시 생명의 근원이요, 춤동작의 위대한 샘물이기 때문이다.

성교를 향해 뛰어 들거나 그것을 피하기 위해 미끄러지고 흔들고, 또 꿈틀대는 두 동작으로 춤을 제한시켜온 것은 바로 우리다. 음악과 사랑한다는 것 그리고 사랑을 받는 음악에 맞춘다는 것도 확실히 우스꽝스럽다. 확실히 음악은 그에 맞추어 춤추는 것이다! 그리고 현대 여성은 마음속깊이 어딘가에서 이렇게 느끼고 있다.

우리는 음악에 맞추어 춤을 추어야 하고, 춤도 춤을 추어야 한다. 에트루리아의 젊은 여자는 2,500년 후에도 즐겁게 춤을 추고 있다. 그녀는 음악과 사랑 행위를 하지 않으며, 짙은 색 팔다리의 젊은 상대도 음악과 사랑 행위를 하지 않는다. 한편으로는 남자의 활기찬 남근에, 또 한편으로는 여자의 닫힌 자궁의 상징물에 공물을 바치고서, 그녀는 단지 자신의 영혼으로 춤을 추어 존재하면서 자신이 이 두 상징물과 잘 어울리도록 만든다. 그래서 그녀는 아주 평온하고, 움직임과 삶의 근원으로서 스스로의 춤을 추며, 그녀의 맞은편에서 젊은 남자도 균형과 대비를 이루며, 그들의 벗은 발에 이중의 플루트 소리만이 휘감긴 채 똑같이 춤을 춘다.

    그리고 이것은 오늘날 음악을 피하는 우리의 가련한 어린 소녀들의 꿈이고, 그 꿈은 미래에도 계속 될 것이며, 제 3세대, 4세대에 대한 그녀의 아이들의, 아이들의 실체가 될 것이다.

머큐리산

　일요일이고, 아주 더웠다. 휴일을 즐기려는 사람들이 아지랑이가 자욱한 계곡 위로 2천 피트 솟아있는 머큐리산으로 몰려갔다. 그 해 여름은 아주 다습했고, 갑작스러운 열기로 인해 뜨거운 증기가 땅을 뒤덮었던 것이다.

　케이블카가 가파른 오르막을 따라 설치되어 있었는데, 사람들로 붐볐다. 특히 소나무의 심연 아래 거의 수직을 이루고 있는 정상 쪽의 케이블카의 강철 줄은 마치 벽에 매달린 쇠 밧줄 같아 보였다. 여자들은 숨을 죽이고 쳐다보지 않았다. 그들은 고개를 돌려 국경 너머로 멀리 뻗어 있는 열기로 인해 희끄무레한 강물을 쳐다보았다.

　정상에 도달하면 할 일이 없었다. 그 산은 소나무로 덮여 있는 원추형이었다. 높이 솟은 나무줄기 사이로 오솔길이 굽어져 있는데, 그 길을 계속 돌아 걸으면, 이 세상 전부를 조금씩 볼 수 있었다. 서쪽으로는 저 멀리 평원을 가로지르는 희미하게 반짝이는 거대한 강물이 보이고,

남쪽으로는 검은 숲으로 뒤덮인 민첩해 보이는 구릉 위에 에메랄드빛 초록의 개간지와 한, 두 채의 하얀 집이 보이고, 동쪽에는 계곡의 안쪽에 마을 두 곳과 공장 굴뚝, 첨탑이 있는 교회, 그리고 그 너머의 구릉이 보이고, 북쪽으로 가파른 구릉의 숲에 불그스레한 바위와 성의 유적지가 보였다. 뜨거운 태양이 머리 위에서 불타고 있어 모든 것이 끓고 있는 듯해 보였다.

산의 정상에 이르면 경치를 조망할 수 있는 전망탑이 하나 있고, 맥주를 파는 길쭉한 노천식당에는 작고 노란 둥근 테이블이 마로니에 나무 아래에 듬성듬성 놓여 있었다. 그리고 비탈길 양쪽에는 암석들이 줄지어져 있었다. 그러나 약간만 벗어나면 커다란 나무들이 다시 아무렇게 자라고 있었다.

일요일에 몰려온 사람들은 케이블카를 타고 파도처럼 올라와 노천 맥주집을 지나 썰물처럼 빠져나갔다. 맥주를 마시려고 자리에 앉는 사람들은 별로 없었다. 돈을 쓰려는 사람이 별로 없었다. 어떤 사람들은 돈을 내고 전망탑에 올라가 수증기가 희뿌옇게 깔려 쭈그러든 구릉과 반쯤 구부러진 마을을 내려다보려 했다. 그리고는 모두 숲 속으로 흩어져 나무 사이에 앉아 시원한 공기를 들이켰다.

바람 한 점 없었다. 소나무 아래에 누워 제 멋대로 뒤얽힌 가지 사이로 세상을 올려다보면, 한결같이 높이 솟은 소나무의 몸통들이 어두운 위쪽 덤불에 있는 가지들을 지탱하고 있는 것인지, 아니면 커다란 밧줄처럼 덤불에서 아래로 뻗어 내려와 있는지 구분하기 힘들었다. 어쨌든 셀 수 없이 많은 당당한 나무 몸통들이 나무 위의 세상과 땅의 세계 사이에 내리는 비처럼 쭉쭉 뻗어 있었다. 바라보고 있으면 밑둥치는 전혀 움직임이 없는 단일체와 같지만 위쪽 세상은 희미하게, 아주 희미하게 원을 그리며 흔들리고 있는 것을 알 수 있었다.

아무런 할 일이 없었다. 아무리 봐도, 할 일이 없었고, 해야 할 일도 없었다. 우리 모두는 왜 머큐리산의 꼭대기까지 올라 왔을까? 우리가 할 일은 아무것도 없다.

무슨 상관인가? 우리는 이 세상을 한 발짝 성큼 넘어왔다. 저 아래 세상의 반쯤 익은 현실이 완전히 요리되도록 내버려두자. 머큐리 산 위에서 우리는 아무 것도 의식하지 못한다. 돌아다니면서 통통하고 푸른빛의 시큼한 월귤나무 열매를 따려고 하지도 않는다. 그저 누워서 깨끗한 빗줄기 같은 나무줄기가 두 세계 사이의 화음처럼 연주되는 것을 볼뿐이다.

몇 시간이 흘러간다. 사람들은 돌아다니다 사라졌다 다시 나타난다. 모든 것이 뜨겁고 조용하다. 인간이 소란스러워지는 일은 더 이상 거의 없다. 무언가 한 잔 마시러 간다. 피리새들이 테이블에 앉아 있는 사람들 사이로 돌아다니고, 모두가 서로를 쳐다보지만 아무 관심이 없다.

돌아가서 소나무 아래 누워 있는 것말고는 할 일이 없다. 아무 할 일이 없다. 그런데 도대체 왜 뭔가를 해야 하는가? 뭔가를 하려는 욕구도 사라졌다. 비처럼 살아 있는 나무줄기들, 그들은 아주 활기차 있다.

낡은 전망탑 밑에는 풍파에 시달린 머큐리신의 부조가 있는 오래된 현판석과 봉납석인 일종의 제단이 있는데, 둘 다 로마시대의 것이다. 로마인들은 이 꼭대기에서 머큐리[37])에게 참배했다고 알려져 있다. 머리가 둥근 태양 모양인 풍파에 시달린 이 신상은 이 지역에 풍부한 자줏빛 사암으로 만들어져서 눈이 텅 비어 있는 것 같고 인상적이지 않다. 그리고 아무도 더 이상 봉납석의 움푹 들어간 곳으로 공물 따위를 던져 넣지 않을 것이다. 또한 흔한 자줏빛 사암은 지방색을 드러내 로마의 분위기를 띠지 않는다.

일요일에 올라온 사람들은 그 제단을 쳐다보지도 않는다. 그 사람들이 왜 봐야 하겠는가? 그들은 지나쳐 소나무 숲 속으로 들어간다. 그리고 벤치에 앉는 사람들도 많고, 긴 의자 위에 눕는 사람들도 많다. 오후에는 무덥고 무척이나 고요하다.

그러다가 소나무 꼭대기에서 희미한 휘파람 소리가 들리는 듯하면, 흔히 오후에 생기는 몽롱한 의식으로부터 곤두서는 불안감이 깨어난다. 사람들은 하늘을 쳐다보면서 웅성거린다. 서쪽하늘에 커다랗고 평평하게 솟아오른 시커먼 어떤 것이 하얀 털과 엉성한 가슴 깃털로 휘감겨 있다. 아주 불길해 보이는 그것은 아직 자연의 힘에서만 볼 수 있는 그러한 불길함을 지니고 있다. 소나무 위쪽에서 갑작스럽고 섬뜩하게 휘휘거리는 소리가 들리면서 낮은 웅성거림과 놀란 목소리로 부르는 소리들이 들린다.

그들은 내려가고 싶어한다. 사람들은 폭풍이 몰려오기 전에, 머큐리에서 내려가고 싶어한다. 어떻게든 머큐리에서 내려가려고! 그들은 케이블카가 있는 쪽으로 달려가고, 하늘은 빠른 속도로 어두워진다. 그리고 사람들이 그 작은 건물 쪽으로 몰려 내려갈 때, 먼저 번개가 번쩍인 후,

---

37) 머큐리: (로마신화) 신들의 심부름꾼이며, 상업·도둑·웅변·과학의 신.

곧바로 천둥소리가 이어지고, 금세 어두워진다. 이상한 움직임으로, 사람들은 식당의 넓은 베란다로 피난하여 작은 탁자들 사이로 조용히 밀려들어간다. 비도 오지 않고 큰 바람도 불지 않으며, 갑작스러운 한기가 사람들을 서로 더욱 가까이 다가가게 할 뿐이다.

그들은 어둠과 긴장감 속에서 서로 더 가까이 다가간다. 그들은 신기하게도 단합하여 마치 한 몸으로 융합된 것 같다. 베란다 아래로 찬바람이 휙 스쳐 가면, 나뭇잎 아래의 새들처럼 애처롭게 중얼거리는 소리가 들리고, 몸은 서로 더 밀착되어, 접촉을 통해 피난처를 찾으려 한다.

밤처럼 어두운 상황이 오랜 시간동안 계속되는 것처럼 보인다. 그러다 갑자기 번개가 바닥에서 하얗게 춤추고, 땅 위에서 춤을 추듯이 위아래로 흔들리고, 성큼 성큼 걸어가는 사람을 비추는데, 그의 벌거벗은 가랑이를 하얗게 엉덩이까지만 비추며 그의 발꿈치에는 불이 붙은 듯하다. 그 사람은 서두르는 것처럼 보이고, 불붙은 상반신은 보이지 않으며, 맨발의 뒤꿈치에서는 하얀 작은 불꽃이 흔들리는 것 같다. 그의 납작하고 완강한 허벅지, 불처럼 하얀 다리가 베란다 앞쪽의 노천을 가로질러, 걸을 때마다 발목에서 작고 흰 불꽃을 끌며, 급히 성큼성큼 걸어간다. 그는 어딘 가로 빠르게 가고 있다.

크게 쾅하는 천둥소리와 함께 그 환영이 사라진다. 땅이 움직이고 집은 완전한 암흑 속에 빠진다. 차가운 공기가 소용돌이 쳐오자, 희미한 공포의 울먹임이 사람들로부터 흘러나온다. 그러나 여전히 암흑 상태지만 비는 오지 않는다. 안심할 수도 없다. 오랜 기다림만 있을 뿐.

눈이 멀도록 눈부시게 번개가 다시 떨어진다. 모든 작은 탁자들과 비밀스런 나무줄기들이 너무나 길게 느껴지는 일초 동안 그대로 드러나 있을 때, 이상하게 쿵하는 소리가 숲에서 들려온다. 그때 천둥이 치고, 집과 사람들은 폭발이 일어났을 때처럼 동요한다. 폭풍이 바로 머큐리산에서 일고 있다. 뒤늦게 나뭇가지 부러지는 소리가 숲에서 난다.

그리고 땅에 다시 번개가 하얗게 친다. 그렇지만 아무 것도 움직이지 않는다. 그리고 다시 어둠 속에서 천둥이 길게 덜컹거리는 소리로 일제히 퍼붓는다. 번개가 다시 하얗게 내려치면, 사람들은 두려움으로 헐떡거리고, 천둥이 치면 숲에서 다시 무언가가 터지는 듯하다.

마침내 폭풍의 정적 속에서, 바람이 몰려오고, 얼음 조각들이 불처럼 날아들며, 별안간 소나무들이 파도같이 으르렁댄다. 얼음조각들이 불처럼 얼굴을 치면 사람들은 움츠리고 뒤로 물러선다. 나무의 으르렁거리는 소리가 너무 커서 또 다른 침묵이 흐른다. 그리고 폭풍이 이 산 위로 집중하면, 나무가 부서지고 쪼개지는 소리가 들린다.

우박이 다른 모든 소리를 덮어버릴 정도의 굉장한 소리를 내며 땅과 지붕과 나무들을 무겁게 내려친다. 그러자 곧 사람들이 떨어지는 얼음 덩어리를 피하기 위해 건물 안으로 밀려들어올 때, 그 거칠고 음산함 속에서는 여전히 무언가가 부러지는 딸랑거리고 깨지는 소리가 들린다.

영원할 것 같은 무시무시한 폭풍은 갑자기 끝나버린다. 바깥은 어슴푸레한 노란빛이 눈 위로 끝없이 많은 나뭇가지 조각과 깨진 물건들 위로 희미하게 빛나고 있다. 날씨는 얼음에 쌓인 한겨울의 풍경처럼 아주 찼다. 숲에는 얼음 덩어리가 15센티미터 깊이로 무수히 쌓여 있고, 하얀 땅은 얼음덩어리가 부수어 놓은 나뭇가지와 물건들로 어지럽혀져서 창백해 보인다.

"됐어요! 됐어요!"라고, 노란 빛이 하늘에 나타나자 남자들이 갑자기 용기를 내어 말한다. "이제 가도 돼요!"

먼저 용기 있는 사람들이 큰 우박 덩어리를 집어 들고 뒤집어진 탁자들을 가리키며 앞으로 나선다. 그렇지만 어떤 사람들은 꾸물대지 않는다. 그들은 케이블카가 작동하는지 보기 위해 서둘러 그쪽으로 간다.

케이블카가 있는 곳은 산의 북쪽이다. 그들은 돌아와서 거기에 아무도 없다고 말했다. 사람들은 녹아 바삭거리는 하얀 우박 위로 걸어 나와, 호기심에 차 주변을 살펴보며 케이블카를 작동하는 사람들을 기다렸다.

전망탑의 남쪽에 차갑게 녹고 있는 우박 속에 두 사람의 몸이 뉘어 있었다. 검푸른 색의 제복이 거무스름하게 보였다. 두 사람 모두 죽어 있었다. 그런데 번개가 한사람의 다리에서 옷을 완전히 벗겨버려 엉덩이 아래쪽이 벌거벗겨 있었다. 그는 얼굴을 옆으로 하고, 눈 위에 누워 있었는데 두, 세 방울의 피가 금빛의 콧수염 쪽으로 흘러 있었다. 그는 머큐리신의 봉납석 근처에 누워 있었다. 젊은 동료인 또 한사람이 그 뒤 몇 미터 떨어진 곳에 엎어져 있었다.

태양이 나타나기 시작했다. 사람들은 겁에 질려 그들의 몸을 만지지 못하고 쳐다보기만 했다. 그런데 왜 그들(죽은 케이블 운전자들)은 산의 이쪽으로 돌아 왔을까?

케이블카는 작동 할 것 같지 않았다. 폭풍 중에 무언가가 잘못되었다. 사람들은 미끄러운 얼음 위로 벌거벗은 산을 돌아 내려가기 시작했다. 어디서나 부러진 소나무 가지와 잔가지들로 땅이 버석거렸다. 덤불과 활엽수들은 기적이라 할 만큼 완전히 벗겨져 있었다. 산의 더 아래쪽은 겨울처럼 잎이 없고, 벌거벗어 있었다.

"완전히 겨울이다!"라고 중얼거리며 사람들은 떨어진 소나무 가지들을 헤치고 굽이진 가파른 내리막을 겁에 질려 서둘러 내려갔다.

그러는 동안 태양은 다시 엄청난 열기를 발산했고 대지는 수증기를 내뿜기 시작했다.

뉴멕시코

표면적으로는 세계가 작아지고 속속들이 알려졌다. 불쌍한 작은 지구여, 관광객들이 볼로뉴 숲[38]이나 센트럴파크를 빠르게 거닐듯이 사람들은 당신 주위를 스쳐지나간다. 어떤 것도 신비스럽게 남아 있지 않고, 모든 곳은 다 가본 곳이며, 모두 알고 있는 것이다. 지구에 대해서 다 알아버렸고, 그래서 지구는 끝났다.

이것은 겉으로 보기에는 다 맞는 말이다. 겉으로 드러나 있는 것에 대해서는 수평적으로 안 가본 데가 없고, 무엇이든 해보았고, 그것에 대해 모두 알고 있다. 그렇지만 우리가 피상적으로 더 많이 알게 될수록, 수직적으로는 통찰을 덜하게 된다. 대양의 표면을 스쳐 건너가면서, 바다에 대하여 모든 것을 안다고 말할 수도 있다. 그러나 여전히 무시무시한 심해가 있으며, 그것에 대해서는 경험이 전혀 없다.

육지의 여행에 대해서도 마찬가지다. 스쳐 지나가서, 그곳에 도착

---

38) 볼로뉴 숲: 파리 서부의 대공원.

하고, 그곳을 모두 보고, 그곳을 모두 끝내버린다. 그리고 철도와 배와 자동차와 호텔이 전 지구의 표면 위로 늘어뜨리고 있는 이상한 막에 대해서는 한번도 살펴보지 않는다. 북경은 뉴욕과 똑 같고, 다소 중국적인 면이 있다는 등의 다른 볼거리가 약간 있을 뿐이다. 불쌍한 동물인 우리는 경험을 갈망하지만, 맑고 투명한 끈적끈적한 종이 위를 기어다니는 파리처럼, 그 끈끈한 종이로 너무나 잘 싸여 있는 사탕과자와 같은 세계는 비록 우리가 그 위를 돌아다니면서 항상 보고 분명히 만지기도 하지만 실제로는 달만큼이나 멀리 떨어져 있어 결코 파악할 수 없는 것이다.

사실 우리의 증조할아버지들은 어느 곳에도 가보지 않았지만 실제로는 모든 것을 본 우리보다 세계에 대하여 더 많은 경험을 가지고 있었다. 그들이 마을 학교에서 환등용 슬라이드로 강의를 들을 때, 그들은 정말로 숨을 죽이고 미지의 것을 대했다. 우리는 실론섬에서 인력거를 타고 미끄러지듯 달리면서 중얼거린다. "예상했던 그대로이군." 우리는 정말로 모두 알고 있다.

우리는 착각하고 있다. 모든 것을 알고 있다는 마음의 상태는 단지 문명이라는 끈적끈적한 종이포장의 밖에 있는 결과이다. 그 속에 우리가 알지 못하고 알기를 두려워하는 모든 것이 있다.

뉴멕시코[39]에 갔을 때 나는 모든 것이 무너져 내리는 기분으로 이것을 깨달았다.

뉴멕시코, 합중국의 하나이자, 미국의 일부. 뉴멕시코, 그림 같은 보호구역, 동부 주들의 놀이터, 낭만적인 옛 스페인 사람들, 원주민, 사막

---

39) 뉴멕시코: 미국 남서부의 주. 주도는 산타페.

의 암층대지, 푸에블로족40), 카우보이, 회개자, 모든 영화에 나오는 것들. 정말 멋있고, 위대한 남서부, 솜브레로 모자41)를 쓰고 빨간 수건을 목에 둘러매고 그 광대한 자유의 공간으로 나가자!

그것은 우리의 진부한 문명이라는 완전히 위생적이고 반짝이는 끈끈한 종이로 싸인 뉴멕시코이다. 뉴멕시코를 조금이라도 알고 있는 대부분의 미국인들에게 알려진 뉴멕시코이다. 그러나 소독되어 반짝거리는 포장을 뚫고, 실제로 그 나라를 접해보면, 당신은 절대로 이전과 같은 생각을 할 수 없을 것이다.

뉴멕시코는 내가 지금까지 겪은 외부 세계의 경험 중에서 가장 위대한 경험이었다고 생각한다. 그것은 확실히 나를 완전히 변화시켰다. 이상하게 들릴지 몰라도, 문명화된 현대에서 물질과 기계발달의 위대한 시대에서 나를 해방시켜준 것은 뉴멕시코였다. 남부 불교의 성지 중의 성지인 실론섬의 거룩한 캔디42)에서 지낸 몇 달은 나를 지배하고 있던 물질주의와 이상주의의 위대한 정신에 아무런 변화도 일으키지 못했다. 그리고 지금도 존재하는 고대 그리스 이교사상의 중심이라고 할 수 있는 시실리의 탁월한 아름다움 속에서 몇 년 머물러 있어도 내 기질의 기반이 되는 본질적 기독교 정신을 깨뜨리지 못했다. 오스트레일리아는 일종의 꿈이나 황홀경으로서, 주문에 걸린 것 같았고, 그 황홀경이 너무 오래 지속되지 않는 한 자신은 변하지 않고 남아 있었다. 나는 타히티43)를 힐

---

40) 푸에블로족: 미국 남서부에 사는 인디언.
41) 솜브레로 모자: 스페인, 멕시코, 미국 남서부에서 쓰는 챙 넓은 펠트모자.
42) 캔디: 스리랑카 중부의 도시. 1815년 영국이 점령하기 전의 캔디왕국의 수도.
43) 타이티: 남태평양 소시에테 제도 중의 가장 큰 섬.

끗 보는 것만으로도 불쾌했다. 그리고 캘리포니아도 몇 주간 머무른 후에는 마찬가지였다. 그 서부해안의 분위기에는 기묘한 야만성이 있는 것 같았고, 그래서 "아, 나를 떠나게 해 주오!"하는 생각이 들었다.

그러나 산타페 사막 위로 눈부신 자랑스러운 아침이 높이 빛나는 것을 보는 순간, 내 영혼 속의 어떤 것이 정지하면서 나는 주의를 기울이기 시작했다. 하늘이 높게 치솟은 날의 어떤 장엄함이, 어떤 독수리 같은 존귀함이 있었는데, 똑같이 순수하고, 똑같이 태곳적 분위기의 아름다운 오스트레일리아의 아침과는 너무나 다른 것이었다. 오스트레일리아의 아침은 너무 부드럽고, 그 부드러움이 너무나 순수하여 초록빛 앵무새가 날아감으로써 배신을 일으키는 아침이었다. 그렇지만 사랑스러운 오스트레일리아의 아침은 꿈을 꾸게 하였다. 불타오르듯이 장엄한 뉴멕시코의 아침은 정신이 번쩍 깨어나게 하여, 영혼의 새로운 부분이 갑자기 깨어나고, 낡은 세계가 새로운 세계로 바뀌는 아침이었다.

추한 것은 모두 똑같이 보이지만 세상에 존재하는 아름다움은 모두 제 각각이다. 감사하게도, 세상엔 모든 종류의 아름다움이 존재한다. 추한 것은 동일할지라도. 칼라브리아[44]가 포근히 감싸고 있는 단백석 같은 지중해에 떠 있는 시실리섬과 사방에 눈이 쌓여 있는 에트나산[45]은 또 얼마나 아름다운가! 옥수수 사이로 작고 붉은 야생 튤립이 피어있는 토스카나[46]와 영국의 해질녘의 블루벨과 오스트레일리아의 부드럽고 푸

---

44) 칼라브리아: 이탈리아 남부의 주. 주도는 카탄자로.
45) 에트나산: 이탈리아 시실리섬 동부에 있는 유럽최대의 활화산.
46) 토스카나: 이탈리아 중부의 주. 주도는 플로렌스.

르며 고요한 하늘 아래 녹회색과 암갈색의 잎 사이로 샛노란 색의 구름처럼 피어있는 미모사[47])는 또 얼마나 아름다운가! 그러나 나는 아름다움의 위대함에 관해서는 뉴멕시코와 같은 것을 결코 경험한 적이 없다. 내가 목장에서 괭이를 들고 도랑을 따라 캐년으로 가면서, 로키산맥의 구릉지대에 서서 그 산맥의 기개 높고 당당한 침묵 속에서, 사막 너머에 멀리 떨어진 애리조나의 푸른 산들을 바라보는 모든 아침이 그러했다. 그 산들은 옥수(玉髓)처럼 푸르고, 그 사이로 쑥의 황야가 회청색으로 뻗어있는데, 조그만 수정입방체의 집들이 점점이 서있었다. 광대한 원형극장과 같은 그 고결하고 굴하지 않는 황야는 동쪽으로 육중한 상그레데크리스토[48]) 산맥까지 둘러 뻗어있으며, 소나무가 점점이 서있는 로키산맥의 구릉에서 용 솟아오른다. 얼마나 장관인가! 오로지 황갈색 독수리만이 정말로 그 모든 광채 속으로 날아갈 수 있을 것이다. 레오 스타인이 언젠가 나에게 이렇게 써 보냈다. '내가 알기로 가장 미학적으로 만족스러운 풍경이다.' 나에게는 훨씬 그 이상이었다. 그 광경은 광채에 빛나는 말없는 공포와 그리고 단순한 미학적 감상을 훨씬 넘어서게 하는 광대하고 멀리에 이르는 장엄함이 있었다. 텅 빈 기울어진 이 세상을 잔인할 정도의 기품을 가지고 아치모양으로 비추는 빛은 결코 그 어디에서도 이보다 더 순수하거나 거만하지 않았다. 현대 정치적 민주주의의 정점에 서있는 그 땅이 최고의 거만한, 무서운 자긍심과 무자비함을 느끼게 한다는 것

---

47) 미모사: 콩과의 한해살이풀. 그리스신화에 따르면 미모와 재주를 뽐내던 미모사 공주가 태양의 신 아폴로의 아름다움에 부끄러워하다가 한 포기의 풀로 변했다는 이야기가 있다.

48) 상그레데크리스토: 미국 콜로라도 주 남부와 뉴멕시코주 북부에 걸친 로키산맥의 일부.

은 신기한 일이다. 그렇지만 얼마나 아름다운지, 세상에! 얼마나 아름다운지! 거기서 혼자 그 위대하고 당당한 사막의 세계 위로 소나무들 사이에 서서 매일 아침을 맞이하는 사람은 그 모습이 얼마나 참을 수 없이 아름다운 것인지, 낮의 힘이 얼마나 분명하고 의심할 바 없는 것인지를 알 것이다. 낮 그 자체만으로도 거기에서는 무시무시하다. 아즈텍인들이 사람의 심장을 태양에 바친 것을 아주 쉽게 이해할 수 있다. 태양은 단지 뜨겁기만 하거나 태우기만 하는 것이 전혀 아니기 때문이다. 태양은 사람이 심장을 바치도록 하는 눈부시고 도전할 수 없는 순수성과 거만한 평온함을 지니고 있다. 아, 그렇다. 뉴멕시코에서는 심장은 태양에게 바쳐지고, 그래서 인간은 가슴이 없이 황량해지지만 굴하지 않고 종교적이 된다.

그리고 그것이 그 황야에서 얻은 두 번째 계시였다. 나는 종교적으로 나를 감동시키는 어떤 것을 찾아 전 세계를 돌아다녔다. 어떤 영국 사람들의 단순한 독실함이라든지, 남부 이탈리아의 어떤 카톨릭 신도들의 반쯤 이교도적인 신비함이라든지, 어떤 바바리아[49] 농부들의 열렬함이라든지, 불교도, 특히 바라문[50]들의 반쯤의 도취상태라든지, 이 모두가 당사자들에게는 충분히 종교적인 것 같았지만 나에게는 그렇지 못했다. 나는 외부에서 그들의 독실함을 바라보았다. 의지로 사랑하는 것보다 의지로 종교를 느끼는 것이 훨씬 힘들기 때문이다.

실론섬의 깊은 정글에서 일단의 벌거벗은 마을 사람들의 소위 악

---

49) 바바리아: 독일 남부의 주, 주도는 뮌헨.
50) 바라문: 인도의 카스트 계급 중 최고위인 승직계급.

마 춤이라는 것을 통해 나는 원시 종교에 대한 단서라고 생각한 것을 경험한 적이 있었다. 그들은 한밤중에 횃불 아래에서, 마치 캔디에서 영국 황태자를 위한 페라헤라 축제[51] 때 금박으로 치장한 사람들처럼, 까만 몸이 땀에 젖어 번들거리면서 춤을 추고 있었다. 그리고 그들이 무릎을 넓게 벌리고 춤을 출 때, 이 벌거벗은 사람들의 완전한 신비스러운 전념 상태가 갑자기 종교라는 감각으로 나에게 다가왔다. 나는 한 순간 종교를 느꼈다. 종교는 경험이며, 통제할 수 없는 감각적 경험이고, 사랑보다 훨씬 더 그러하기 때문이다. 나는 감각적이라는 말을 감각들 속에 깊이 박힌, 설명할 수 없고 헤아릴 수 없는 경험을 의미하기 위해 사용한다.

그러나 이 경험은 순간적인 것으로서 신기한 페라헤라의 소동 속에서 사라져버렸고, 내가 뉴멕시코에 와서 고대 인류의 경험을 통찰하고서야 종교에 대해 영구적인 감정을 가지게 되었다. 어떤 유럽인이 고대 지중해와 동양을 접한 이후 종교를 진정으로 경험한 곳이 하필 미국이라는 것은 신기한 일이다. 힌두교도나 시실리의 카톨릭 신자나 신할리족[52]으로부터 종교를 얻는데 실패하고서 아메리카 원주민에게서 살아 있는 종교의 감각을 얻게 됐다는 것이 신기하다.

무조건 적인 것은 아니다. 내가 미국 원주민이 백인 문명과의 접촉에서 드러내는 그들의 그런 점을 옹호하여 칭송하려는 것은 아니다. 그러한 시각에서는 철저히 이의가 있을 수 있다는 것을 인정할 수밖에 없다. 나는 약간의 경험만으로도 그것을 알고 있다. 그러나 백인들을 다루

---

51) 페라헤라 축제: 스리랑카 왕조가 대대로 이어온 지구상에서 가장 오래된 축제 중의 하나.
52) 신할리족: 스리랑카의 대표적 민족.

는 방법에 있어서조차도 그들이 철저히 잘하고 있다는 것 또한 알고 있다. 그것은 양쪽의 경우에 상당히 개별적인 문제이다.

그러나 나는 이 글에서 끈끈한 종이 포장 밖의 일상적 혹은 피상적 뉴멕시코에 대해서 다루고 싶지 않다. 나는 그 표면의 아래로 가고 싶다. 그러므로 미국의 시민으로서 행동하는 미국 원주민에 대해서는 별로 관심이 없다. 나의 관심사는 고대 인종과 종교인으로서 원주민들은 과연 어떤 사람인지 혹은 내게 어떻게 보이는지 하는 것이다.

미국 원주민은 나에게 그리스인, 힌두인, 유럽인, 심지어 이집트인보다도 훨씬 오래된 부족으로 보이기 때문이다. 문명화되고 진정으로 종교적인 인간으로서, 남부에서처럼 금기와 토템을 넘어설 정도로 문명화된 미국 원주민은 아마도 종교라는 말의 가장 오래되고 가장 깊은 의미에서 종교적이다. 다시 말하면, 지금까지 살아 있는 가장 심오하게 종교적인 인종의 잔존자이다. 나에게는 그렇게 보인다.

그러나 한번 더 나를 변호하고 싶다. 앨버커키[53] 역에서 바구니를 팔거나 타오스족[54]의 시장 주위에서 어슬렁거리는 원주민은 완전히 건달이고 말로 표현할 수 없이 하찮은 인간일지도 모른다. 개인적으로 그 사람은 뉴욕의 좀도둑보다 훨씬 더 종교적이지 못한 사람일지도 모른다. 그는 자신의 부족으로부터 떨어져 나왔거나 혹은 그의 부족 자체가 결국 오래된 종교적 통일성이 무너지면서 실제로 더 이상 존재하지 않게 되었는지도 모른다. 그렇다면 그는 백인 문명으로 급속히 흡수되는 것이 적

---

53) 앨버커키: 미국 뉴멕시코 주의 리오그란데 상류에 있는 도시.
54) 타오스족: 미국 뉴멕시코 주 푸에블로 인디언의 한 부족.

절할 뿐이고, 백인 문명은 그를 최대한 이용해야 한다.

그러나 어떤 한 부족이 종교를 유지하고 그 종교적 관습을 보존하는 동안, 그리고 그 부족의 일부 구성원들이 그러한 관습에 참여하는 동안, 예수의 탄생을 훨씬 거슬러, 피라미드 이전으로, 모세 이전부터 존재해 왔던 어떤 부족적 통일성과 살아 있는 전통이 있다. 한때 지구를 휩쓸었던 거대한 고대 종교가 거기 뉴멕시코의 끊어지지 않은 관습 속에서 근근히 이어지고 있으며, 그 종교는 어쩌면 호주인들의 토착적 금기와 토템을 제외하고는 세상에서 가장 오래된 것일지 모르며, 호주의 것은 종교적인 것도 아니다.

푸에블로족에게서 그 분위기를 느낄 수 있다. 물론 관광객들과 자동차들이 붐빌 때는 아니다. 그러나 어느 눈부시게 눈 내리는 아침, 타오스 푸에블로족에게로 가서 지붕 위의 하얀 형상을 보라. 아니면 어느 바람 부는 저녁 황혼녘에 말을 타고 지나가 보라. 말없는 여인들의 검정 치마가 하얗고 통이 큰 부츠 주위로 나부낄 때, 인간의식의 오래고 오랜 뿌리가 우리가 전혀 알지 못하는 깊이에까지 아직 뻗어 내리고 있음을 느낄 것이다. 그리고 그에 대해서 우리는 너무나 자주 질투를 느낀다. 오래지 않아 푸에블로 족도 뿌리뽑힐 것 같다.

그러나 산제로니모에서 남자들이 엉덩이에 여우 가죽을 펄럭이며 줄지어 나오고, 여자들은 달그락거리는 씨앗을 들고 뒤따르며 춤추던 모습을 구경한 것은 절대 잊지 못할 것이다. 남자들의 길게 흘러내리는 반짝이는 검은 머리카락을. 고대 크레타[55])에서도 지금 그 원주민들처럼 긴

---

55) 크레타: 그리스 동남쪽 그리스령의 섬.

머리는 남자에게 신성한 것이었다. 그 완전한 몰입상태의 춤을 잊지 못할 것이다. 그렇게 엄숙하고, 끊이지 않으며, 영원히 율동적이고 고요한 춤은 끊임없이, 항상 지구의 중심을 향해 내려 밟기를 하며, 이는 디오니소스적 혹은 기독교적 황홀함이 위로 향하는 흐름과는 정 반대의 것이었다. 북 치는 남자들의 그 깊은 노래 소리를 결코 잊지 못할 것이다. 부풀어오르고 또 가라앉으며, 내 생애에 들어 본 그 어떤 소리보다 더 깊은, 천둥소리보다 더 깊고, 태평양의 소리보다 더 깊고, 깊은 폭포의 폭음보다 더 깊은, 말로 할 수 없는 깊이를 향해 부르는 남자들의 놀라운 깊은 소리였다.

봄날 어느 화창한 아침, 나는 기대치 않게 산펠리페의 작은 푸에블로에 들어가게 된 것을 결코 잊지 못할 것이다. 나무에 꽃이 한창 핀 그 완벽한 작은 푸에블로는 테오크리터스에 있는 어떤 마을보다 더 오래되고, 더 완전히 평화롭고 목가적이었으며, 그곳에서 소박한 일상적인 춤을 보았다. 구경거리로서는 대단치 않았지만, 그 춤의 정말 무시무시한 종교적 몰입상태가 나에게는 엄청나게 감동적이었을 뿐이다.

타오스에서의 크리스마스 춤도 결코 잊지 못할 것이다. 어스름한 무렵, 눈, 높은 겨울 산 위로 다가오는 어둠, 그리고 쓸쓸한 푸에블로, 그때 갑자기 다시, 어둠을 향해 부르는 어둠처럼, 북 주위에 원주민 무리의 깊은 노래 소리, 거칠고 경건한 소리가 행렬이 시작됨에 따라 마지막 어스름에 갑작스럽게 일어났다. 그리고 그때 모닥불이 갑자기 높은 불꽃의 순수한 분출로 피어오르고, 갑작스러운 불꽃의 기둥들이 행렬을 시작했다.

그리고 나는 애리조나의 외진 아파치족56) 마을에 있는 자작나무 목재로 만들어놓은 키바57)를 결코 잊지 못할 것이다. 천막집과 깜박이는 불, 거대한 어두운 밤에 보이지 않는 말들의 울음소리, 조용한 모카신 신발을 신은 아파치 부족들은 모두 밖에 나가 있고, 키바에는 조그만 불 너머로 노인이 암송을 하고 있었는데, 알지 못하는 아파치 언어로, 노아의 대홍수 이전으로 멀리 돌아가 되울리는 듯 기묘한 야성의 원주민 목소리로 암송하고 있었으며, 부족의 전통과 전설을 계속해서 암송하고 있음이 분명했다. 한편, 젊은이들은, 오늘날의 용감한 자들은 떠돌다 들어오고, 듣고, 다시 떠돌아 나가는데, 두 세계가 서로 접하면서, 그들은 그러한 아주 오랜 부족의 목소리의 힘과 장엄함에 감동하기도 하고, 현대문명에 반쯤 물들어 있는 상태에서 불편해 하기도 했다. 그리고 이러한 용감한 자 중 하나가 밤에 내 모자 아래로 그의 얼굴을 들이밀고 반짝이는 그의 눈을 내게 가까이에 대고 응시했다. 용기만 있었으면 그는 그때 그곳에서 나를 죽였을 것이다. 그는 용기가 없었고, 그렇다는 것을 나도 알고 그도 알았다.

원주민의 경주 역시 결코 잊지 못할 것이다. 젊은 남자들 뿐 아니라 소년들까지도 발가벗은 채 달리는데, 하얀 흙을 온 몸에 바르고 하늘의 날렵함을 상징하는 독수리의 부드러운 털을 조금씩 꽂고 있었다. 노인들은 그들에게 힘을 주기 위해 독수리 깃털로 그들의 몸을 털어 주었다. 그리고 원시세계의 이상한 공격적인 모습으로 천천히 달렸다. 그 경

---

56) 아파치족: 북미 남서부의 인디언의 한 부족.
57) 키바: 북미 푸에블로 인디언의 지하 예배당.

주는 승리를 위한 것이 아니다. 시합이 아니다. 어떤 경쟁도 없다. 그것은 점점 누적되는 위대한 노력이다. 이날 그 부족은 그들의 남성적 원기를 더하고, 그것을 최대한으로 이용하고 있다. 무엇을 위해? 능력을 얻고 힘을 얻기 위해서이다. 점차 강해지는 남자들의 공격력에 의해 능력 있는 자에게 힘, 권력, 그리고 원기, 즉 성취의 열정을 불러일으키는 원기를 제공하는 위대한 우주적 활력의 근원과 소통하기 위해서이다.

그것은 우리가 알고 있는 다른 어떤 것보다 위대한 거대한 고대의 종교였다. 더 순수하고 꾸밈없는 종교였다. 하느님도 없고, 신에 대한 개념도 없다. 모든 것이 신이다. 그렇지만 그것은 우리가 잘 알고 있는 '신은 어디에나 있고, 만물 속에 신이 있다'고 하는 범신론이 아니다. 가장 오래된 종교에서 만물은 살아 있지만, 초자연적으로가 아니라 자연적으로 살아 있었다. 더욱 더 깊은 생명의 흐름과 더욱 더 거대한 생명의 떨림이 존재했을 뿐이다. 그래서 바위가 살아 있지만, 산은 바위보다 더 깊고 더 거대한 생명을 가지고 있었고, 인간은 그의 영혼이나 에너지를 바위와 접촉하기보다는 산의 생명과 접촉하여 위대하고 영원한 생명의 우물인 그 산으로부터 힘을 끌어내는 것이 더 어려웠다. 그래서 위대한 종교적 노력을 기울여야 했다. 인간의 전 생애를 바친 노력은 그의 생명이 우주의 기본적인 생명, 산의 생명, 구름의 생명, 천둥의 생명, 공기의 생명, 땅의 생명, 태양의 생명과 접촉하도록 하기 위한 것이었기 때문이다. 즉각적으로 느껴지는 접촉을 위해서, 그리하여 원기와 능력과 일종의 신비한 즐거움을 이끌어내기 위한 것. 이러한 완전히 순수하게 매개체나 중재자 없이 접촉하려는 노력은 종교의 근원적인 의미이며, 신성한 경주에서 경주자들은 엄청난 노력을 통해 마침내 공기를 통해서 바로 공기의 생명과 순수한 접촉을 하기 위해 자신을 내던졌으며, 공기의 생명은 구름의 생명이고, 비의 생명이다.

그것은 우상이나 형상이 없는, 심지의 정신적인 상(像)도 없는 거대하고 순수한 종교였다. 그것은 가장 오래된 종교로, 특정한 신이나 구세주 혹은 제도로 나누어지지 않고 모든 사람들에게 똑같은 우주적 종교이다. 그것은 신의 개념을 앞서는 종교이고, 그래서 신을 숭배하는 다른 어떤 종교보다도 더 위대하고 더 심오하다.

그리고 그 종교는 아주 잠시 동안이지만 나에게 계시가 될 만큼은 충분히 오래도록 아직 뉴멕시코에 남아있다. 그리고 그 원주민들은 그들이 경우에 따라 아무리 거부될만한 존재라 해도, 그들을 탄생시키고 이제는 망각 속으로 사라지고 있는 그 종교의 이상한 아름다움과 비애를 여전히 간직하고 있다. 내가 원주민 소년 트리니다드와 함께 목장에서 옥수수를 심을 때, 그의 갈색 손이 의식을 거행하듯 옥수수 위로 부드럽게 흙을 옮기는 것을 지켜보면서 내 영혼은 잠시 정지했다. 그는 옛날의 종교적 자아 상태로 되돌아갔고, 시대가 정지해 있었다. 10분 후에 그는 말(馬) 때문에 바보 같은 행동을 하고 있었다. 말은 결코 원주민의 종교생활의 일부가 아니었으며 결코 그렇게 되지 않을 것이다. 이를테면 그가 곰에 대해 느끼는 감정의 10분의 1조차도 말에 대해서는 느끼지 못한다. 그래서 말은 원주민을 좋아하지 않는다.

그러나 그것은 거기에 있다. 가장 오래된 종교를 몰아내는 가장 새로운 민주주의가! 그리고 가장 오래된 종교가 일단 내몰리고 나면, 그 민주주의와 그 모든 부속물이 붕괴될 것이라는 것이 느껴지며, 인간의 전쟁 이전의 시대부터 전해 내려온 가장 오래된 종교는 다시 시작될 것이다. 마천루는 엉겅퀴의 관모처럼 바람에 흩어질 것이고, 그러면 진정한 미국, 뉴멕시코의 미국은 다시 그 행로를 시작할 것이다. 지금은 일종의 공백기이다.

미국원주민과 한 영국인

어떤 사람이 달에 떨어져서 그 곳 사람들이 영어로 말하는 것을 알게 됐다고 가정한다면, 그것은 자유로운 세상으로부터 여기 미국의 한가운데로 털썩 떨어져 내린 것과 똑같은 것이 될 것이다. '여기'란 뉴멕시코, 미국 남서부의 거칠고 활기차고 예술적이고 쑥으로 덮인 사막을 뜻한다.

그것은 상당히 근엄하게 공연되는 희극 오페라와 같다. 거칠음, 활기참, 서부적 특성, 자동차, 예술, 현자, 야만인 등이 모두 섞여 있고, 너무 부조리해서 그것은 한 편의 익살극이며, 누구라도 이 사실을 알고 있다. 그러나 그들은 익살극으로 공연하기를 거부한다. 거칠고 활기찬 부분은 매우 극적이고 대담하고 일부러 악하기를 고집하고, 예술은 진짜 미국적이고 예술적이기를 고집하며, 자동차는 골수까지 전율하기를 고집하고, 지식인은 도취하기를 고집하고, 멕시코인은 소름끼치는 기쁨의 마지막 어두운 한 방울까지 삶에서 짜내는 멕시코인이기를 고집하고, 원주민들은 미소를 감춘 채 햄릿 아버지의 유령처럼 흰색 얇은 면으로 자신들을 감싸고 있다.

그리고 여기에 내가, 외롭고 의지할 데 없는 한 영국인이 대영제국이라는 잘 알려진 세상으로부터 이 무대 위로 굴러들어 와있다. 이곳은 나에게 실제 세계가 아니고 무대인 것처럼 계속 보이기 때문이다.

나는 무엇이 실제 세계를 만드는지 알지 못한다. 그러나 공동의 목적과 공동의 연민이라는 두 가지 요소는 분명히 필요하다. 나는 어떤 공동의 목적도 알 수 없다. 원주민들과 멕시코인들은 돈을 그렇게 좋아하는 것 같지도 않다. 보름달 같은 1달러 짜리 은화가 여기서는 큰 최면 효과가 있는 것 같지 않다. 공동의 연민이나 이해에 관해서는 상상을 추월한다. 서부는 거칠고 활기차며 고의적으로 악한 곳이고, 상업은 그 자체의 개척자적 중요성에 대해 약간 자의식이(개척자여! 아, 개척자여!) 있으며, 지식인은 모든 것들을 속속들이 알고자 하고, 저 아래 깊은 곳에서 길을 잃은 영혼을 구하고자 하며, 멕시코인은 미국인이 아닌 멕시코인이 되려고 하고, 원주민은 모든 다른 사람들이 아닌 그 밖의 것이다. 그래서 모두가 다른 모든 사람을 보고 거드름 피우며 웃으면서, 속으로 말한다. "계속하시오. 당신이 묘기를 보이면, 나도 내 묘기를 보이지요." 그들은 서커스단의 패거리들처럼 모두가 동시에 공연하며 사회자는 없다.

내가 보기에, 이 나라에서는 모든 것들이 지나칠 정도로 진지하게 간주되어 오히려 진지하게 남아 있는 것은 아무것도 없다. 강렬한 희곡이 가장 익살스럽다. 모두가 속으로는 이것을 의식하고 있다. 각 파트의 단원들은 다른 파트의 단원들이 익살꾼처럼 연기를 하고 있다는 것을 아주 쉽게 인정할 것이다. 그러나 그 자체는 실제적이며, 진지하게 악할 때는 악하고, 선할 때는 선하고, 거칠 때는 거칠고, 활기찰 때는 활기차고, 예술가인 체할 때는 예술가인 체하고, 깊이 있을 때는 깊이가 있다. 한마디로 진지하다.

그러한 진지함의 가면 속에 멀리 떨어진 대영제국에서 온 당황스런 낙오자, 나 자신! 내가 한 순간이라도 어느 것이라도 아는 체 하지 않도록 하라. 나는 전혀 아무 것도 알지 못한다. 말을 탄 부인이 내 머리 위로 뛰어넘고, 아파치족의 전쟁의 함성이 내 귓가에 들리고, 멕시코인이 십자가 밑에서 비틀거리다가 지나가면서 나에게 부딪히고, 예술가가 나의 눈부신 시야를 가로질러 색깔을 뒤섞고, 지식인이 모든 교차로에서 나에게 진지하게 열변을 토하고 있을 때, 나는 서커스 안의 시골뜨기처럼 입만 떡 벌리고 있을 뿐이다. 만약 돈을 내고 들어온 관객으로서 독자 여러분이 나에 대해 어떤 태도를 취해야 한다고 생각한다면, 즐거운 동정심만 가지면 된다.

누구든 어느 편을 들어야 한다. 먼저, 멕시코인을 좋아하거나 아니면 원주민을 좋아해야 한다. 그 다음에는 예술 혹은 지식 중 하나를 택해야 하고, 다음엔 공화당 혹은 민주당 중 하나를 택해야 한다. 그러나 불쌍한 양인 나로서는, 내가 서커스무대에서 '음매'하고 운다면, 엄마 잃은 털 깎인 외로운 양처럼 나만의 울음소리가 될 것이다.

내가 실제로 보았던 최초의 원주민은 이 주(州)의 아파치 보호 거주지에 있는 아파치족이었다. 자동차를 타고 사막과 암층 대지를 가로질러, 협곡을 내려가고 분수령을 올라서, 마른 계곡을 따라 이틀 동안 가다가, 정오가 지나 같이 가던 두 명의 원주민이 길 한 쪽으로 차를 몰아 소나무 아래에 앉았다. 그들은 길고 검은 머리카락을 빗어 양 어깨 앞에 늘어뜨려 놓고 갈래로 땋았고, 모든 은과 터키옥 보석을 몸에 주렁주렁 붙이고, 제일 좋은 담요를 몸에 걸쳤다. 거의 다 왔기 때문이었다. 길에는 말을 탄 사람들과 우트족58)과 나바호족59)족을 태운 마차들이 있었다.

"어디서 오십니까?"

우리는 해질 무렵 높다란 모래톱에서 나와 야트막한 산등성이에 펼쳐져 있는 원주민 마을을 보았다. 뾰족한 천막들, 그 사이 사이에서 피어나는 연기, 밧줄에 매인 희미한 말들의 윤곽, 그리고 담요로 감싼 형상들의 움직이는 모습들이 시야에 들어왔다. 어둠 속에서 말을 탄 사람이 흐르는 물처럼 이동하고 있는 흰 염소 떼를 뒤따르고 있었다. 차는 산꼭대기로 달려갔다. 우묵한 웅덩이가 있었고, 저 멀리 보이는 호수는 희미한 불빛을 받아 창백해 보였다. 그리고 이 얕은 고원의 웅덩이 주변에 원주민 천막이 여기저기에 흩어져 있었고, 천막 앞에는 불들이 깜박거리고 있었으며, 담요를 덮고 웅크리고 있는 형상들과, 말 탄 사람들이 이 천막에서 저 천막으로 어둠을 가로질러 가고 있었다. 크고 뾰족한 모자를 쓰고 조랑말 위에 딱 붙어 앉아 있는 사람들이 눈에 띄었고, 종이 딸랑거리고, 개가 짖어대고, 아래 길에서는 기울어진 마차들이 들어오고 있고, 나무를 태우며 요리하는 냄새가 나고, 멀리서 마차들이 오고 있고, 천막들이 등성이 위로 솟아 있고, 말 탄 사람들이 아래로 내려갔다가 다시 나타

---

58) 우트족: 미국 콜로라도, 유타, 애리조나, 뉴멕시코 지방의 쇼쇼니계의 유목인디언.
59) 나바호족: 미국 뉴멕시코, 애리조나, 유타주에 거주하는 현존의 북미인디언의 최대부족.

나고, 붉은 불꽃들이 반짝이고 있고, 나뭇가지로 만든 작은 천막 앞의 불 앞에는 한 무리의 여자들이 쪼그려 앉아 있고, 속치마를 챙겨 입은 젊은 여자들이 어슬렁거리고 있고, 맨발의 거친 사내아이들이 꼬리가 가는 개들에게 뼈를 던져주고 있고, 약간 벗어난 비탈에 있는 천막들은 짙어 가는 어둠 속에 희미하게 보였고, 우묵한 마을의 바닥을 가로지르는 길이 흐릿하게 뻗어 있었다.

여기서 당신은 모든 것을 당신의 손바닥 안에 있는 것처럼 훤히 다 보았다. 그리고 영국에서 태어나 제임스 F. 쿠퍼60)와 같은 핏줄인 나의 가슴에는 그곳이 거칠고 활기찬 서부가 아니라 유목민족들이 독미나리 나무가 자라는 초원지대의 대륙에 여전히 모여 있는 곳이었다. 아파치들은 뾰족한 검정 모자를 쓰고, 땋은 머리를 비버의 털로 감싸고, 은과 구슬과 터키옥으로 장식하고 우리에게 다가와 이야기했다. 어떤 사람은 강한 악센트의 영어로 말했고, 또 어떤 사람은 스페인어로만 말했다. 그리고 그들의 얼굴에는 이상한 선들이 그어져 있었다.

두 개의 키바는 살아 있는 나무로 되어 있는 커다란 오두막의 벽처럼, 베어진 사시나무가 원을 그리며 땅에 박혀있는 곳으로 평원에 경주장의 양쪽 끝에 있었다. 그리고 해가 지자 북이 울리기 시작했는데, 강약, 강약으로 고동치는 북소리는 사람 조직의 혈장을 두드린다. 차는 남쪽의 키바를 향해서 미끄러져 내려갔다. 두 명의 나이든 사람이 북을 들고 발로만 움직이는 새처럼 납작발을 탁탁 탁탁 빠르게 두드리며 춤을 추고

---

60) 제임스 페니모어 쿠퍼(1789-1851): 미국의 소설가. 북미인디언에 관한 소설을 많이 썼음. 대표작: 『모히칸족의 최후』

입을 크게 벌려 노래했다. 히! 히! 히! 히야! 히야! 히야! 히! 히! 아이-어웨이-어웨이-아! 기묘한 검은 얼굴들이 큰 입으로 소리를 지르고, 작고 촘촘하게 늘어선 치아가 보이고, 얼굴에는 이상한 선들이 그어져 있다. 약간은 도취해서, 약간은 조롱하는 빛으로, 약간은 우스꽝스럽게, 약간은 악마 같이, 거친 함성의 노래로, 쿵쿵거리는 북 소리를 향해 뭔가를 불러모으는 이상한 소리를 지른다. 도전을 받아들이는 것처럼 다른 쪽 키바로부터 똑같은 답이 들린다. 그리고 주위의 몰려오는 어둠으로부터 남자들이 천천히 흘러 들어오고, 각각 사시나무 가지를 들고 북 가까이에 두 줄로 늘어서서, 얼굴을 모아 함성의 노래로 입을 모두 벌리고, 모두가 끊임없이 계속해서 쿵쿵거리는 북소리와 울려 퍼지는 이상한 노래의 함성에 따라 두 발을 탁탁 탁탁거리며, 조금씩, 조금씩, 탁탁, 탁탁, 탁탁 옆으로 무리를 지어 길을 따라 움직이고, 멀리 다른 쪽 키바의 도전자들의 무리를 향하고 있다. 도전자들은 노래를 외치며, 앞으로, 옆으로 조금씩 움직이며, 어둠 속에서 얼굴을 모아, 나뭇잎을 모두 안쪽으로 북을 향하게 하고, 발은 먼지 속에서 탁탁 탁탁거리며, 엉덩이를 약간 내밀고, 얼굴은 모두 안쪽으로, 북 소리에 따라 입을 벌리고 소리를 지르며, 반쯤은 웃고, 반쯤은 조롱하며, 반쯤은 악마 같고, 반쯤은 재미있어 한다. 히! 히! 히! 히-어웨이-어웨이! 마치 소나무가 갑자기, 거칠게 노래하는 것처럼, 어둠 속에서 이상한 고함과 노래와 외침이 그렇게 외롭게 일어난다. 동물의 소리가 아니고, 생명의 승리감에 충만하여, 다른 생명에 대해서 악마적으로, 조롱과 익살스러움이 담긴 탁탁, 탁탁하는 소리이다. 때때로 더 많은 젊은이들이 다가왔는데, 그들이 웃으며 가까이 다가올 때는, 칠면조가 놀라 소리 지르는 것과 같이 전쟁의 함성을 지르다가 칠면조가 골골거리듯이 웃는데, 우후! 하는 반쯤 웃는 비명이며, 그러다가 무서운 악마가 낄낄거리듯이 골골-골골-골골거린다. 그리고는 전쟁의 함성처럼 낄낄거린다. 그들은 뱃속 깊은 곳에서 골골거리는 소리를 내는데, 그렇게 하면 기분이 좋아진다고 말한다.

그들의 노래를 듣고 있으면, 예리한 슬픔과 향수와 어떤 것에 대한 참을 수 없는 동경과 영혼의 아픔이 몰려왔다. 함성 속의 골골거리는 웃음소리는 바로 내 신체 조직을 놀라게 했다. 그러다가 그에 익숙해지면, 그 속에서 인간적인 것과 명랑함, 그리고 그 너머로 조롱과 악마적인, 인간이 아닌, 소나무 같은 재미, 거무스레한 목이 베어 피가 뿜어 나오도록 내버려두는 재미를 들을 수 있었다. 고올골-고올골-고올골, 자유롭게 흘러내리는 피, 고올골, 고올골, 죽은 절단된 몸뚱이, 고올골-고올골-고올골, 그 재미, 인간에게 최고의 재미. 전쟁의 함성!

그렇게 나는 느꼈다. 내 생각이 모두 잘못됐을지도 모르고, 다른 사람들이 훨씬 더 자연스럽고 합리적인 것들을 느꼈을지도 모른다. 그러나 나는 그렇게 느꼈다. 그리고 멀리 떨어진 곳, 사람이 어둠 속에서 개별화되지 않았던 때의 무언가를 부르는 노래의 슬픔과 향수, 소나무와 칠면조의 수지를 함유한 대륙, 춤을 추고 있는 새의 발을.

나는 인종학자가 아니다. 요지는 이것이다. 내가 원주민을 만났을 때, 그에게서 내게로 전해진 감정은 어떤 것인가? 우리는 둘 다 인간이다. 그러나 어떻게 같이 느끼는가? 나는 멀리 아파치의 영토에서 처음으로 아메리카 원주민을 만나던 첫날 저녁을 결코 잊지 못할 것이다. 내가 짐작했던 그런 모습이 아니었다. 일종의 충격이었다. 다시 내 영혼에서 무언가가 무너지며, 어떤 더 지독한 어둠과 잃어버린 과거에 대한 날카로운 자각과 오래된 어둠과 새로운 공포와 새로운 근원적 슬픔과 오래된 근원적 풍성함이 들어오는 것이었다.

아파치들은 물을 혐오하는 관습이 있다. 그들은 절대로 몸이나 옷을 씻지 않는다. 그래서 그들이 무리 지어 있을 때 풍겨 나오는 참을 수 없는 인간의 황 냄새는 내 평생 맡아본 적이 없다. 숨을 막히게 하는 냄새이다.

우리는 아파치 마을로부터 돌아서 약 1킬로미터쯤 차를 타고 와서, 인적이 드문 산등성이에 이르러 소나무 아래 천막을 쳤다. 우리와 동행한 두 명의 원주민은 불을 지피고 장작을 끌고 온 뒤에 제일 좋은 담요로 몸을 감싸고서 친구들이 있는 원주민 마을로 떠났다. 그 날 밤은 춥고 별이 많았다.

저녁 식사 후에 나는 붉은 색 세라페61)를 코까지 감싸고, 아파치의 야영지로 혼자 내려갔다. 낯선 나라에서 쌀쌀한 날씨에 멋진 나바호 담요로 거의 눈까지 감싸고 있는 것이 좋다. 그러면 따뜻하게 느껴지고, 거의 투명 인간이 되는데, 어두운 공간은 적으로 가득 차 있기 때문이다. 내가 그렇게 길을 더듬거리며 지나갔을 때 발을 절름거리는 말들이 놀라 몸을 뒤로 획 젖혔다. 움푹한 마을의 어귀에 다다르자 경사면을 따라 붉게 타오르는 많은 불들이 빨간 점으로 보였고 그 불 앞에 많은 형체들이 웅크리고 있었다. 개들이 짖고, 갓난아기가 나뭇가지로 만든 요람에서

---

61) 세라페: 라틴 아메리카인들이 착용하는 담요모양의 어깨걸이.

울고, 이상한 낮은 소리로 떠드는 소리가 들렸다. 그래서 나는 혼자 도랑을 넘어, 천막을 지나, 더듬거리며 키바로 내려갔다. 바로 근처에 휴식처가 있었는데, 그 앞에는 커다란 불이 있고 한 남자 원주민이 마실 것을 팔고 있었다. 틀림없이 버드와이저 맥주와 포도주스였다. 가죽보호대를 걸치고 커다란 모자를 쓴 소몰이남자들도 있었고, 갈라진 소리로 말하는 카키색의 옷을 입은 불친절한 소몰이여자도 있었다. 그래서 나는 어둠 속에서 반대쪽 경사진 곳으로 올라갔다. 밤중에 지나가던 짙은 피부의 원주민들이 나를 뚫어지게 쳐다보았다. 분위기는 일종의 명랑함과 쾌활함으로 가득 차 있었는데, 조롱하는 듯한, 심술궂은 기운이 서려있는 것 같았다. 마치 이러한 연극이 또 다른 종류의 무해하기도 하고 유해하기도 한 복지생활을 나타내는 듯이 거만한 태도로. 내가 즐거움으로 알고 있는 것의 정 반대인 조롱이었다. 일종의 희극적인 거만함. 즐거운, 자유로운 웃음이 아니었다. 그러나 많은 웃음. 일종의 비웃음이 담긴.

　　물론 이것은 단지 유럽인으로서 나의 상상의 한계일지도 모른다. 그렇지만 그것은 나의 느낌이었다. 어두운 대기 속에서, 희극적인 웃음 속에서조차도 조롱하는 인간 의지의 억압을 느꼈다. 그리고 일종의 무의식적인 증오를.

　　다시 아래쪽에서 북소리가 들리자 나는 다시 키바쪽으로 더듬거리며 내려갔다. 한 무리의 젊은 남자들이 모여 있었다. 7, 8명 정도가 북 근처에 서서 얼굴을 모으고, 큰 소리로 조롱하듯이 함성을 질러대고 있었는데, 일부는 발을 탁탁거리고 있었다. 바로 뒤쪽에는 불이 타오르고 있고, 음료수를 파는 천막의 노천 휴식처가 있었으며, 높은 검정 모자를 쓰고, 길게 땋아 내린 머리카락을 어깨 앞으로 내어놓고, 구슬로 꿴 조끼를 입고, 손을 주머니에 넣고 있는 원주민들이 있었다. 일부는 얇은 천으로, 일부는 화려한 담요로 몸을 감싸고 있었는데, 모두가 이죽거리며 소리내어 웃고 있었다. 커다란 박차를 가진 소몰이들이 아직 거기 있었는데, 말굴레를 질질 끌고 있고, 소몰이여자는 끽끽거리며 웃고 있었다. 각각의 무리마다 서로를 향한 필연적인 침묵의 조롱과 적의가 느껴졌다. 동시에 이런 적의에 대한 모든 증거는 완벽하게 숨겨져 있었다.

북 주위에서 젊은이들의 소리가 점점 사라졌다가 다시 시작되었다. 그들의 소리가 잦아들자, 키바 안에서 고양된 이상한 목소리가 들려왔다. 바깥의 북소리와 노래 소리는 키바 안에서 나는 소리를 덮기 위한 것인 듯했다.

어린 초록색의 나무들로 된 키바가 바로 가까이 있었다. 밖의 땅에는 누구라도 키바에 다가오지 못하도록 나뭇가지와 잔가지들이 흩어져 있었다. 안에 불빛이 있었다. 그리고 초록색 나뭇잎들 사이로 그 안에 불 주변의 사람들과 한 노인을 볼 수 있었는데, 그 노인은 항상 열려 있는 입구를 향하고 있는 똑같은 사람으로, 그와 입구의 중간에 불이 있었다. 다른 원주민들은 원을 만들어 앉아 있고, 노인은 그 중간에 있었다. 노인은 그의 검은 얼굴을 들어 올리고, 머리에는 아무 것도 없이, 두 갈래로 땋은 머리카락이 어깨위로 늘어뜨려져 있었다. 그의 굳게 다문 입술이 벌어지고, 눈은 마치 반쯤 가려진 듯한 상태에서, 아득하게 울려 퍼지는 암송하는 목소리로, 그는 계속 또 계속, 그리고 계속 또 계속하여, 남성적이지만 이상스레 멀고 애처로운 소리로, 몽유병자처럼, 암송하고, 또 암

송하고, 또 암송하며, 분명히 신들과 얽힌 부족의 역사를 이야기하고 있었다. 다른 아파치들은 불 주위에 앉아 있었다. 그 이야기꾼 노인과 가장 가까이에 있는 사람들은 가만히 있었지만, 한 사람은 계속 껌을 씹고 있었고, 한 사람은 빵을 먹고 있었고, 또 다른 사람들은 담배를 피우고 있었다. 입구 쪽에 있던 사람들은 잠시 후 일어나서 끊임없이 움직였다. 처음에는 몇몇이 안으로 어슬렁거리며 들어오더니 잠시 서 있다가, 어슬렁거리며 흩어져 나갔다. 그러나 밤이 깊어감에 따라, 초록의 어린 나무들을 벽으로 한 내부의 불을 둘러싼 원은 완성되었고, 모두들 바닥에 쪼그리고 앉아 있었으며, 그 노인은 얼굴을 치켜들고, 입술을 벌리고, 눈을 반쯤 감고서, 불을 넘어 계속해서 또 계속해서 이야기를 하고 있었다. 어떤 이들은 앉아있는 사람들 뒤에서 반쯤 자의식상태의 원주민의 편안한 태도로 한가롭게 서있었다. 그들은 담배를 피우고 있었다. 몇몇은 떠돌다 나갔다. 또 다른 사람들이 스며들어 왔다. 나는 추운 밤에 담요로 몸을 감싸고 입구에서 약간 떨어진 곳에서 계속 그들을 쳐다보며 서 있었다.

덩치 큰 젊은 원주민이 다가와 내가 누군지, 어떤 사람인지 보려고 내 모자 밑으로 얼굴을 들이밀었다.

"안녕하십니까?"

"안녕하십니까?"

"어떻게 오셨는지요?"

"스페인어를 못합니다."

'아, 영어밖에 못한다 이 말이지요? 여기는 들어가지 못합니다.'

'들어갈 생각은 없습니다.'

'원주민 교회'

'그래요?'

'아파치들만 들어갈 수 있고 다른 사람들은 안 됩니다.'

'당신이 보초를 서고 있습니까?'

'예. 그래요. 원주민 교회, 예?'

'저 노인이 설교를 합니까?'

'예. 설교를 합니다.'

이후 나는 꼼짝하지 않고 말없이 서 있었다. 그는 대화가 더 이어질 지 기다리고 있었다. 대화는 없었다. 그래서 그는 나를 한번 더 쳐다본 후에, 문 옆에 있는 다른 원주민들에게 가서 낮은 소리로 이야기했다. 원이 다 만들어지고, 쪼그리고 앉은 사람들의 원 뒤로 몇 무리가 서 있었고, 그 중 어떤 사람들은 담요 속에서 웅크리고 있고, 어떤 사람들은 불 가까이의 온기 속에 바지와 셔츠만 입고 앉아 있고, 어떤 사람들은 하얀 얇은 면으로 꼭 감싸고 있었다. 불빛이 껌을 씹거나 빵을 먹거나 담배를 피우거나 하면서 관심 없이 듣고 있는 검은 얼굴들을 비추었다. 어떤 사람들은 흔들리는 커다란 은 귀고리와 터키석 목걸이를 하고 있었다. 어떤 사람들은 전부 구슬을 꿴 조끼를 입고 있었고, 어떤 사람들은 미국인들처럼 상점에서 파는 셔츠와 상점에서 파는 바지를 입고 있었다. 이따금씩 어떤 남자가 장작을 한 개씩 불 위에 올려놓았다.

그들은 전혀 관심이 없는 듯 보였고, 모두 아주 형식적인 모습이었다. 그렇지만 그들은 침묵을 지켰고, 암송하는 노인의 목소리는 들어 올린 청동 가면과 같은 얼굴에서 크게 벌어진 입술을 타고 하염없이 계속 흘러나왔다. 그들은 말을 할 때 이를 가리고, 가슴 깊이에서 진동하는, 울려 퍼지고, 반쯤 슬픈 탕 하는 소리로, 일종의 공명의 고음으로 말한다. 그 노인은 몇 시간 동안 그 절박하고 아득히 먼 목소리로 계속하고 또 계속했다. 그의 머리카락은 회색으로, 가리마져 있고, 두 갈래로 둥그렇게 땋인 머리는 가슴 앞에 매달려 있었다. 그의 귀에는 푸른색 터키석이 실로 묶여 댕그랑거렸다. 낡은 초록색 담요가 그의 허리 위쪽을 감싸고 있었고, 낡은 노루가죽신을 신은 발은 불 앞에 꼬여 있었다. 내게는 그 인내하는 냉철한 용기와 오래된 기억과 탕하고 울리는 남자 목소리의 늙고 가면을 쓴 듯한 남성적인 모습에 대해 깊은 비애가 느껴졌다. 그렇게 멀고, 그렇게 위대한 기억. 맨 땅에, 불 앞에, 앉아 있는 살아 있는 한 점의 붉은 흙 속의 그러한 불굴의 의지. 마치 오래된 기억으로 눈은 흐려진 듯하고, 크게 벌어진 입에서는 끝없이 울려 퍼지는 단조로운 목소리가 흘러나오면서, 청동이 울리는 듯한 이 노인.

그리고 젊은 남자들은 껌을 씹으면서 귀를 기울이지 않고 듣는다. 그 목소리는 주위를 둘러보며, 담배에 불을 붙이고, 이따금씩 옆에 침을 뱉는 그들의 잠재의식에 분명히 새겨졌다. 일상 의식에서는 거의 관심이 모아지지 않았다.

바깥쪽 열린 입구 너머에 서 있는 나는 그들의 적이 아니었다. 전혀 그렇지 않았다. 아득히 먼 곳에서 나오는 목소리는 내가 듣기 위한 것이 아니었다. 그 언어는 내가 알지 못하는 것이었다. 그리고 나는 알고 싶지 않았다. 곤두서는 어둠 속 같은 먼 과거로부터 울려 퍼져 나오는 소리를 듣고, 들어 올린 청동 가면 같은 얼굴과 희고 작은 촘촘히 늘어선

이가 계속 드러나는 것을 보는 것만으로 충분했다. 나는 그것이 나를 위한 것이 아니라는 사실을 잘 알고 있었다. 나는 그것을 이해하려는 어떠한 호기심도 없었다. 그 영혼은 가장 오래된 날 만큼이나 오래된 것이고, 그만의 숨죽여진 메아리와 침잠하여 통합되어버린 먼 옛날의 부족의 생각들을 가지고 있었다. 우리는 과거를 다시 살 필요는 없다. 우리 몸의 가장 비밀스러운 조직들은 이러한 오래된 부족의 경험과 얽혀있고, 우리의 가장 뜨거운 피는 오래된 부족의 불에서 나왔다. 그리고 그것들, 우리의 피와 우리의 조직은 아직도 응답하여 떨린다. 그러나 나는, 의식을 가진 나는, 그때 이후로 아주 먼 길을 와버렸다. 그리고 내가 돌아보면, 학살과 같은 끔찍한 기억처럼, 밤중에 불 주위에 둘러선 검은 얼굴들이 있고, 나와 그들에게서 같은 피가 흐르고 있다. 그러나 나는 그들에게 결코 돌아가고 싶지 않다. 나는 결코 그들을 거부하거나 그들과 절교하고 싶지도 않다. 그러나 돌아갈 수는 없다. 항상 앞으로, 더 멀리, 갈 뿐이다. 위대하게 굽이치며 앞으로 흐르는 의식 있는 인간 피의 흐름. 그들에게서 나에게로, 그리고 나로부터 계속되는.

  그 후로 나는 오랫동안 살아온 그 부족의 신비를 내 피 속에서 다시 살아나게 하고 싶지 않았다. 나는 지금까지 알아왔던 것처럼 이제는 그 부족 속에 들어가 더 이상 알고 싶지 않다. 그러나 나는 그 오래된 소리에 방울방울 살아서 여전히 떨고, 그 오래된 신비의 열광에 내 몸의 모든 실이 떨린다. 나는 나의 근원을 알고 있다. 나는 동정녀에게서나 성령에게서 태어나지 않았다. 아, 아니다, 부족의 이야기를 말해주고 있는 저 늙은 사람들이 나의 아버지였다. 나는 거슬러 올라간 먼 옛날 수지(樹脂)

의 시대에 검은 얼굴과 청동의 목소리를 가진 아버지가 있다. 나의 어머니는 동정녀가 아니었다. 그녀는 한창 때 이 거무스름한 입술을 가진 부족의 아버지와 함께 누워 있었다. 그리고 나는 그를 잊지 않았다. 그러나 바꿔친 아들을 가진 수많은 늙은 아버지들처럼 그는 나를 부인하고 싶어 한다. 그러나 나는 그들의 불빛의 먼 끝에서 받아들여지지도, 거부되지도 않은 채 서 있다. 나의 길은 나만의 것입니다. 늙고 붉은 아버지여, 나는 북 앞에 더 이상 무리 지어 있을 수가 없습니다.

2
사랑의 불꽃

사랑

사랑은 이 세상의 행복이다. 그러나 행복은 완전히 실현된 완성품은 아니다. 사랑은 둘이 하나가 되는 것이다. 그러나 이 둘이 서로 떨어져 있지 않으면 하나가 될 수 없다. 사랑에 있어 모든 것들은 기쁨과 찬미를 맛보며 하나로 결합된다. 그러나 그것들이 전에 분리되어 있지 않다면 결합이란 있을 수 없다. 이제 그것들은 완성된 결합이라고 하는 원 안에 갇혀 있기 때문에 사랑의 형태로 더 이상 진행할 수 없다. 그 순간 사랑의 움직임은 마치 물이 꽉 들어찬 조수처럼 완성되어 멈추어버린다. 그러므로 사랑의 만조가 있으면 당연히 사랑의 간조도 있어야 한다.

그래서 하나가 된다는 것은 그 전에 분리되어 있음을 전제로 한다. 그것은 심장의 수축과 이완의 관계, 밀물과 썰물의 관계와 같다. 보편적이고도 불변의 사랑은 있을 수 없다. 바닷물이 지구상의 모든 곳에서 동시에 만조가 될 수는 없다. 마찬가지로 사랑이 절대적인 힘을 발휘할 수 있는 그런 세계는 존재하지 않는다.

그 이유는 엄격히 말해 사랑은 여행과도 같은 것이기 때문이다. '목적지에 도달하는 순간 또 다른 곳을 여행하고 싶어진다'고 말한 사람도 있다. 그것은 근본적으로 사랑을 믿지 않는 마음의 표현이라 할 수 있다. 이 말은 사랑이 원래 상대적이라는 사실을 인정한 뒤에야 비로소 절대적인 사랑이 존재한다는 것을 믿게 된다는 뜻이다. 그것은 수단을 믿는 것이지 목적을 믿는 것이 아니다. 엄밀히 말해 그것은 힘을 믿는다는 뜻이다. 왜냐하면 사랑은 양쪽 둘을 결합하는 힘이기 때문이다.

그러면 우리는 어떻게 그런 힘을 믿을 수 있을까? 힘은 수단과 기능역할을 한다. 힘은 그 시작도 끝도 없다. 우리는 목적지에 도달하기 위해 여행을 하는 것이지 여행을 위한 여행은 하지 않는다. 적어도 그런 여행은 무의미하다. 우리는 목적지에 도달하기 위해 여행을 한다.

그래서 사랑은 여행이고 천체의 운행과도 같으며, 빠르게 하나가 되는 과정이다. 사랑은 창조의 힘이다. 그러나 모든 힘은 그것이 정신적인 것이든 물리적인 것이든 음양의 양극성을 지니고 있다. 낙하하는 물체는 모두 인력에 의하여 지상에 떨어진다. 그러나 시간이 영원히 흐르는 사이에 지구가 인력의 법칙을 거역해 달을 창공에 던져 하늘의 한구석에 매달아 놓는 일이 일어나지는 않을까?

사랑도 역시 마찬가지다. 사랑은 창조의 기쁨이 충만한 가운데 정신과 정신, 육체와 육체가 서로 빠르게 끌어당기는 힘이다. 그러나 모든 것이 사랑이라는 하나의 굴레로 결합되어 버린다면 그때는 더 이상 사랑이 아니다. 따라서 사랑을 사랑하는 사람에게는 목적지에 도달하는 것보다 여행하는 순간이 더욱 행복한 것이 된다. 왜냐하면 목적지에 도달해

버리면 누구나 사랑을 넘어서게 되고, 아니 오히려 사랑을 초월적인 세계 속에 가두어 버리기 때문이다. 긴 여로 끝에 목적지에 도착한다는 것은 최고의 기쁨이다.

사랑의 굴레! 사랑의 굴레보다 더 나쁜 속박을 생각할 수 있을까? 그것은 높은 파도를 막으려는 것과 같은 어리석은 시도이다. 또 그것은 샘물을 막거나 5월이 6월로 접어드는 것을, 그리고 산사나무의 꽃잎이 지고 난 후 열매를 맺는 것을 막으려고 하는 것과 같은 의지이다.

무한한 사랑, 보편적인 사랑, 승리의 사랑, 이런 것들이야말로 인간이 가슴에 품어온 불멸의 관념이다. 그러나 그것은 감옥과 속박에 지나지 않는다. <영원>이란 끝없는 시간의 경과라는 사실 외엔 아무 의미도 없다. 무한이라는 것도 공간을 통해 끝없이 나아가는 것 사실 외에 아무것도 의미하지 않는다. 휴식과 도달의 위대한 관념이라 할 수 있는 <영원>과 <무한>은 단지 끝없는 여행을 이상화한 것에 불과하다. 영원이란 시간을 헤치고 가는 끝없는 여행이며, 무한이란 공간을 헤치고 가는 끝없는 여행이다. 우리가 그것을 논하려고 아무리 애써도 그 이상에는 도달하지 못한다. 그리고 우리들이 머릿속에 그리고 있는 불멸이라는 관념도 이런 맥락에서 끝없이 지속되는 것 외에 무슨 의미가 있겠는가? 연속성, 불멸, 지속성, 영원히 인내하는 것, 이런 것들은 여행이 아니고 무엇이겠는가? 천국으로 들어가 신과 하나가 되겠다고 하는데, 도대체 무한에 도달하는 마지막 지점이 있을까? 무한한 것에 도달한다는 것은 불가능한 것이다. 신, 무한성, 불멸, 이러한 말들의 의미를 제대로 이해하게 되면, 이 말들은 모두 동일 선상에서, 동일한 운명을 영원히 반복하며, 동일 방향을 향해 끝없이 달리는 여행을 의미한다는 사실을 알게 될 것이다. 이것은 동일한 방향을 향해서 나아가는 무한이며, 끝없는 여행인 것이다. 그러므로 <사랑의 신>이란 사랑의 힘이 영원히 지속되어 나아간다는 것으로 생각하는 우리가 만들어낸 관념일 뿐이다. 무한에는 도달점이 없다. 그것은 끝없는 낭떠러지이며 막다른 골목이다. 그래서 무한한 사랑은 막다른 골목이나 끝없는 낭떠러지에 불과하다.

사랑은 목적지를 향한 진행과정이다. 그러므로 사랑은 반대쪽의 목표지점으로부터 멀어지는 과정이기도하다. 사랑은 천국으로 향한 여행이다. 그러면 사랑은 어디서부터 사라져 가는가? 무엇에서 출발하는가? 지옥에서부터? 지옥에는 무엇이 있을까? 사랑은 결국 적극적인 방향으로 나아가는 무한물이다. 그렇다면 소극적인 무한물이란 무엇인가? 무한이라는 것은 단지 하나밖에 없기 때문에, 적극적 무한이든 소극적 무한이든 무한은 같은 것이다. 우리가 무한을 향해 천국의 방향으로 여행을 계속하든, 혹은 정 반대 방향으로 달리든, 그것은 아무런 문제가 되지 않는다. 이르러야 할 지점은 이쪽으로 가든 저쪽으로 가든, 결국 동일하고도 순수한 무한성 – 순수하게 동질적인 무한물, 결국 무이며 동시에 전부인 것 – 이라고 볼 때, 어디로 가든 문제가 되지 않는다.

무한, 즉 무한한 것은 목표가 아니다. 그것은 또 다른 의미에서 막다른 골목이며 끝없는 낭떠러지이다. 바닥 없는 낭떠러지로 떨어진다는 것은 영원히 여행을 계속하는 것이다. 그리고 유쾌한 담으로 둘러싸인 막다른 골목은 아마도 완전한 천국일지도 모른다. 그러나 평화와 최고의 행복으로 가득 차있는 아늑한 천국의 막다른 골목에 이르렀을지라도 우리들은 결코 만족할 수 없을 것 같다. 또 밑바닥 없는 낭떠러지로 계속 떨어져 내려가 봐도 역시 마찬가지이다.

사랑은 목표가 아니고 여행에 불과하다. 죽음도 역시 목표가 아니다. 죽음은 원초적인 혼돈에 이르러 분리의 상태로 나아가는 여행이다. 그리고 이 원초적인 혼돈의 상태로부터 만물은 또 다시 창조의 원점으로 내던져진다. 그러므로 죽음도 막다른 골목에 지나지 않으며 만물을 포용하는 도가니일 뿐이다.

목표가 있긴 하지만 그것은 사랑도 아니고 죽음도 아니다. 그것은 영원하지도 않고 무한하지도 않은 목표이다. 그것은 잔잔한 환희의 세계이며, 행복의 나라이다. 그곳에서 우리는 한 송이 장미꽃과 같다. 장미꽃은 순수한 구심력과 자유로운 평형 상태를 이루는 하나의 기적이다. 장미꽃은 시간과 공간의 한가운데에 있으면서도 완전한 모습으로 균형을 유지하며 완벽이라는 세계 속에서 이상적인 상태로 존재한다. 완전한 장미는 시간, 공간 어느 세계에도 속하지 않고 자기 내부에 있는 완벽성의 힘, 즉 내재하는 순수한 자유의 힘으로 말미암아 시공으로부터 해탈하고 있다.

우리 인간은 시간과 공간 속에서 살아가는 존재이다. 그러나 장미꽃과 같다. 인간은 완전함을 이루어내기도 하고, 절대적인 것에 도달하기도 한다. 인간은 시간과 공간 속에 살아가는 존재이다. 그리고 동시에 순수한 초월 세계에 사는 존재이기도 하다. 시간과 공간으로부터 해방되어 절대의 경지, 또 하나의 행복의 세계 속에서 완전해질 수 있다.

그리고 사랑, 그것은 포위되기도 하고 초월되기도 한다. 사랑은 이 세상의 아름다운 연인들이 지금껏 포위하고 초월해온 것이다. 그 때 인간은 완전한 목적지에 도달하여 활짝 핀 장미꽃과도 같은 존재가 된다.

사랑은 그 종류가 다양하다. 예를 들면 남녀의 사랑이 있는데, 거기에는 성스러운 사랑과 추한 사랑이 있다. 그리고 "네 이웃을 네 몸과 같이 사랑하라"는 기독교적 사랑도 있다. 또 신의 사랑도 있다. 그러나 사랑은 항상 둘이 결합하는 것을 의미한다.

사랑은 남녀의 결합의 경우에서만 그 이원적 의미를 지니고 있다. 신성한 사랑과 추한 사랑, 이 둘은 비록 반대의 의미를 지니지만, 둘 다 사랑임에 틀림없다. 남녀간의 사랑이야말로 세상에서 가장 위대하고 가장 완전한 열정이다. 왜냐하면 그것은 이원적이고, 대립하는 두 종류의 요소로 이루어져 있기 때문이다. 남녀간의 사랑은 심장의 수축과 이완이라는 완벽한 생명의 고동이라 볼 수 있다.

신성한 사랑은 이기적이지 않아 자신의 것을 추구하지 않는다. 남자는 그의 연인을 위해 봉사하고, 완벽한 정신적 결합으로 여자와 일체가 되기를 원한다. 그러나 남자와 여자의 전체적인 사랑은 신성한 것인 동시에 추한 것이기도 하다. 추한 사랑은 자기 자신만을 추구한다. 나는 내 연인에게서 나 자신만을 추구한다. 사랑하는 여자로부터 나만의 만족을 얻기 위해 여자와 투쟁한다. 우리는 순수하지 못하고, 잡념으로 뒤섞여 있다. 내가 그 여자 안에 있고 그녀가 내 안에 있다. 이것은 혼란이며 혼돈의 상태이기 때문에, 그렇게 되어서는 안 된다. 따라서 나는 사랑하는 여자로부터 완전히 벗어나 나 자신을 자유롭게 할 것이고, 여자도 스스로를 남자로부터 벗어나 완전히 대립관계를 유지하며 서로 떨어져 있어야 한다. 그렇게 되면 우리 두 사람의 영혼에는 빛도 어둠도 아닌 은은한 빛이 감돌게 된다. 빛은 순전히 한 쪽으로만 비추게 되고, 어둠은 그 이면에 서 있어야 한다. 이 둘은 하나가 다른 하나를 포함시켜서도 안 되고, 그 있어야 할 위치에 홀로 있으며, 완전한 대립 상태에 있지 않으면 안 된다.

우리는 장미꽃과 같다. 결합을 요구하는 순수한 열정 속에서뿐만 아니라 독립되고 분리되어 있을 것을 요구하는 순수한 열정 속에서, 즉 둘의 완전한 분리를 요구하면서 동시에 둘의 아름다운 결합을 요구하는 이원적인 열정 속에서, 새로운 국면이 전개되기 시작한다. 서로 완전한 독립 상태에 있는 둘은 속세를 뛰어넘어 장미꽃 만발하는 천국의 황홀경으로 들어가게 된다.

그러나 남녀의 사랑은 전체적으로 볼 때, 어디까지나 이원적이다. 남녀의 사랑은 순수한 결합의 상태로 녹아들어 단지 관능의 마찰에 지나지 않을 때도 있다. 순수한 결합에 있어, 나는 사랑 그 자체가 된다. 그리고 순수한 관능이라는 격렬한 열정 속에서 나는 그만 타버려 내 본질만이 남게 된다. 그 때 나는 자궁에서부터 추방되어 완전한 단일 개체의 상태가 된다. 나는 혼탁한 진흙더미 속에서 빛을 발하는 보석처럼 아무도 침범할 수 없는 유일한 자아가 된다. 여자와 나, 우리 둘은 혼탁한 진흙더미와 같은 존재이다. 두 사람의 극도의 관능적 불꽃 속에서, 강력하고 파괴적인 불꽃의 마찰 속에서, 나는 파괴되어 본질로 떨어진다. 여자도 파괴되어 그녀의 본질적인 타자로 전락한다. 이것이 바로 파괴적인 불꽃이며 추한 사랑이다. 그러나 이러한 추한 사랑의 불꽃에 의하여 비로소 두 사람은 정화되어 하나의 상태가 되며, 혼돈의 상태에서 보석처럼 유일한 독자적인 존재로 융합하게 된다.

이렇게 남녀 사이에 있어 완전한 사랑은 모두 이원적이다. 서로가 녹아들어 융합해 하나가 되고자 움직이는 사랑과, 불태워 분리시킴으로써 서로에게 타자가 되어 순수한 개별적인 존재만 남게 되는 격렬하고 마찰적인 관능의 충족감을 주는 사랑이 있다. 그러나 남녀간의 사랑이 모두 완전한 것은 아니다. 예를 들어 성(聖) 프랜시스와 성(聖) 클레어의 사랑 또는 베다니[62]의 마리아와 예수의 사랑과 같이 아주 온화하게 하나로 융합되는 사랑도 있다. 이런 사랑에는 독자성도 보이지 않고, 단일성도 확보되지 않고, 타자라고 하는 것도 인정할 수 없다. 말하자면 이런 사랑은 절반의 사랑이며, 소위 신성한 사랑의 본모습이다. 그리고 우리가 가장 순수한 행복이라고 알고 있는 것도 바로 그런 종류의 사랑이다. 그러나 한편 트리스탄[63]과 이졸데[64]의 사랑처럼 관능의 충족을 추구하려는 투쟁, 즉 남성대 여성의 아름답기는 하지만 결사적인 투쟁의 형태를 취하는 사랑도 있다. 이런 사랑에 있어 서로 사랑하는 남녀는 자존심이 강한 점에 있어서는 결코 서로에게 뒤지지 않으려 하고, 웅장한 깃발을 휘날리며 전진한다. 그들의 존재는 마치 보석과도 같은데, 남자는 남성 특유의 거만함을 내세워 화려한 보석처럼 고립되어 홀로 떨어져 있고, 여자는 여성 특유의 아름다움과 향기 속에서 요동치는 오만함에도 균형

---

62) 베다니: 요한복음에 나오는 예루살렘 동쪽의 마을.
63) 트리스탄: (아서왕의 전설에서) 원탁의 기사의 한 사람.
64) 이졸데: (아서왕의 전설에서) 아일랜드 왕 앵거쉬의 딸로 트리스탄의 애인.

을 유지한 채 서 있는 한 송이 백합과도 같은 존재이다. 이것이야말로 추한 사랑의 모습인데, 서로 독자적인 두 사람을 마침내 죽음이 둘을 갈라 놓을 때, 그 사랑은 화려함을 과시하면서도 결국은 쓰라린 비극으로 끝난다. 그러나 만일 추한 사랑이 가슴에 사무치는 슬픈 비극으로 끝난다면, 신성한 사랑도 역시 뼈에 사무치는 그리움과 쓰라린 체념의 비애로 막을 내린다. 성(聖) 프랜시스가 성(聖) 클레어를 슬픔 속에 남겨둔 채 죽은 것이 바로 이런 사랑이다.

하나 안에 둘이 있어야 한다. 항상 하나이면서 동시에 둘이 되어야 한다. 달콤한 정신적 결합의 사랑과 관능적 충족감을 주는 격렬하고 오만한 사랑, 이 두 가지가 하나의 사랑으로 결합되어야 한다. 그 때 비로소 우리는 장미꽃처럼 활짝 피어난다. 우리는 사랑까지도 초월한다. 사랑은 둘러싸여 초월된다. 우리는 순수한 관계를 가지는 둘이 된다. 둘이면서도, 이해하기 어려운 타자의 형태로 보석처럼 고립된다. 그러나 장미는 우리들을 끌어안고 또 초월한다. 우리는 저 너머 피안의 세계에서 한 송이의 장미꽃이 된다.

형제애라고 하는 기독교적 사랑은 언제나 신성한 것이다. 나는 내 이웃을 나 자신처럼 사랑한다. 그래서 어쨌단 말인가? 나는 확대되어 나 자신을 넘어 인류 그 자체가 된다. 나는 완전한 인간이 구성하는 인류 전체 속에서 또한 전체가 되며, 나는 소우주, 즉 대우주의 축소판이다. 나는 인간의 완전성에 대해 말하고 있다. 인간은 사랑으로 인하여 완전하게 될 수 있으며, 사랑만으로 살아갈 수도 있다. 이렇게 인간 사회는 사랑으로 하나가 될 수 있다. 그것이 이웃을 내 몸과 같이 사랑하는 사람들을 위해 준비된 완벽한 미래이다.

그러나 안타깝게도 내가 아무리 소우주가 될 수 있고 형제애의 표본이 될 수 있다 하더라도, 내 안에는 나 자신을 타자로부터 분리하고 구별하여 보석처럼 빛나는 단일 개체가 되고자 하는 욕구, 즉 사자처럼 도도하게, 별처럼 고고하게 무리들로부터 떨어져 구별되고자 하는 욕구가 있다. 그것은 나의 내부에 존재하는 필연성이다. 그리고 이 필연성이 충족되지 않으면 그것은 점점 더 강해져서 결국 마음을 지배하게 될 것이다.

그럴 경우 나는 내 자아를 미워하게 될 것이며, 내가 스스로 이룩한 소우주, 즉 인류의 축소판인 나 자신을 심하게 증오하게 될 것이다. 내가 스스로 이룩한 형제애를 향하여 계속 집착하면 할수록 미칠 정도로 나 자신에게 증오심을 느낄 것이다. 여전히 나는 사랑하는 인류 전체의 대표자가 되려고 계속 고집을 부릴 것이며, 결국 단일 개체가 되고자 하는 열정이 충족되지 않아 행동으로 옮기고 말 것이다. 그런 뒤 이제는 나 자신뿐 아니라 이웃까지도 미워하게 될 것이다. 그렇게 되면 이웃사람들은 물론이고 나 자신도 모두 끝장이다! 신들은 멸망시키려고 예전에 염두에 두었던 것들을 먼저 광란의 상태로 만든다. 우리가 간직하려고 애쓰는 자아에 잠재의식이 반발해 우리를 행동으로 몰아넣음으로써 우리들의 광란은 시작된다. 그러면서도 우리는 증오 받는 자아를 집요하게 고집한다. 이 때 우리는 당황하여 어찌 할 바를 모르게 된다. 형제애라는 이름 아래 우리는 오히려 터무니없는 증오의 행동을 닥치는 대로 실행한다. 우리들에게 내재되어 있는 자기 분열과 이중성으로 인하여 우리는 결국 광란의 상태가 된다. 신은 인간이 너무 잘 섬기면 도리어 그것을 이유로 인간들을 멸망시키려고 한다. 형제애, 즉 자유, 박애, 평등의 결과는 과연 무엇인가? 내가 형제애와 평등을 추구하는 것 외에 다른 자유가 없다면, 자유라는 것이 어떻게 존재할 수 있겠는가? 만약 내가 자유롭기를 원한다면, 나는 가장 순수한 의미에서 개별적이 되고 불평등할 수 있는 자유가 있어야 한다. <박애>와 <평등> 이 두 가지가 전제(專制) 중에서도 가장 심한 것이다.

전 인류가 하나가 되는 형제애가 있어야 한다. 그러나 또한 순수하고 독립적인, 다시 말해 사자와 매처럼 서로 독립적이고 자만심 강한 개별성도 있어야 한다. 그것은 둘 다 필요하다. 완성은 바로 이런 이원성(二元性)을 바탕으로 하고 있다. 인간은 다른 사람과의 조화 속에서 창조적인 활동을 누리지 않으면 안 된다. 이것이 인간의 가장 큰 행복이다. 그러나 인간은 또한 모든 다른 사람으로부터 떨어져서 개별적이고도 독자적으로 행동해야만 하며, 자신을 스스로 책임지고 강한 자긍심으로 자기를 존중하며, 이웃과 상관없이 자기만의 행동을 취해야 한다. 이런 두 개의 운동은 서로 상반된 것이지만 서로를 부정하는 것은 아니다. 우리에게는 분별력이 있다. 그러므로 잘 이해하기만 하면, 우리는 이 두 개의 운동 사이에 완전한 평형 상태를 이룰 수 있다. 다시 말해 우리는 독자적이고도 분리된 개인인 동시에 서로 조화를 이루는 하나의 큰 인간 집단일 수 있다. 그러면 완전한 장미꽃은 우리를 초월하게 된다. 이 세상의 장미꽃은 아직 피어난 적이 없지만 우리가 그 양면성이 있다는 것을 이해하기 시작하고, 또 알 수 없는 곳에서 우리에게 다가오는 육체와 정신의 깊은 욕구에 따라 자유롭고 두려움 없이 이 두 방향으로 살아갈 때, 장미꽃은 우리들의 내부에서 피어날 것이다.

　　마지막으로 신의 사랑이 있다. 우리는 신과 더불어 완전하게 된다. 그러나 알다시피 신이란 무한한 사랑, 혹은 끝없는 오만과 권력, 이 두 가지 중 하나이다. 예수 아니면 여호와이다. 이 둘은 항상 서로 배타적 위치에 있다. 따라서 신은 영원히 질투를 한다. 우리가 하나의 신을 사랑할 때, 우리는 곧 그 신을 증오하고 다른 신을 선택해야만 한다. 이것이 종교적 체험의 비극이다. 그러나 알 수 없는 존재인 성령(聖靈)은 우리에게 있어 하나이며 완전한 것이다.

　　이 세상에는 우리가 사랑할 수 없는 것이 있는데 그 이유는 그것이 사랑 아니면 증오를 초월해 있기 때문이다. 만물의 창조를 주관하는 알려지지도 않고 또 알 수도 없는 존재가 있다. 우리는 그것을 사랑할 수 없고 다만 우리 자신의 한계와 우리가 스스로를 인정한다는 증거로 받아들일 뿐이다. 우리가 알 수 있는 한 가지 사실은 어떤 깊은 욕구가 미지의 세계로부터 우리에게 침범해 와 그런 욕구가 충족될 때 창조가 성취된다는 것뿐이다. 우리는 장미가 꽃을 피운다는 것을 알고 있다. 우리는 꽃이 피는 시작의 단계에 있다. 우리는 믿음 그리고 마음에서 우러나오는 순수한 도덕심을 가슴에 품고, 장미는 꽃이 핀다는 사실을 인식하고, 그리고 그런 사실을 아는 것으로도 충분하다고 생각하면서, 이끌려지는 대로 나아가는 것이 우리가 해야 할 일이다.

아무도 나를 사랑하지 않는다

지난 해, 나는 여름을 보내기 위해 스위스의 어느 산에 있는 작은 집을 하나 얻었다. 쉰 살이 된 나의 옛 친구가 딸과 함께 차를 마시러 나를 찾아왔다. 친구는 무더운 오후에 산장으로 올라오느라 몹시 화가 나 있었고 얼굴도 상기되어 있었다. 작은 손수건으로 얼굴을 닦아내며 앉은 옛 친구에게 나는 '모두 잘 지내고 있지?'하고 안부를 물었다. 친구는 늘 변함 없이 그 자리에 서 있는 맞은편 비탈과 산봉우리를 창 밖으로 힐끗 쳐다보면서, '너는 어떻게 느끼는지 모르겠지만 이 산을 봐. 이거 원! 나의 모든 우주의식과 인류애를 몽땅 잃어버렸잖아'라고 화를 내며 대답했다.

물론, 그녀는 뉴잉글랜드 출신이며 초월주의자로서 침착한 성품을 지니고 있었다. 그 때 그녀의 대답은 무척 화가 나 어쩔 줄 몰라 하는 그녀의 표정에 뉴잉글랜드 말씨와 악센트가 더해져 내게는 굉장히 재미있어 보였다. 나는 그녀의 가엾은 얼굴을 보고 웃었다. 그리고 '너무 신경쓰지 마! 아마 지금은 너의 우주의식과 인류애로부터 조금 쉬어도 되겠지'라고 말했다.

그 후로 나는 그 말의 진정한 의미가 무엇인지 종종 생각해보았다. 그리고 그 때마다 내가 그녀에게 짓궂었다고 생각하며 다소 미안함을 느끼곤 했다. 그녀는 우주와 인간 전체를 모두 사랑해야 한다는 뉴잉글랜드식 사랑의 습관과 초월주의의 습관을 가지고 있었다. 그런데 그것이 항상 내 신경에 거슬렸다는 것을 인정한다. 그렇지만 그녀는 어릴 때부터 그렇게 배우고 자랐다. 그리고 전 우주를 사랑한다고 해서 그녀가 자신의 정원을 사랑하는 것과 같은 개인적인 일에 방해를 받지는 않았다. 그러나 약간의 방해 요인이 될 수도 있었을 것이다. 또한 그녀는 자기의 인류애에 대한 사고방식이 그렇다고 해서 친구를 진정으로 사랑하는데는 아무 문제를 느끼지 않았다. 그러나 그녀의 인류애는 이기심을 버리고 모든 사람들도 친구와 '똑같이 사랑해야' 한다는 점에서 약간 모순이 생겨 그녀에게 다소 문제가 될 수도 있었다. 그녀가 모든 사람을 똑같이 사랑하는, 즉 사랑을 일반화시킨 바로 그 방식이 나에게는 다소 짜증스럽게 느껴졌다. 그리고 또 우주의식과 인류애에 관한 그 말이 어리석게 느껴지고 비논리적인 것이라는 생각이 들었다. 나중에 알게 된 일이지만 그것은 그녀의 평화, 즉 우주와 남자에 대한 내면의 평화를 의미하는 것이었다. 그리고 그녀는 그 방식을 고수하지 않을 수 없었던 것이다. 왜냐하면 어떤 사람은 사회와 대항해 싸울 수도 있고, 그러면서도 인류와 평화를 유지할 수 있기 때문이다. 그리고 사회에 대적하는 것이 유쾌한 일은 아니지만 때로는 그것이 유일하게 영혼의 평화를 지키는 방법이기도 하다. 그것이 살아가면서도 투쟁해야하는 '진정한' 인류와 평화롭게 지내는 방법인 것이다. 이 말을 잘 생각해보면 그녀가 인류애로부터 잠시 휴식을 취해도 된다고 내가 그 친구에게 말하는 것은 옳지 않다. 만약 고군분투하는 정신이든 영혼이든 무엇이든지 간에 모두 모여 하나가 되어 동료가 되는 느낌을 인류애라고 이해한다면, 그녀는 인류애 없이는 살 수 없을 것이며, 누구도 그렇게 할 수 없을 것이다.

그러나 놀라운 것은 젊은이들이 '우주의식'이나 인류애 없이도 잘 지낼 수 있다는 것이다. 대체로 그들은 우주와 인류애에 대해 일반화하는 논리적인 껍데기를 그들의 정서로부터 벗어 던져 버린 것이다. 그런데 그 껍데기 안에 있는 꽃마저 버리는 것 같다. 물론 '당신들도 알다시피 광부들이 얼마나 좋은 사람들인데 그렇게 대접하다니 정말 수치스런 일이에요'라고 소녀가 외치는 소리를 들을 수 있다. 그 좋은 사람들을 위해 달려가서 한 표를 던질 것이다. 그러나 사실 그녀는 실제로는 그들에게 관심이 없고, 누구나 그런 그녀의 행동을 이해 할 수 있다. 원래 우리의 눈에 보이지 않는 사람들의 잘못에 대한 관심은 과장되는 법이다. 그렇지만 광부나 목화밭에서 일하는 일꾼들과 같은 노동자인 그들은 우리에게서 멀리 떨어져 있고 우리가 어떻게 할 수 없다. 그들이 다소 멀리 떨어져 있지만 그래도 우리 마음 깊은 곳에서는 우리와 아직도 생생하게 연결되어 있다는 것을 알고 있다. 그리고 인류는 하나, 즉 하나의 혈육이라는 것을 어렴풋이 깨닫는다. 그것은 추상적인 개념이지만 구체적인 사실이기도 하다. 어쨌든 캐롤라이나의 목화 노동자들이든, 중국의 농사꾼이든, 나와의 관계는 희미하지만 그들은 진정한 의미에서 나의 일부분이라 할 수 있다. 그들의 삶에서 발산되는 생명의 떨림이 나에게 전해져오고, 또한 그들은 내가 전혀 모르고 있었던 미지의 세계를 나에게 가져다준다. 왜냐하면 우리는 서로 어느 정도 관련이 있고 우리 모두가 어느 정도는 관계를 맺고 있기 때문이다. 그리고 우리 모두는 하나의 인류이기 때문이다. 다시 말하면, 우리 자신 속에 있는 감수성이 소멸되기 전까지는 그렇게 지속될 것이다. 그런데 요즈음 우리의 감수성을 없애버리는 일이 너무 자주 일어나고 있다.

박애니 뭐니 하면서 우쭐대는 태도로 말해 그 말의 진정한 의미가 퇴색되었긴 해도 나는 이것이 바로 초월주의자인 내 친구가 말하는 '인류애'라는 사실을 어렴풋하게나마 이해할 수 있겠다. 그녀는 모든 인간의 삶에 함께 동참해야 한다는 것을 의미하려고 하는 것 같다. 그리고 그것은 우리 모두가 마음속깊이 민감하게 느끼고 있는 감정인 것이다. 바로 이때 우리는 마음속에 평화를 얻게 되는 것이다. 그런데 이러한 마음의 평화를 잃게 되면 즉시 위에서 말한 것과는 아주 다른 방식으로 인간의 삶에 동참하려는 생각이 우리의 마음속에 자리 잡게 된다. 그것도 물론 모든 인간에게 좋은 일을 하고자 함이다. 하지만 문제는 역겨운 생각이 드는 허울 좋은 박애라는 것인데, 그것은 단지 자기과시와 허세를 부리는 방식일 뿐이다. 이런 잘못된 인류애로부터 우리를 구원하소서! 불쌍한 인간을 구원하소서! 모든 초월주의자가 그렇듯이 내 친구도 이런 자만심으로 다소 물들어 있는 것 같다. 만약 저 산의 정기가 그 오염된 사랑을 없애버린다면 그들에게 정말 좋은 일이다. 그러나 나의 친애하는 루스— 나는 그녀를 루스라고 부르겠다— 는 사실 그런 속물들과는 다르다. 그녀는 쉰 살이 된 여인이었음에도 거의 소녀같이 순수하게 사람들과 어울려서 진정 평화롭게 살아왔다. 그리고 그녀는 인류에 대한 사랑을 버릴 수가 없었다. 스위스 산 속에서의 단 반시간 동안이라도, 그동안에 물들었던 일반화의 방식과 일반화된 의지는 버렸을지 몰라도 그녀는 결코 본마음은 버리지 않았을 것이다. 그러나 '우주'와 '인간'을 그녀의 의지와 감정에 맞추려했고, 산은 우주가 그렇게 쉽게 그녀의 생각대로 되지 않을 것이라는 것을 그녀에게 깨닫게 해주었다. 우리가 우주에 대항하려고 할 때 우리의 의식은 다분히 충격을 받을 수 있다. 인간을 내려다보려고 할 때 인간은 당신의 '사랑'에 불쾌한 반응을 나타낸다. 당신이 바로 그런 사람이다.

젊은 세대의 마음속에서는 '우주의식'과 '인간애'를 진정 찾아볼 수 없는 것 같다. 그들은 아주 밝게 색칠된 유리잔과 같고, 흔들릴 때 서로 부딪친다는 것만을 느낄 뿐이다. 그들은 다른 사람들의 겉모습만 보고, 그 나머지에 대해서는 아무것도 모르며 아무것에도 관심이 없다.

따라서 우주의식과 인간애를 우스꽝스러운 뉴잉글랜드 말투로 표현하게 되면 정말 그 의미는 죽은 것이나 다름없다. 그 말들은 이미 때가 묻어 더러워졌다. 우주와 인간이라는 의미가 뉴잉글랜드에서는 너무 많이 조작되어 버렸다. 그래서 그것의 참된 의미를 잃어버린 것이다. 그것은 대체로 자기과시, 자만심, 악의가 깔려 있고 허세를 숨기기 위한 고상한 말뿐이다. 인간과 우주는 뉴잉글랜드가 인정하는 대로 존재하든지 아니면 아예 존재하지 않는다는 것을 주장하는데 그것은 어리석고 자기중심적인 자아의 표현일 뿐이다. 그것은 잘난 체하는 이기주의로 타락해버렸고 그런 종류의 냄새에 민감한 젊은이들은 그것을 아예 생각조차 하지 않으려고 한다.

어떤 감정을 억누르는 방법은 그것을 주장하고, 거듭 되풀이해서 말하고, 또 과장하는 것이다. 인간을 사랑하기를 주장하라. 그러면 모든 사람들은 숙명처럼 그것을 당연히 싫어하게 될 것이다. 물론 누가 인간을 사랑하라고 주장한다면, 그는 그 일이 즐거운 일이라고 주장할 것이다. 그러나 즐겁지 않을 때도 많이 있다. 마찬가지로, 남편 사랑하기를 자기 스스로 주장하게 되면, 마음속으로 그를 미워하지 않을 수 없을 것이다. 물론, 언제나 사랑스러운 사람은 아무도 없기 때문이다. 만약 그들에게 늘 사랑스러울 것을 주장한다면, 그것은 그들에게 잔인한 상황을 만들어 주는 결과가 되고, 마침내 그들은 사랑스러움을 잃게 된다. 그리고 만약 그들이 사랑스럽지 않을 때 자기 자신에게 그들을 억지로 사랑하도록 강요하거나 그들을 사랑하는 것처럼 가장한다면, 너 자신의 마음을 기만한 결과로 모든 것을 증오하게 되는 것이다. 감정을 강요하면 바로 그 감정이 메말라서 무감각하게 되고 결국 완전히 없어져버린다. 그리고 그 자리에 일종의 반항적인 감정이 마음속에 자리 잡는 결과를 얻게 마련이다. 휘트먼은 모든 사물과도 공감하고 모든 인간이 마음을 서로 주고받아 공감대를 이루어야 한다고 주장했다. 그러나 그렇게 할수록 그의 눈앞에는 죽음만이 다가왔다. 자신의 죽음뿐 아니라 다른 사람의 죽음까지도 초래하게 되는 것이다. 이 같은 방식으로 '계속 미소지어라!'라는 슬로건을 외쳤을 때 그것은 결국 미소짓는 사람들의 가슴속에 분노와 잔인한 감정을 불러일으켰다. 그리고 그 유명한 '활기차고 좋은 아침입니다'

라는 말도 행복한 아침에 찬물을 끼얹는 말이 되는 것이다.

　이처럼 강요하는 말은 좋은 것이 아니다. 자신에게 감정을 강요할 때마다, 자신에게 해로울 뿐 아니라 원하는 것과 정반대의 결과를 얻게 된다. 그리고 누군가를 억지로 사랑하려고 애쓴다면 그 자신은 결국 그 사람을 싫어하게 될 것이다. 다만 우리가 할 수 있는 것은 가슴에서 진정으로 우러나오는 감정을 받아들이는 것이고, 어떤 감정도 인위적으로 불러일으키지 말아야 한다는 것이다. 바로 이것이 상대방을 자유롭게 내버려두는 유일한 방법이라 할 수 있다. 만약 자신이 남편을 죽이고 싶을 정도로 미워하면서, '오, 그렇지만 그를 아주 사랑해. 나는 온몸을 다해 그를 사랑하고 있어'라고 말하지 말라. 그것은 자신을 괴롭히는 일이 될 뿐 아니라 남편도 괴롭히는 것이 된다. 그는 사랑이라는 이름으로도 강요받기를 원하지 않는다.

　지금 당장 자신에게 이렇게 말하라. '나는 그를 죽일 수도 있다. 그것은 사실이다. 그러나 그렇게 하지 않는 편이 낫겠지'라고. 그러면 자기 자신의 진실한 감정이 균형을 찾게 될 것이다. 인간에 대한 진정한 사랑도 마찬가지다. 지난 세대는 인간을 사랑하기를 주장했던 세대이다. 그들은 가난으로 고통을 겪고 있는 아일랜드인과 아르메니아인, 그리고 콩고의 고무농장에서 일하는 흑인들 그리고 그 밖의 모든 사람에게 지독하게 관심을 쏟았었다. 그런데 그것은 엄청나게 위선적인 자만심과 자존심을 내세우는 행위로 밖에 볼 수 없다. 그 관심의 바탕에는 이기주의적 사고가 깔려있는 것이다. '나는 매우 훌륭하고, 매우 뛰어나고, 자선을 많이 베풀고 있다. 불쌍하게 고통 받고 있는 아일랜드인과 박해받고 있는 아르메니아인들과 착취당하는 흑인들에게 굉장한 관심을 가지고 있다. 영국과 터키와 벨기에를 엄청나게 뒤흔들어 놓게 될지언정 그들을 구할 것이다'라는 이기주의적 생각에 빠져있는 것이다. 이와 같은 인류애는 다른 사람의 일에 끼어 들어 방해하려는 자만심과 욕망이 반쯤 섞여 있다고 볼 수 있다. 그래서 젊은 세대들은 양의 탈을 쓴 기독교인들이 행하는 자선에서 풍기는 비열한 인간의 악취를 맡으면서, '나에게는 인간애란 없다!'라고 스스로에게 말하는 것이다.

솔직히 말해, 그들은 구원을 갈구하는 학대받는 사람들이나 불쌍한 사람들에 대해 속으로는 혐오감을 느끼고 있다. 그들은 '불쌍한 광부들', '불쌍한 목화 노동자들', '굶주림에 시달리는 불쌍한 러시아인들'뿐 아니라 모든 사람들을 싫어한다. 만약 전쟁이 일어난다면, 그들은 '고통받는 벨기에인들'을 얼마나 싫어하겠는가! 세상만사 모두 그렇고 그런 것이다. '아버지가 배를 먹으면 아들은 이가 시리다'라는 말과 똑같은 뜻이 된다.

특히 인간애에 관해서 지나친 공감대를 형성해 왔기 때문에, 우리는 지금 그 감정에 싫증을 느끼고 있다. 물론 젊은이들은 이 말에 공감하지도 않고 또 그러기를 원치도 않는다. 그들은 솔직히 이기주의자들이다. '나는 불쌍하게 학대받는 이런 저런 사람들에 대해 전혀 관심이 없다'라고 그들은 솔직하게 말한다. 그렇다고 누가 그들을 비난할 수 있겠는가? 왜냐하면 그들이 사랑하는 선조들이 1차 대전을 일으켰기 때문이다. 인간애를 부르짖던 그들이 1차 대전을 일으켰다면, 요즘의 솔직하고 정직한 이기주의자들이 앞으로 어떤 일을 벌일지 한번 두고 보아야 할 것이다. 틀림없이 그렇게 끔찍한 것은 아닐 것이다.

　　이기주의가 가지는 문제는 자신이 이기주의자임을 솔직히 받아들이는 그런 사람에게 좋지 못한 영향을 끼친다는 것이다. 물론 정직함은 좋은 것이다. 그리고 1차 대전 이전에 전 세계에 퍼져 있었던 위선적인 이해심과 거짓된 감정들을 모두 벗어 던져 버리는 것이 좋다. 그러나 위선적인 이해심과 거짓된 감정을 벗어 던진다고 해서 모든 이해심과 심오한 감정들까지 다 죽일 필요는 없다. 이것이 젊은이들의 성향인 것처럼 보이기도 한다. 젊은이들은 아주 교묘하고 계획적으로 공감과 감정을 즐긴다. '오, 귀여운 내 사랑, 오늘 밤 네가 얼마나 사랑스러워 보이는지! 너를 보는 것이 얼마나 기분 좋은지!'라고 하면 바로 다음 순간 작은 사랑의 화살이 날아든다. 혹은 젊은 아내가 남편에게 '내 아름다운 사랑, 당신이 이렇게 나를 안아줄 때 내가 소중한 사람이라고 느껴져요. 나의 완전한 사랑이여! 내게 칵테일 한잔 만들어 줄래요? 취하고 싶어요. 당신은 천사의 불빛!'

　　그 순간 젊은이들은 감정과 공감의 건반을 아무렇게나 눌러대며 완벽하고 좋은 시간을 가지게 되고, 엄청난 환희와 부드러움과 사랑하는 마음과 기쁨의 소리가 울려 퍼진다. 하지만 유치한 게임에서 얻는 그런 재미를 제외하고는 그들은 아무것도 느낄 수 없다. 뮤직 박스에서 흘러나오는 소리처럼 그냥 재미로 소중한 사랑의 말을 내뱉고 또 깊이도 없는 애정표현을 해대는 것이 그들에게는 정말 '세련'되고 매혹적인 것이다.

　　물론 그들에게 인간애가 없다고 말한다면 그들은 매우 분개할 것이다. 예를 들어 영국인들은 누구나 '내가 가장 사랑하는 필립을 제외하고는 이 세상에서 사랑하는 것은 단 하나밖에 없다. 그것은 바로 영국, 우리의 소중한 조국이다. 필립과 나, 둘 다 언제라도 영국을 위해 죽을 각오가 되어 있다'라고 하면서 자기 자신에게 역사적인 순간인 것처럼 조국에 대한 사랑을 떠들어대고 그것을 즐기고 있는 것 같다. 사실 그 순간에는 영국이 그들에게 목숨을 요구하는 어떤 위험에도 처해 있지 않을 것이다. 그래서 그들은 자신들이 매우 안전하다는 것을 안다. '그렇다면, 당신은 영국이 무엇이라고 생각합니까?'라고 점잖게 물어본다면, 그들은 '영국인들의 위대한 전통, 위대한 사상'이라고 성심껏 대답한다. 그러나 그것은 꽤 활기차 보이지만 의미가 애매한 대답이다.

그리고 그들은 또 이렇게 외친다. '나는 자유를 위해 모든 것을 바치겠다. 영국의 자유가 침해당하는 것을 생각하면서 홉과 나는 눈물을 흘렸고, 매일 밤 슬퍼하며 잠이 들었다. 그러나 이제 우리는 마음을 가라앉히고, 최선을 다해 차분하게 싸울 작정이다'라고. 이러한 차분한 싸움이란 칵테일 한잔을 더 마시고, 전혀 상관도 없는 누군가에게 무턱대고 북받쳐 오르는 감정을 토로하는 편지를 보내는 것이 고작이다. 그러면 모든 것은 끝나고 자유도 곧 잊혀 지게 된다. 그 다음은 아마 종교의 차례가 될 지도 모르고 아니면 장례식에서 사용된 어떤 문구에 대해서 한바탕 싸움을 벌일지도 수도 있다.

이것이 오늘날 진보된 젊은이들의 모습이다. 그런데 이것이 계속 빛을 발산할 때는 재미있기는 하다. 그러나 견딜 수 없는 것은 흥분감이 끝나는 바로 그 순간이다. 이제 칵테일을 마셔도 흥분감은 더 이상 오래 지속되지 않는다. 불꽃이 사라지고 잿빛 시간이 찾아드는 것이다. 진보된 젊은이에게는 따뜻한 낮과 조용한 밤은 없고, 격한 흥분과 우울한 허무만이 있을 뿐이다. 이렇게 되면 그들은 더욱 흥분한 상태로 되다가 그 다음은 무서운 진실을 인정하게 되며 마침내 흥분은 사그라지게 된다.

　이러한 상태에 처한 현대 젊은이들은 이제 자기의 삶 속에서 한 가지 끔찍한 사실을 발견하게 된다. 그것은 옆에 서 있는 구경꾼들에게도 분명하게 보인다. 그것은 바로 그들의 마음이 텅 비어 있다는 사실, 즉 그들이 어떤 것에도, 누구에게도 관심이 없다는 사실, 그들이 그렇게 열심히 좇던 쾌락에도 이제 더 이상 관심이 없어졌다는 사실이다. 물론 그것은 해결되기 어렵다. '사랑스러운 나의 천사, 성가신 흰개미같이 굴지 마세요. 즐겨요. 천사의 얼굴로, 마음껏 즐겨요. 즐겁지 않은 것들은 말하지 말고 맥 빠지게 하는 쓸데없는 소리는 하지 마세요! 재미있고 좋은 것을 말하세요. 아니면 정말 진지하게 볼셰비즘[65]이나 라 오뜨 피낭스와 같이 경제에 관하여 이야기합시다. 빛의 천사가 되어 우리를 기쁘게 하세요, 당신은 가장 멋지고 소중한 사람!'

　사실 젊은이들은 자신의 공허함을 두려워한다. 창문 밖으로 물건을 내던지는 것은 아주 재미있을 수도 있다. 그러나 모든 것을 창문 밖으로 던져버리고 텅 빈 맨바닥에서 2, 3일을 앉아 있으면, 뼈가 아파 오기 시작하고, 보기 흉한 빅토리아 시대의 말총으로 짠 담요나 오래된 가구

---

[65] 볼셰비즘: 레닌을 중심으로 한 사회 민주당의 급진파를 일컫는 볼셰비키가 신봉한 러시아 혁명 시대의 마르크스주의. 볼셰비키는 1912년 멘셰비키를 당 외로 추방하고, 1917년 10월 혁명을 지도하여 정권을 잡고, 1918년 3월 당명을 러시아공산당으로 바꾸고, 1952년 <소비에트연방공화국>을 세웠다.

몇 점이라도 있으면 하고 바라게 된다.

적어도, 내가 보기엔 바로 이것이 젊은 여자들이 느끼는 감정인 것 같다. 그들은 모든 것을 창문 밖으로 던져버렸기 때문에, 인생이라는 자기들의 집이 텅 비어있는 것을 두려워하게 된 것이다. 필립과 피터, 아니면 누구든지 젊은 세대의 남편들은 자기들의 집에 새 가구를 들여놓으려는데 전혀 관심이 없는 것 같다. 그들이 새로 들여놓은 것은 칵테일 만드는 기구와 아마도 무선 라디오 수신기일 뿐이다. 그리고 나머지는 텅 빈 공간으로 남아있다.

이제 젊은 여자는 불안을 느끼기 시작한다. 왜냐하면 여자는 텅 빈 상태를 좋아하지 않기 때문이다. 그리고 여자는 자기에게 아무것도 없다는 것을 믿고 싶지도 않고, 아무것도 없다는 것을 좋아하지도 않는다. 세상에서 가장 바보 같은 여자라도 자기의 외모, 옷, 집 등을 중요하게 여길 것이다. 그러나 여자는 그렇게 어리석지는 않아서 그 이상의 것을 원한다. 여자는 본능적으로 자기가 어떤 존재이고 자기의 삶이 어떤 것을 원하고 있는지를 알고 싶어한다. 남자들이 '그저 그냥 살아 갈 수' 없고, 항상 목적을 찾아야만 한다는 점에 대해서 여자들이 화를 내곤 했었다. 그런데 바로 여자들 자신은 어쩌면 남자들이 삶의 목적을 가지도록 하는 원인이 된다고 볼 수 있다. 내가 볼 때, 여자가 자기의 삶의 의미를 찾으려는 욕구는 상당히 중요한 무엇을 얻고자 하는 데 있는 것 같다. 그리고 상당히 중요한 그 무엇에 도달하려는 의지는 남자에게 있어서보다 여자에게 있어 훨씬 더 중요한 것 같다. 그러나 여자는 그 사실을 강력히 부인할 것이다. 왜냐하면 물론, 여자의 삶의 목표를 충족시켜 주는 것은 남자의 일이기 때문이다. 그렇지만 사실 남자는 아무 목적도 없이 떠돌아다니면서도 행복할 수 있다. 여자는 그렇지 않다. 자기 스스로가 인생의 중요한 목표와 관계없다고 생각하면서 행복해 질 수 있는 여자는 단연코 없을 것이다. 반면 대다수의 남자들은 갈 곳만 있다면 건달처럼 아무 곳이라도 떠돌아다닐 수 있다.

여자는 목적 없는 공허함을 참지 못한다. 그러나 남자는 그런 상태에서도 진정한 쾌락을 느낄 수 있다. 자기 자신 이외에 모든 것을 부정하는 경우에도 남자는 다음과 같이 진정한 자부심과 만족을 느낄 수 있다. '나는 아무런 감정이 없다. 나는 이 세상에서 나 자신을 제외한 어떤 것에도 그리고 누구에게도 관심이 없다. 그러나 나는 내 자신에게 관심을 가지고 어떤 일이 있어도 나는 살아남을 것이다. 그리고 세상일에 조금도 개의치 않고 어떻게든지 성공을 이룰 것이다. 왜냐하면 내가 몸이 좀 약해도 나는 다른 사람들보다 더 영리하고 더 교활한 사람이기 때문이다. 나는 내 스스로 적당한 보호막을 만들어 나 자신을 잘 지켜야 한다. 그러면 나 자신은 안전할 것이다. 나의 유리 성안에 앉아 있으면 아무것도 느낄 수 없으며, 아무것도 나를 건드릴 수 없다. 그렇지만 나의 자아라는 유리벽을 통해 힘과 의지를 펼칠 수 있다.

대략 이것이 남자가 진정한 이기주의가 되고 공허함을 받아들이는 과정이다. 남자는 이러한 상황에서도 확실한 자신감을 가질 수 있다. 왜냐하면 진실한 감정이 모두 사라지고 철저한 공허 상태에서도 남자는 자기의 이기심을 채우려는 야망과 의지를 펼쳐 나갈 수 있기 때문이다.

여자도 똑같이 느낄 수 있을지 의문스럽다. 가장 이기적인 여자는 사랑이 아닌 증오심에 항상 얽매여 있다. 그러나 진정한 남자 이기주의자는 미워하지도 사랑하지도 않는다. 그 남자는 마음속이 완전히 텅 비어 있다. 단지 겉으로만 감정을 지니고 있는 척할 뿐이다. 그는 이런 감정으로부터 항상 벗어나려고 노력할 것이다. 사실 그는 마음속으로는 느끼는 것이 아무것도 없다. 아무것도 느끼지 않을 때, 그는 자아 속에서 안전하다는 것을 알고 무척 기뻐하게 된다. 그리고 그는 보호막인 유리 성 안에서 안전하게 지낸다.

그러나 여자가 남자의 이런 상태를 이해할 수 있을지 모르겠다. 여자는 남자의 공허함이 아주 깊은 것이라고 오해하고 있다. 여자들은 남자들이 사실 아무것도 느끼지 못하는 이기주의자들이라는 사실을 모르고 남자의 겉모습에 나타난 위장된 침착함을 대단한 힘이라고 오해한다. 그리고 확실한 이기주의자가 세워 올린 방어벽, 즉 아무것도 들어 갈 수 없는 유리 성이 진정한 남자의 겉모습이라는 생각에는 의문의 여지가 없다. 여자들은 그 방어벽을 공격해서 무너뜨리고 참다운 남자의 모습에 다가가려고 애쓴다. 그것은 진정한 남자란 없다는 사실을 여자들이 모르고 있기 때문에 하게 되는 행동이다. 그리고 그 방어벽이라는 것은 텅 빈 공허함을 보호하기 위해서, 또한 인간적이고 참된 자신을 보호하기 위해서가 아니라 단지 이기주의자인 자신을 보호하기 위해서 만든 것이라는 사실을 여자들은 거의 알지 못하기 때문이다.

그러나 젊은이들은 눈치가 빨라 그것을 알아채기 시작한다. 그래서 젊은 여자들은 방어벽을 존중하기 시작한다. 왜냐하면 여자들은 진정한 남자를 찾는 일을 실패하는 것보다 오히려 궁극적인 이기주의자의 그 공허함을 발견하는 것이 더욱 두렵기 때문이다. 텅 빈 상태, 공허, 그것이 여자들에게 두려움을 준다. 여자들은 진정한 허무주의자가 될 수 없지만, 남자는 가능하다. 남자는 모든 감정과 모든 관계를 단절시켜서 그 결과 도달한 순수부정의 공허함 속에서도 상당한 만족감을 느낄 수가 있는 것이다. 그것은 창 밖으로 내던질 것이 아무것도 없고, 또 창문이 닫혀 있는 바로 그 때인 것이다.

  여자는 자유를 원했다. 그러나 그 결과 얻은 것은 가슴 서늘한 두려움이 깔린 공허함뿐이다. 그래서 여자는 다시 사랑을 찾아 여자들에게로 돌아선다. 그러나 그것은 오래 지속되지 못하고 또 지속될 수도 없다. 하지만 텅 빈 상태는 끝없이 계속된다.

  인간애는 이제 사람들 사이에 엄청난 틈을 벌려 둔 채 사라져버렸다. 그리고 우주의식도 붕괴되어 거대한 공허만이 남아 있다. 그러나 이 기주의자는 스스로 공허함을 얻어 낸 승리의 기쁨 속에서 남몰래 웃으면서 앉아 있다. 그리고 이제 여자는 무엇을 할 것인가? 여자는 모든 감정의 가구들을 창 밖으로 던져버렸기 때문에 자기 삶의 집은 텅 비어 있고, 그녀의 영원한 가정인 인생의 집이 무덤처럼 비어 있는데, 이제 절망감에 빠져 있는 여자는 무엇을 할 것인가?

인간의 운명에 대해

　　인간은 길들여진, 생각해야 하는 동물이다. 인간의 사고는 그를 천사보다 한 단계 낮게 만든다. 그리고 길들임은 때때로 인간을 원숭이보다 약간 더 낮게 만든다.
　　대부분의 인간은 생각하지 않는다고 반박해봐야 어쩔 수 없다. 대부분의 인간이 어떠한 독창적인 생각도 하지 않는다는 것도 분명히 맞는 말이다. 대부분의 인간은 아마도 독창적인 사고나 독창적인 생각을 할 수 없는지도 모른다. 그렇다고 해서, 그들이 모두 언제나 생각하는, 언제나 인간이라는 사실이 바뀌지 않는다. 인간은 잠을 잘 때도 머리를 비울 수 없다. 머리는 비우기를 거절한다. 삶의 강물이 흐르는 동안 뇌라는 맷돌은 계속 갈고 있다. 그 맷돌은 머리 속에 들어 있는 모든 생각의 곡물을 계속 갈아나간다.
　　그 생각이 오래되고 그래서 이미 가루로 갈려 있을 지도 모른다. 상관없다. 머리의 맷돌은 계속 갈며, 그 오래된 곡물을 다시, 또 다시, 그리고 또 다시 간다. 이 점에 있어서는 아프리카의 가장 미개한 야만인도 웨스트민스터의 가장 문명화된 의원과 같다. 자신의 죽음의 위험, 자신의 여자, 자신의 굶주림, 자신의 족장, 자신의 정욕, 자신의 끝없는 두려움, 이 모든 것들은 아프리카의 검은 미개인의 머리에 고정된 생각이다. 그러한 생각들은 분명히 미개인의 가슴과 내장에서 어떤 감각적인 반응에 근거하고 있다. 그 생각들이 얼마나 "원시적인" 것이든지 간에, 생각은 생각이다. 그리고 원시적인 생각과 문명적인 생각 사이에 차이점은 별로 크지 않다. 시간이 흘러도 인간의 기본적인 생각에는 변화가 거의 없다는 것은 놀라운 일이다.

요즈음 우리는 자발성, 자발적 느낌, 자발적 열정, 자발적 감정에 대해 이야기하기를 좋아한다. 그러나 바로 그 자발성이라는 것도 하나의 생각에 불과하다. 우리의 모든 현대적 자발성은 머리에서 만들어지고 자의식에서 수태된다.

인간은 오래 오래 전에 길들여진 생각하는 동물이 되어 천사들보다 한 단계 낮은 존재가 되었기 때문에, 오래 오래 전에 야생의 본능적인 동물이 되기를 그만두었다. 글쎄 인간이 그러한 적이 있었는지는 잘 모르겠지만, 아무튼 내 생각으로 턱이 가장 많이 튀어나온 동굴인간은 이상적인 야수였던 것 같다. 그는 생각을 투박하고 집요하게 갈았다. 오늘날의 우리들과 마찬가지로 그 또한 산에 뛰어다니는 야생 사슴이나 재규어와는 분명 달랐다. 그의 무거운 두개골의 느리고 육중한 맷돌로 그의 생각을 갈았다.

예를 들어 우리가 지빠귀나 새매66)를 자발적이라고 상상하는 만큼 인간은 결코 자발적이지는 않다. 다약족66)이든 호텐토트족68)이든 미개인이 아무리 야생적이고, 아무리 미개하고, 아무리 길들여지지 않은 것 같지만, 그들은 그들만의 고정되고 특이한 생각을 갖고 있다. 다시 말해 그들은 런던의 버스 운전사만큼 자발적이지 않을지도 모른다.

  단순하고 순수한 자연의 아이는 존재하지 않는다. 만약 이끼 낀 돌 옆에 혹시라도 우연히 피어난 제비꽃이 있다면, 인간으로 말하면 워즈워드의 루시라고 할 수 있는 제비꽃이 피어 있다면, 그것은 그녀의 생명력이 다소 약하고 그녀의 단순한 성향이 아주 바보에 가깝기 때문이다. 예이츠처럼 그 바보를 존경할 수도 있고, 그를 하느님이 사랑하는 바보라고 부를 수도 있다. 그러나 나는 그 마을 천치를 받아들일 수 없다.

  아니다. 아니다. 인간은 원시적일 수 있는 만큼 원시적이 되어도, 여전히 머리를 가지고 있다. 동시에 그의 본성에 어떤 열정을 주게 되면, 그는 그의 열정과 머리 사이에서 스스로 생각을 만들어내는데, 다소 좋은 생각이기도 하고, 다소 무서운 생각이기도 하지만, 좋거나 무섭거나 간에 절대적인 생각이다. 그것은 그의 본성의 충동이다. 미개인은 우리가 우리의 사랑과 구원과 개선에 대한 생각을 갖고 있는 것 보다 훨씬 더 확고하고 불가피하게 그의 물신이나 토템이나 금기에 대한 생각을 간다.

  자연의 순수한 아이에 대해서는 잊어버리자. 그러한 인간은 존재하지 않으며, 결코 존재한 적이 없고, 앞으로도 존재하지 않을 것이며, 결

---

66) 새매: 수릿과의 새. 몸의 길이는 28~38cm이고 암컷이 수컷보다 훨씬 큼. 길들여 작은 새 따위를 잡는 데 씀.
67) 다약족: 보르네오의 오지에 사는 말레이계 종족.
68) 호텐토트족: 아프리카 남부의 원주민.

코 존재할 수도 없다. 인간이 어떤 단계에 있든지 그는 여전히 머리를 가지고 있고 또한 열정을 가지고 있다. 그리고 머리와 열정은 그 사이에서 생각이라는 전갈의 무리를 낳는다. 아니면, 천사와 같은 이상적인 무리라고 불러도 좋다.

    우리 자신의 운명을 받아들이자. 인간은 본능에 의해 살 수 없다. 머리가 있기 때문이다. 납작하게 찌그러진 머리를 가진 뱀은 등뼈를 따라 나직이 엎드려서 입에 독을 품는 것을 배웠다. 뱀은 이상한 지혜를 가지고 있다. 그러나 뱀조차도 생각을 가지고 있지는 않다. 인간은 머리와 생각이 있고, 그래서 순수함과 단순한 자발성을 동경하며 한숨짓는 것은 그저 어린애 같은 짓이다. 인간은 결코 자발적이지 않다. 어린아이들조차도 전혀 자발적이지 않다. 단지 아이들이 가진 약간의 매우 지배적인 미숙한 생각들이 서로 논리적으로 연결되지 않을 뿐이다. 어린아이의 생각도 충분히 확실한 생각이다. 그러나 그 생각들은 우스꽝스럽게 서로 매달려 있고, 일어나는 감정은 생각을 우습게 혼란시킨다.

    생각은 머리와 감정의 결합에서 태어난다. 그렇지만 이상적인 머리가 감정에 미치는 압력이 없이도 감정은 자유롭게 일어날 수 있다고 당신은 분명히 말할 것이다.

    그것은 불가능하다. 왜냐하면 인간은 사과를 먹고 머리 혹은 정신적 의식을 부여받게 되었기 때문에 인간의 감정은 결혼한 아내와 같다. 남편이 없으면 그녀는 부분에 불과하다. 감정은 "자유로워"질 수 없다. 원한다면 당신의 감정을 느슨하게 풀어둘 수는 있다. 완전히 "제멋대로" 둘 수 있다. 그러나 감정의 야생성과 감정의 느슨함은 겉치레에 지나지 않는다. 이후에 지루함만이 남게 될 것이다.

감정 자체만이라면 그것은 성가신 것이 될 뿐이다. 머리도 그 자체만은 모든 것을 메마르게 만드는 불모의 것에 불과한 것이 된다. 그렇다면 어떻게 해야 되는가?

당신은 그 한 쌍을 결합시켜야 한다. 떨어져서는 아무 소용이 없다. 머리의 승인과 영감을 얻지 못한 감정은 단지 히스테리이다. 감정의 승인과 영감이 없는 머리는 메마른 막대기이고 죽은 나무이며, 누군가를 때리고 못살게 할 장대를 만들지 않는 한 아무데도 소용이 없는 것이다.

그래서 인간 심리를 보면 우리는 간단한 삼위일체를 가지고 있다. 삼위일체란 감정, 머리, 그리고 이 두 개가 결합되어 생기는 생각이다. 인간은 그 자신의 생각에 의해서 통제되며, 그에 대해서는 의심할 여지가 없다.

한번 더 논의해보자. 한 쌍의 자유롭게 된 연인들은 질겁하듯 낡고 이상적인 설득으로부터 도망치려고 한다. 그들은 단지 그들의 삶을 충족시키고자 한다. 그 뿐이다. 그들은 단지 그들의 삶을 살려고 한다.

그런데 그들을 보아라! 그들은 "그들만의 삶을 살고" 있으면서, 다른 사람들이 하는 모든 것들을 한다. 그들은 좋은 행실을 한다는 생각이 아니라 나쁜 행실을 한다는 그들만의 생각에 따라 행동한다. 그 다음엔 어떻게 되는가? 똑같은, 오래된, 밟아 돌리는 방아같이 단조로운 이야기이다. 그들은 그저 똑같은 사고체제를 단지 다른 방향으로 행동에 옮기며, 착하게 행하는 대신 나쁘게 행하고, 오래된 방아를 반대방향으로 밟으면서, 비록 반대방향일지라도 결국은 똑같은 오래된 방아를 밟으며 돌고 있을 뿐이다.

남자가 매춘부에게 간다. 그런데 어떻게 되는가? 그는 아내와 하는 똑같은 행위를 단지 반대 방향으로 행한다. 그는 단지 그의 착한 자아가 행하지 않을 나쁜 짓을 한다. 아마도 처음에는 선한 자신에게서 벗어나는 것이 끔찍한 위안일지 모른다. 그러나 조금 지나면, 다소 음울하게, 그가 같은 낡은 방아를 단지 반대 방향으로 밟고 있을 뿐이라는 것을 깨닫는다. 빅토리아여왕의 부군은 성실하게 방아를 터벅터벅 밟아 돌고 또 도는 미덕으로 우리를 어지럽게 했다. 에드워드왕은 같은 방아를 반대 방향으로 총총 밟아 돌고 또 도는 부도덕함으로 우리를 어지럽게 만들었다. 그래서 우리가 조지 왕조 시대에 대해 당황해하는 것은 우리가 그 방아의 순환에 대해 잘 알고 있기 때문이다.

그 근원에는 똑같은 감정적인 생각이 있다. 당신은 한 여자와 사랑에 빠지고, 그녀와 결혼하여 축복 받고, 아이를 가지고, 가족과 인류에 대한 봉사에 헌신하고, 행복한 삶을 산다. 혹은 같은 생각이지만 빗나간 방향에서, 당신은 한 여자와 사랑에 빠지는데, 그녀와 결혼하지 않고, 은밀하게 살면서 사람들을 아랑곳하지 않고 즐기며, 당신 아내가 눈물 혹은 경우에 따라 분노를 삼키도록 내버려두고, 딸들의 신부지참금을 써버리며, 재산을 낭비하고, 인류가 쌓아올린 옥수수를 쓸 수 있는 만큼 마구 쓴다.

당나귀가 한쪽 방향으로 가며 왕겨에서 옥수수를 탈곡한다. 당나귀가 다른 쪽 방향으로 가며 진흙 속으로 옥수수를 차버린다. 그 중심의 생각은 똑같다. 사랑과 봉사와 자기희생과 생산성이다. 단지 당신이 어느 쪽으로 달리는가에 달려 있다.

그렇다. 당신은 불쌍하다! 당신이 할 수 있는 것은 그저 당나귀처럼 이 쪽이든 다른 쪽이든 어떤 중심 생각이라는 고정된 장대의 주위에서, 더 중요하지 않은 주변적인 많은 생각들을 따라서 돌고 또 도는 것이다. 사랑에 대한 이런 생각을. 봉사와 결혼과 증식 등의 이러한 주변적인 이상들을.

가장 천박하게 자신을 추구하는 사람조차도 같은 길에서 빠른 걸음으로 걷고 있으며, 중심을 향한 열정의 전율은 없지만 같은 반응을 얻는다.

어떻게 해야 하는가? 어떻게 되고 있는가?

원이 좁혀지고 있다. 러시아는 혼합된 사상으로, 즉 신성한 왕권, 책임지지 않는 권력, 신성한 노예성이라는 오래된 미개한 사상과 평등과 봉사성과 생산성 등의 현대적 사상이 갈등을 일으키는 복합적인 상태에 있었다. 이러한 복잡함은 청산되어져야 했다. 러시아는 그 화려함과 비참함과 잔인함과 신비감으로 위대하고 당혹스럽지만 동시에 매혹적인 서커스였다. 이 모든 것을 바꿔야 한다. 그래서 현대인들이 그것을 변화시켰다. 인간 불합리의 당혹스럽고 매혹적인 서커스는 생산적인 탈곡장으로, 이상적으로 밟아 돌리는 방아로 변하게 되어 있다. 하나의 성취된 생각이라는 밟아 돌리는 방아로.

어떻게 해야 하는가? 인간은 이상적인 동물이다. 생각을 만드는 동물이다. 그의 모든 생각에도 불구하고 그는 여전히 동물이며, 원숭이보다도 조금 더 열등한 경우가 많다. 그리고 그 모든 동물적 본성에도 불구하고 그는 현실과 떨어진 생각의 실현을 위해서 행동할 수 있을 뿐이다. 어떻게 해야 하는가?

그것 역시 아주 간단하다. 인간의 생각은 식물의 뿌리가 화분 가득히 뻗은 것과 같다. 그렇다면 그로 하여금 그가 들어 있는 화분을 터뜨리게 하라. 이상적으로는 인간의 뿌리가 화분 가득히 뻗어 있다. 그의 뿌리는 숨이 막히고, 짓눌려서, 뿌리가 화분 가득히 뻗어 점차 시들어 가는 식물처럼 생명을 잃고 있다.

그렇다면 화분을 깨라.

그러나 화분을 깨기 위해서 상황이 천천히 무르익기를 기다리는 것은 소용이 없다. 오늘날 사람들은 그렇게 하고 있다. 그들은 화분이 깨어져야 한다는 것을 안다. 그들은 우리의 문명이 조만간 산산이 부서져야 한다는 것을 안다. 그래서 그들은 말한다. "내버려둬라! 그러나 나는 내 삶을 먼저 살아야겠다."

그렇다고 해도 얼마든지 좋지만, 그것은 겁쟁이의 태도이다. 그들은 말은 잘 한다. "글쎄, 모든 문명은 결국 멸망할 수밖에 없다. 로마를 보아라!" 좋다. 로마를 보아라. 그러면 무엇이 보이는가? 자유방임적이고 방종한 감정을 떠벌리는 "문명화된," 소위 로마인이라고 불리는 무리가 있다. 그리고 그들을 쓸어내고 그 과정에서 스스로의 세력을 확장하고자 내려온 훈족 등의 많은 야만인이 있다.

암흑시대는 어떠한가? 이탈리아의 들판이 발견되지 않은 세계의 야생 황무지처럼 황폐해지고, 늑대와 곰들이 위대한 도시 리옹의 거리를 돌아다니던 암흑시대는 어떤가?

아주 좋다! 그러나 그밖에는? 아주 작은 다른 편의 진실을 보아라. 로마는 그 뿌리가 화분 가득히 뻗어 있었고, 그 화분이 산산조각으로 깨어졌고, 고도로 발달된 로마라는 생명의 나무는 옆으로 누워 죽었다. 그러나 새로운 어린 씨앗이 싹튼 후였다. 갈라진 흙 속에, 작고 미천하고 거의 눈에 띠지 않는 기독교라는 어린 나무였다. 살육과 붕괴가 울부짖는 황무지에서, 약탈하기에 너무 가난하고 미미한 수도사의 수도원들은 의식에 대한 인간의 불멸의 노력이라는 영원한 빛을 꺼뜨리지 않았다. 몇몇의 가엾은 주교들은 그 혼돈 속에서 떠돌며, 이렇게 사고하고 기도하는 사람들의 용기를 서로 연결시켰다. 하느님을 향한, 생명의 근원을 향한 새로운 길을 찾은 산재해 있던 극소수의 사람들은 위대한 하느님과 다시 접촉하게 된 것에 대해 기뻐하고, 그 길을 알고 그 지식을 뜨겁게 타오르게 하는 것에 대해 기뻐했다.

그것이 로마가 멸망하고 난 후 암흑시대의 근간이 되는 역사이다. 우리는 마치 이 시대에 인간 용기와 통찰력의 횃불이 완전히 사라지고, 그것이 나중에 어디인지 모르는 곳으로부터 기적적으로 다시 삶에 튀어 들어온 것처럼 말한다. 인종의 혼합, 새로운 야만적인 피 등 온갖 말을 동원하여! 사실로 말하면, 용감한 사람들의 뛰어난 정신력은 때로 그 불꽃의 실이 아주 가늘어진다 할지라도 끊이지 않고 계속 이어진다는 것이다. 계속하여 다시 새로워지는 인간 의식이라는 아주 섬세한 등불은 결코 꺼지지 않는다. 큰 도시의 빛이 꺼지고, 아무리 봐도 울부짖는 어둠만이 있다. 그러나 인간이 신을 아는 순수한 인간 의식의 빛을 밝히기 시작한 이래 결코 그 불은 꺼지지 않았다. 가장 순수한 신에 대한 지식의 불꽃이 암흑시대에서와 같이 작지만 완벽하게 타오를 때도 있다. 우리의 소중한 빅토리아 시대와 같이 인간에 대한 "이해"의 섬광이 거대하고 무시무시하게 빛날 때도 있다. 그러나 그 빛은 결코 꺼지지 않는다.

그리고 그것이 인간 운명의 일부이다. 그 빛은 최후의 날까지 결코 꺼지지 않을 것이다. 그것은 의식으로의 인간의 모험이라는 빛이며 근본적으로 인간의 신에 대한 지식의 빛이다. 그리고 신에 대한 인간의 지식은 과거에 그래 왔듯이 서로 다른 기름을 쓰면서 차오르기도 하고 이울기도 한다. 인간은 이상한 기구이다. 그는 천 가지의 다른 필수적인 기름을 안에 가지고 의식의 빛을 타오르게 한다. 그러나 한 번에 한 가지 기름만을 쓸 뿐이다. 그리고 쓰고 있던 기름이 모두 마르면, 새로운 기름의 우물을 찾아 가라앉거나 혹은 불꽃이 작아지다 소진되는 힘든 시절을 겪는다.

로마 시대에 그러했다. 위대하고 오래된 이교도의 지식이라는 불은 점차적으로 소진해서 그 원천이 말라버렸다. 그 후 예수는 새롭고 이상한 가느다란 불빛을 밝히기 시작했다.

오늘날 기독교 신앙의 오랜 빛은 꺼져가고 있고, 우리는 우리자신들에게서 새로운 원천을 얻어야 한다.

붕괴되기를 기다리는 것은 소용이 없다. "글쎄, 내가 세계를 만들지 않았으니 고치는 것도 내게 달린 게 아니지. 시간과 사건의 몫이지." 이렇게 해봐야 소용이 없다. 시간과 사건은 아무것도 하지 않을 것이다. 인간은 엄청난 붕괴가 일어난 후에 그 전보다 악화된다. 혁명의 공포로부터 "탈출한" 러시아인들은 그들 대부분이 인간으로서는 소멸된 사람들이다. 진실한 인간다운 위엄은 사라진 채 붕괴되고 인간의 형태를 한 생물만이 남아 스스로에게 이렇게 말한다. "나를 보라! 나는 살아 있다! 나는 더 많은 소시지를 실제로 먹을 수 있다!"

붕괴는 인간을 구하지 않는다. 거의 모든 경우 무서운 재해가 일어나는 동안 성실함과 인간 자존심의 빛은 피해를 입은 남자와 여자의 영혼에서 소멸되고, 고통스럽고 인성을 잃은 생물, 수치스러운 어떤 것, 더 이상 능력이 없는 어떤 것이 남는다. 그것이 붕괴의 큰 위험이며, 특히 이처럼 불신의 시대에는 더 그렇다. 인간은 그 영혼이 깨어 있고, 불이 붙어 있으며, 깨어지지 않도록 하는 신념과 용기가 부족하다. 그러한 삶에 대한 수치감이 후에 크게 쌓인다.

불쌍하고 의식적이고 영원한 동물인 인간은 아주 준엄한 운명을 가지고 있으며, 그 운명으로부터 결코 벗어날 수 없다. 생각의 모험에서 계속해서 이동해야 하는 것이 그의 운명이다. 인간은 생각의 모험가이며, 그리고 모험을 해야 한다. 인간이 자신의 집을 짓고 그의 지식만으로 꼼짝 않고 있을 수 있다고 생각하기 시작한 순간, 그의 영혼은 혼란스럽게 되면서 자신의 머리 위로 집을 무너뜨리기 시작한다.

인간은 이제 집안에 박혀 있다. 오늘날 인간의 의식은 너무 작고, 너무 묶여져 있어 우리가 자연스럽게 살고 행동하지 못하게 한다. 우리의 지배적인 생각은 길잡이가 되는 대신에 우리의 목에 걸려 목을 조르는 맷돌이다. 오래된 돌조각이다.

그것은 우리 운명의 일부이다. 생각하는 존재로서 인간은 신을 찾고 삶에 대한 어떤 개념을 형성하도록 운명지어져 있다. 그런데 보이지 않는 신은 생각할 수 없고 삶은 항상 우리의 생각을 넘어서기 때문에, 신과 삶에 대한 인간의 개념은 필연적으로 많은 것을 빠뜨린다. 그리고 우리가 빠뜨린 이 신과 우리의 삶으로부터 쫓아버린 이 삶은 결국 반드시 우리에게 적의를 품고 우리를 발기발기 찢어 놓는다. 그것이 우리의 운명이다.

아무것도 그것을 바꾸지 못할 것이다. 우리가 무시한 미지의 신이 망각의 어둠으로부터 야만스럽게 우리를 발기발기 찢으려고 돌아서면, 그리고 우리의 삶에서 배제한 삶이 우리의 혈관에 독과 광기를 집어넣으려고 돌아서면, 그 때는 한 가지 할 일이 남아 있을 뿐이다. 신과 삶에 대해 새로운 시각을 갖기 위해 투쟁해야 한다. 영원한 불꽃이 있는 사물의 심장부로 내려가도록 투쟁하고, 또 다른 빛줄기로 우리에게 불을 붙여야 한다. 간단히 말해, 멀리, 활력의 한 중심부까지 멀리, 고동치는 생각의 또 다른 쓰라린 모험을 해야 한다. 우리는 우리 내부에서, 대담한 머리와 무모하고 순수한 열정 사이에서 새로운 균을 발생시켜야 한다. 새로운 생각의 균. 신에 대한 지식, 혹은 삶에 대한 지식의 새로운 균. 새로운 균.

그리고 이 균은 커지고 자라서 아마도 큰 나무로 뻗어 오를 것이다. 그리고 결국 다시 죽을 것이다. 다른 모든 인간 지식의 나무처럼 죽는다.

그러나 무슨 상관인가? 우리는 활보하며 밤이나 낮이나 살고 있다. 나무는 천천히 아주 높이까지 성장하고, 금방 쓰러져 먼지가 된다. 개인에게는 긴 삶의 하루가 있다. 그 다음에는 아주 어둡고 넓은 죽음의 방이 있다.

나는 살고, 나는 죽는다. 나는 그 이상을 묻지 않는다. 나로부터 나온 것은 무엇이든지 살고 죽는다. 나도 기쁘다. 신은 영원하지만, 신에 대한 나의 생각은 나만의 것이고 사라질 것이다. 모든 인간적인 것, 인간의 지식, 인간의 믿음, 인간의 감정은 모두 사라진다. 그리고 그것은 아주 좋은 일이다. 만일 그렇지 않다면, 모든 것이 주철로 바뀔 것이다. 오늘날 이런 영구적인 주철이 너무 많이 있다.

나무가 궁극적으로 죽을 것이라는 것을 안다고 해서 내가 씨앗을 심지 않으려고 할 것인가? 하, 그렇다면 나는 우쭐해 하는 겁쟁이일 것이다. 나는 그 작은 새싹과 연약한 어린 묘목을 사랑한다. 나는 야윈 묘목과 첫 열매와 그 첫 열매가 떨어지는 것을 사랑한다. 나는 화려한 큰 나무를 사랑한다. 그리고 마침내, 가장 최후의 순간에, 큰 나무가 속이 비어 옆으로 푹 쓰러지게 될 것과 작은 개미들이 그 나무를 지나다니게 될 것을 그리고 나무가 유령처럼 사라져 부엽토로 되돌아갈 것을 기뻐한다.

감사하게도, 모든 피조물은 그렇게 순환한다. 왜냐하면 용기가 있다면 영원조차도 그런 순환에 의해 시들지 않고 구원되기 때문이다.

인간은 봄에 씨앗을 심기 위해 고투하듯 삶과 신의 새로운 개념에 대해 고투한다. 왜냐하면 그것이 추수하기 위한 유일한 방법이라는 것을 알고 있기 때문이다. 수확 후에 다시 겨울이 온다고 해도 무엇이 문제인가? 때에 맞게 올 뿐이다.

그러나 씨앗을 심기 위해서조차도 고투해야 한다. 씨앗을 심기 위해 잡초를 죽이고 많은 구덩이를 파야 한다. 수확하기 위해서는 노동을 해야 한다.

성(性) 대 사랑스러움

성(性)이라는 말이 추하다는 느낌이 드는 것은 안타까운 일이다. 성은 추하고 보잘것없으며 우리가 거의 이해할 수 없는 말이다. 도대체 성이란 무엇인가? 생각하면 할수록 더욱 알 수 없는 말이다.

과학에 따르면, 성이란 본능이다. 그렇다면 본능이란 또 무엇인가? 본능이란 명백히 긴 세월동안 깊이 배어든 오래된 습관이다. 그러나 그 습관이 아무리 오래되었다 해도 그것의 출발점은 있었을 것이다. 그런데 성에는 그런 시작이 없다. 성은 생명이 있는 곳에 반드시 존재하고 있다. 그러므로 성은 결코 후천적으로 형성되는 '습관'이 아니다.

또 성은 식욕과 같은 일종의 욕구라고 말하는 사람들도 있다. 그렇다면 그것은 어떤 욕구일까? 번식을 위한 욕구일까? 터무니없는 말이다. 이들은 공작새에게 아름다운 깃털이 있는 것은 암컷을 매혹시켜 번식욕구를 만족시켜주기 위한 것이라고 말한다. 그러나 왜 암컷도 아름다운 깃털을 지녀 수컷을 매혹시켜 자신의 번식력을 만족시키는 것은 안 된단 말인가? 암컷도 알을 낳고 새끼를 기르고 싶은 욕구는 수컷의 경우와 조금도 다름이 없을 것이다. 암컷은 성충동이 미약하기 때문에 수컷이 암컷을 자극하기 위해 수컷에게 찬란한 깃털이 필요하다고 주장하는 것은 납득하기 어렵다. 전혀 그렇지 않다.

내 경험으로 비추어 보면 암컷은 자기상대가 눈부실 만큼 빛나는 청동색과 푸른색의 깃털로 장식하고 있어도 넋을 잃고 쳐다보지 않는다. 수컷의 멋진 모습은 암컷의 안중에도 없다. 암컷은 수컷의 깃털이 청동색인지 푸른색인지 또 갈색인지 녹색인지, 색의 구별능력이 없는 것 같아 보인다.

내가 암컷이 수컷의 화려함에 넋을 잃고 쳐다보고 있는 모습을 한 번이라도 보았다면, 난 수컷의 화려한 깃털은 암컷을 '유혹하기' 위한 것이라고 믿을 것이다. 하지만 암컷은 전혀 관심을 보이지 않는다. 다만 수컷이 암컷을 향하여 나무를 흔드는 강한 바람처럼 자신의 깃털을 활짝 펼칠 때 암컷은 약간 도도한 태도를 보일 뿐이다. 그렇게 해서 암컷은 수컷이 자기 옆에 있다는 것을 눈치챈다.

성에 대한 이런 이론들은 어처구니없는 것들이다. 수컷은 결코 쳐다보지 않는 암컷의 관심을 끌기 위해 자기 몸을 화려하게 꾸미고 있다고 한다. 수컷의 깃털 색깔과 모양을 제법 감상할 줄 알며, 마음의 동요를 일으킬 만한 감상력이 암컷에게 있다고 생각하다니, 과학자란 참으로 순진한 사람들이다. 얼마나 미적인 암컷인가!

또한 나이팅게일이라는 새도 암컷의 마음을 끌기 위해 수컷이 노래를 부른다고 한다. 구애와 사랑의 시기가 끝나면 암컷은 더 이상 수컷에게 관심을 보이지 않고 새끼들에게 정신이 빼앗겨 있을 때, 수컷이 가장 아름다운 목소리로 노래를 부른다고 말하는 것도 이상한 이야기이다. 어쩌면 새끼를 지키며 꼼짝 않고 앉아 있는 암컷의 마음을 돌려서 즐겁게 해주기 위해 노래를 불러주는 것이 아닐까.

이런 이론들은 재미있고 순진하다. 그러나 성에 관한 여러 이론 뒤에는 항상 이해하기 힘든 하나의 의도가 숨어 있는 것 같다. 그것은 바로 미의 신비라고 하는 것을 부정하여 아예 없애버리려고 하는 의도이다.

그 이유는 미는 어떤 신비로움이기 때문이다. 미라는 것은 먹을 수도 없고, 그것으로 플란넬 옷감을 짤 수도 없다. 그리고 과학에 따르면 미는 암컷을 붙들어 번식을 하기 위한 꾀에 지나지 않는 것이라고 한다. 참으로 순진한 생각이다. 번식을 위해 암컷을 유혹할 수 있는 유인책이 필요하다는 식의 설명이지만 사실 암컷은 어둠 속에서도 번식행위를 할 수 있다. 그렇다면 미가 하는 역할은 어디에 필요한 것인가?

과학은 이상하게도 미를 증오한다. 그 이유는 미가 원인과 결과라고 하는 틀에 맞지 않기 때문이다. 마찬가지로 사회도 이상하게 성을 증오한다. 왜냐하면 성이 사회인의 돈벌이 음모와 늘 충돌하기 때문이다. 그래서 성과 미를 모두 싫어하는 증오심이 힘을 발휘해 성과 미를 단순히 생식 욕구라고 간주해버린다. 그렇지만 사실 성과 미는 불과 불꽃과의 관계처럼 동일한 것이다. 성을 증오한다는 것은 곧 미를 증오한다는 것이다. 미는 생명력에 그 뿌리를 내리고 있는데 그런 미를 사랑하기 위해서는 성을 무시해서는 안 된다. 물론 진부한 과거의 미에 이끌리는 사람은 성을 증오할 수도 있다. 하지만 적어도 생명이 넘치는 미에 이끌릴

만한 사람이라면 당연히 성을 존중하게 된다.

성과 미는 마치 생명과 의식(意識)처럼 서로 분리될 수 없다. 그리고 성과 미와 함께 조화를 이루어 그 속에서 나올 수 있는 지성이 바로 직관이다. 현대 문명에 있어 큰 불행의 근원은 성에 대한 병적인 증오심에 있다고 볼 수 있다. 예컨대 성에 대해 좋지 못한 증오심을 가장 잘 나타낸 것이 프로이드의 정신 분석이라 할 수 있다. 이 이론은 성과 더불어 '생명력이 충만한' 미를 병적인 두려움으로 몰고 가기 때문에 인간의 직관적인 능력과 자아는 상당히 위축되어 있다.

남자, 여자 할 것 없이 현대인들이 가지고 있는 심한 정신적 질병은 직관적인 능력들이 병들고 위축되어 있다는 사실이다. 직관으로 알아낼 수도 있고 그야말로 직관으로서만 발견하고 맛볼 수 있는 하나의 완전하고도 유기적인 삶의 영역이 있다. 그러나 그 영역 안으로 들어갈 수는 없다. 왜냐하면 동식물의 세계에 있어서는 매우 자유로운 직관적 생활이 가능하고 활동이 자유롭지만, 우리 인간들은 그 원천이 되는 성과 미를 소박하게 받아들이는 것을 거부하고 있기 때문이다. 성을 뿌리에 비유한다면, 직관은 잎이고 미는 꽃이라 할 수 있다. 20대가 되면 여성은 왜 아름다워질까? 그것은 장미꽃이 장미나무의 가장 높은 곳에서 피듯이, 이 시기가 되면 성이 여자의 얼굴 위로 조용히 피어오르기 때문이다. 그리고 그 매력은 미가 지니고 있는 매력이다. 그러나 우리들은 애써 이 사실을 부정하려 한다. 가능한 우리는 미라는 것을 추하고 하잘 것 없는 것으로 생각하려 한다. 그러나 성의 가장 큰 매력은 미가 지니고 있는 매력이다. 그러나 우리는 미에 대해 아는 것이 너무 없기 때문에 미를 올바로 설명을 할 수 없다. 그저 미라고 하는 것은 '콧날이 오뚝하고 눈이 크다'고 하는 식의 고정관념에 예속되어 얼굴이 잘 생긴 정도의 문제로 돌려버리는 경향이 있다. 그리고 미인이라고 하면 릴리언 기시[69]와 같은 얼굴이며 미남이란 루돌프 발렌티노[70]와 같은 얼굴이 아니면 안 된다고 생각하고 있다. 적어도 우리들은 그런 식으로 '생각하고 있는' 것이다. 그러나 실생활에 있어 우리들의 태도는 전혀 다르다. '저 여잔 미인이지만 내 마음에 들지 않아'라고 말한다. 이 말은 결국 아름답다고 하는 용어의 사용이 아주 잘못되어 있기 때문이다. 오히려 '저 여잔 규격에 맞는 얼굴을 갖추고 있지만 내 생각으로 미인은 아니다'라고 말해야 할 것이다.

미라는 것은 하나의 '체험'이지 그 이상도 그 이하도 아니다. 그것은 고정된 틀도 아니요, 얼굴 생김새의 배열도 아니다. 미는 느낌으로 다가오는 어떤 것이며, 상대로부터 나에게로 전해오는 섬세하고도 불꽃과 같이 타오르는 행복감이다. 그런데 우리들의 고민은 우리의 미적 감각이 매우 상처를 입어서 무디어져 있기 때문에 가장 좋은 것을 놓치고 있다는 사실이다.

이야기를 영화로 돌려보면, 묘한 표정을 짓고 있는 찰리 채플린의 얼굴에서 우리는 발렌티노가 지니고 있는 것보다 훨씬 더 큰 본질적인 미를 찾아 볼 수 있다. 채플린의 눈썹과 눈에는 진실한 미, 뭔지 모를 순수한 것이 빛나고 있다.

하지만 우리들의 미적 감각은 상처를 입고 무디어져 있기 때문에

---

[69] 릴리언 기시: 미국의 영화, 연극배우, 영화배우인 도로시 기시의 언니.
[70] 루돌프 발렌티노: 이탈리아 태생의 미국의 미남 영화배우.

그것이 무엇인지 깨닫지 못하고, 또 보고 있어도 알지 못한다. 그래서 우리들은 소위 루돌프 발렌티노의 얼굴형에서와 같이 확실히 눈에 띄는 미만을 볼 수 있는 것이다. 그 이유는 우리가 미남이라고 생각할 때 습관적으로 대입하는 규격화된 얼굴형에 그것이 꼭 맞기 때문이다.

그러나 가장 평범한 얼굴을 지닌 사람이지만 아름답게 보일 수도 있고, 실제 아름다울 수 있다. 성의 불꽃이 신비하게 타오르기만 하면 보잘것없는 얼굴도 아름다운 얼굴로 변할 수 있다. 이것이야말로 아름다움의 감각을 전달하는 성의 진정한 매력이다.

역으로 말하면, 아주 예쁜 얼굴형을 가진 여자만큼 불쾌한 기분을 주는 것은 없다. 그것은 미라고 하는 것은 체험의 문제이지 구체적인 외모의 문제가 아니므로 얼굴이 꽤 예쁜 여자가 가장 추할 수 있기 때문이다. 여성은 성이 가져다주는 행복감이 사라지고 심한 불감증에 휩싸이게 될 때 얼마나 추하게 보이는가? 특히 그 여자의 얼굴이 예쁠 때는 더욱 그런 느낌이 들게 된다.

우리는 성이 무엇인지 잘은 모르지만 그것은 어떤 불과 같은 것인 것만은 분명하다. 그것은 언제나 따뜻하게 타오르고 있는 느낌을 주기 때문이다. 그 불꽃이 순수한 빛을 띠게 될 때 우리들은 미를 느끼게 된다.

이와 같이 따뜻한 느낌을 주는 성의 불꽃을 타인에게 전달하는 것이 성의 매력이라고 할 수 있다. 우리들의 내부에는 성의 불꽃이 타오르기도 하고 잠시 그 불길이 잠잠해지기도 한다. 우리가 아흔 살이 되어도 성의 불꽃은 소멸되지 않는다. 그것이 소멸되어 버리면 인간은 살아 있어도 소름끼치는 시체와 다름 아니다. 오늘날 그런 사람의 수가 증가 추세에 있는데, 그건 상당히 불행한 일이다.

성의 불꽃이 소멸되어 버린 사람만큼 추악한 모습은 없다. 그는 더럽고 추한 진흙투성이의 모습이 되어버려 사람들이 그를 피하려 한다.

하지만 우리는 생명력이 충만할 때 성의 불꽃은 타오르고 있으며, 잠시 불길이 잠잠해질 때는 있어도 결코 소멸되는 일은 없다. 젊은 시절에 이 불꽃은 강해졌다가 약해졌다가 하면서 빛나고 있다. 나이를 먹어감에 따라 점점 부드럽고 조용히 타오르고 있지만 결코 소멸되지 않는다. 성의 불꽃을 자제하는 것은 어느 정도 가능하다. 그러나 그것도 어느 정도까지는 가능하지만 완전한 억제는 불가능하다. 사회가 성을 증오하는 것은 바로 그 때문이다.

성의 불꽃이 우리 내부에서 타오르고 있지만 우리는 그것을 이해할 수 없다. 그것은 미의 근원이 될 수도 있고 동시에 분노의 근원도 될 수 있다. 혹시라도 잘못해 성의 불꽃에 손이라도 닿게 되면 마치 진짜 불처럼 즉시 화상을 입을 수도 있다. 그렇기 때문에 사회인들은 몸의 '안전함을 위하여' 성의 불꽃을 증오하게 되는 것이다.

다행스럽게도, 그런 몸의 안전함을 추구해서 성공한 사회인들의 숫자가 그다지 많지 않다. 그 옛날 아담의 불꽃이 여전히 타오르고 있다. 그리고 그 성의 불꽃이 점점 차례로 퍼져나가게 된다. 어떤 때에는 연기만 피어오르던 불이 부드럽고 빨간 불꽃으로 타오를지 모른다. 또 어떤 때에는 순간적으로 불꽃을 일으키고 난 후 꺼져버릴지도 모른다. 혹은 불꽃이 타올라 차례로 퍼져나가서 찬란한 빛을 발할 수도 있다.

성의 불꽃이 타오를 때마다 그 불꽃은 자기가 불러온 상대방의 불꽃도 타오르게 할 수 있다. 이것은 따뜻한 느낌과 편안한 기분을 더해 줄지 모른다. 이럴 때 사람들은 '난 이 여자가 마음에 들어. 그 여잔 참 멋진 여자야'라고 말하는 것이다. 그리고 조용히 타오르고 있는 불꽃의 부드러운 빛으로 말미암아 세상이 좀 더 좋아지고, 인생이 좀 더 보람 있는 것으로 보일 수 있다. 이럴 때 사람은 '저 여성은 매력적이야. 난 저 여자를 좋아해'라고 말하는 것이다.

그리고 한 여자가 일으킨 불꽃은 먼저 자기 자신의 얼굴부터 환하게 비추며 그 다음으로 세상을 비춘다. 그럴 때 사람들은 '저 여성은 아름다워. 저 여잔 나에게 매력적이다'라고 말한다.

사랑스러움의 진정한 감정을 불러일으켜 주는 여자는 드물다. 이것은 태어날 때부터 아름다운 여성을 말하는 것이 아니다. 내 말은 미에 대해 우리들의 잘못된 사고방식을 고쳐야 한다는 뜻이다. 디안느 드 프와티에나 혹은 랭트리 부인은 그 명성이 아직까지 높지만 이런 미인들은 여태까지 얼마든지 있었으며 현재도 대단한 미인은 엄청나게 많다. 그러나 진정 사랑스러운 여성들이 적다는 사실은 무척 아쉽다.

그것은 무슨 이유 때문일까? 그것은 여성이 자신의 성적 매력을 충분히 발산하지 못하기 때문이다. 미모를 갖춘 여성이라 하지라도 그 여자의 내부에 있는 성의 불꽃이 타올라 순수한 빛을 띠지 않는다면, 사랑스러운 여성이 될 수 없다. 그 여성이 지닌 성의 불꽃이 타올라 얼굴에 퍼져 '나'의 내부에 있는 성의 불꽃과 만나게 될 때 비로소 나에게 사랑스러운 여자가 되는 것이다.

이렇게 해서 여성은 나에게 사랑스러운 여자가 되는데, 단지 생명력이 결여된 사진 속의 모습이 아니라, 생기 넘치는 육체를 가진 매력적인 여자가 된다. 사랑스러운 여자는 얼마나 매력적인가! 하지만 유감스럽게도 그런 여자는 극소수에 불과하다. 얼마나 평범한 미인만이 가득 찬 세상인지!

얼굴이 예쁘고 외모가 뛰어나도 그것은 결코 사랑스럽다고 할 수 없고, 또한 참된 의미에서 아름답다고 하는 것과도 거리가 멀다. 얼굴이 예쁘고 외모가 뛰어난 여자란 단지 좋은 외모와 적당한 머리카락을 가졌다는 것뿐이다. 그러나 사랑스러운 여성은 하나의 체험이라 할 수 있다. 그것은 소통되는 불꽃의 문제이다. 그것은 우리들의 척박하고 진부한 현대 어법으로 말한다면, 성적 매력의 문제이다. 성적 매력이라고 하는 말은 프와티에게 사용하거나 혹은 누구나 자기 아내와 사랑을 나눌 때 아내에게 사용하면 그 자체가 욕설과 경멸을 의미하는 것이 될 뿐이다. 그러나 오늘날 그것은 사랑스러움의 불꽃 대신 성적 매력이 되어 버렸다. 이 두 개의 용어는 같은 것이지만 정도에 있어서는 차이가 크다.

예쁘고 일 잘하는 여비서가 사업가에게 주는 가치도 주로 그 성적 매력에서 찾아 볼 수 있다. 그러나 이것은 조금도 '부도덕한 관계'를 의미하는 것은 아니다.

오늘날 다소 너그러운 마음을 가진 여성은 남성이 받아 주기만 하면 늘 남성에게 도움을 주고 싶어한다. 그리고 이처럼 남성이 자신의 도움을 받아주기를 원하는 마음이 곧 여성의 성적 매력이다. 그것은 비록 열기가 낮은 불꽃이지만 역시 순수한 불꽃이라 할 수 있다.

아직도 성적 매력은 '사업'계를 활기차게 하는데 도움이 될 수 있다. 만약 그 여비서가 사무실에 없었더라면 그 사업가는 벌써 망해버렸을지도 모른다. 여비서는 자기 내부에서 신성한 불꽃을 일으켜 사장에게 전달한다. 그러면 사장은 힘이 넘치고 낙천적인 기분이 새롭게 충전되는 것을 느끼게 되고 따라서 그의 사업은 번창한다.

물론 성적 매력에는 다른 면도 있을 수 있다. 그것은 마음이 끌린 상대에게 파멸을 불러일으킬 수도 있다. 여자가 성적 매력을 자기 이익만을 위해서 사용할 때 즉시 그것은 불행한 남자에게 저주의 대상이 될 수 있다. 그러나 이 같은 성적 매력에 대한 측면은 최근에 너무 남용되어 그 전과 같이 위험하지는 않다.

발자크[71])의 소설에서 그렇게 많은 남자들을 파멸시킨 요부들도 이제 오늘날에는 그렇게 쉽게 남자들을 휘어잡을 수 없을 것이다. 왜냐하면 남자들도 이제 눈치가 빨라 그 의도를 알아채고 있기 때문이다. 은근히 관심을 보이며 접근하는 요부를 만나게 되면 적극적으로 피하려고 한다. 사실 오늘날 남성들은 여성의 성적 매력을 조금이라도 느끼는 순간 그런 여성들을 경계하는 경향이 있다.

성적 매력이 삶의 불꽃을 더럽히는 것에 불과하다고 말하는 것은 슬픈 일이다. 그러나 여성이 남성의 내면에 작은 불꽃을 일으킬 때 그 남성은 비로소 능력을 최고로 발휘해 성공하게 된다. 여성도 사랑을 느끼고 있지 않으면 내면에서 우러나오는 기쁜 마음으로 가사 일에 몰두할 수 없다. 여성들은 그것을 알지 못한 채 50년 동안 얌전히 사랑 속에 묻

---

71) 발자크(1799-1850): 프랑스의 대표적 리얼리즘 소설가 대표작으로 연작 소설 『인간희극』과 『고리오 영감』 등이 있음.

혀 지낼 수도 있다.
 만약 현대문명이 우리들에게 성적 매력을 표현하는 방법을 적당하고 효과적으로 가르쳐주었다면, 성의 불꽃은 때에 따라 그 강도에 높낮이가 있고 전달의 방법에는 차이가 있지만 늘 청순하고도 생명력 있게 타오르도록 하는 방법을 가르쳐주었다면, 우리들 모두가 사랑 속에 살 수 있었을 것이다. 다시 말해 우리들은 우리들의 모든 방식과 모든 일에 불꽃과 열정으로 가득 차 있어야 함을 의미한다. 하지만 요즈음 현대 생활 속에는 타버린 재만 보일 뿐이다.

성의 탄생

　　바로 앞 장의 이야기는 주제에서 다소 벗어난 것 같다. 이제 원래의 주제로 되돌아가겠다. 내 이야기에서 주제의 일관성이 흐트러져 있는가? 어쩌면 그럴 수도 있다. 그것은 상대적인 문제일 수 있다. 어린아이는 단 하나의 성만 지니고 태어나며, 주어진 그 성으로 일생을 살아가게 된다. 두 가지 성이 섞이는 일은 절대 없으며 다만 역할에 있어 변화는 있을 수 있다. 여성의 역할을 하는 남자라도 남성임에는 변함이 없다.

　　남성과 여성이라는 의미에서의 성은 출생의 순간에 결정되며, 모든 어린이의 동작과 행동 전반에 나타나 있다. 그러나 생명력이 넘치는 성적인 관계에서 볼 수 있는 진정한 의미의 성은 어린아이에게 있어서는 아직 존재하지 않으며, 사춘기에 접어들 때까지도 나타나지 않는다. 사실 어린아이도 일종의 성 의식을 가지고 있다. 소년과 소녀들이 서로 음란한 행동을 할 수도 있다. 그러나 그것은 아직 생명력이 없는 것이다. 그것은 일종의 실체가 없는 행위, 다시 말해 몽상적 행위이다. 그것은 그렇게 큰 영향을 끼치지 않는다.

그러나 소년 소녀들은 될 수 있는 대로 서로 떼어놓는 것이 좋다. 왜냐하면 그들 사이에 가로 놓여 있는 심연에 대한 관심과 두려움을 가질 수 있도록 하고, 또 나중에 다 자라서 상대에게 주어야 할 신비로움에 대하여 일종의 존경심과 경외감을 서로에게 가질 수 있도록 하는 것이 바람직하기 때문이다. 두 가지 성에는 큰 차이가 없다고 하는 사람도 있지만 그것은 잘못된 말이다. 분명히 둘 사이에는 차이가 있다. 소년의 내부에는 어떤 한 개의 세포도 남성적 특징을 띠지 않은 것이 없고, 소녀의 경우도 마찬가지로 소녀는 영원히 여성으로서 살아갈 것이다. 여자가 느끼는 감정이나 의식구조는 남자의 경우와 전혀 다르고, 반대로 남자도 역학상의 측면에서 볼 때 여자가 느끼는 방식과 의식구조를 도저히 흉내낼 수 없다. 또한 남자가 수동적으로 행동하거나 여성특유의 민감함을 지니고 행동하더라도 여전히 남자임에는 틀림없으며, 남성적이지 않은 감정은 하나도 없다. 그리고 여자가 말을 하거나 글을 쓸 때 남자에게서 배우지 않은 것은 하나도 없다. 남성들은 그들의 감정을 여자에게서 배우고 여성들은 그들의 정신의식을 남성으로부터 배운다. 이것은 앞으로도 계속 그렇게 될 것이다. 그러므로 여자는 감정으로 평생을 살며, 남자는 선천적으로 지니고 있는 목적의식을 위해 평생을 산다. 감정은 그 자체가 하나의 목적이다. 이 말은 여자에게는 진리일지 모르지만 남자에게는 한 순간도 그런 생각이 들지 않는다.

예를 들어 모파상이나 오스카 와일드[72])처럼 향락적 정신에 몸을

---

72) 오스카 와일드(1854-1900): 아일랜드 태생의 영국의 탐미파 시인・극작가・소설가. 대표작으로

담고 감정에 휩싸인다면 남자는 그런 감정의 희생자가 될 수밖에 없다. 여자는 남자에게 있는 목적의식의 깊이와 깊숙한 정신세계를 이해하기 힘들 것이다. 또 남자는 감정이 여자에게 얼마나 신성한 것인가를 결코 이해할 수 없다. 그래서 각자 자기의 상대와 게임을 하고 놀고 있지만 그들은 서로 떨어져 있는 것이나 마찬가지이다.

남자와 여자의 행동양식과 모든 특징은 전혀 다른 것이다. 그러므로 소년, 소녀가 맑고 순결하게 본래의 모습을 간직하도록 하기 위해 그들을 서로 떨어져 있게 하는 것이 바람직할 것이다. 서로 어울려 사귀게 되면 친하게 되어 '친구'가 됨으로써 남녀가 가지고 있는 본연의 성질을 잃게 된다. 그래서 그들은 미래의 소중한 보물, 즉 생명력 넘치는 성적인 민감성과 생명이 지니고 있는 힘찬 마법과 같은 힘을 잃게 되는 것이다. 왜냐하면 그러한 신비한 마법과 같은 힘과 생명의 원동력은 상대가 서로 다르다는 생각에서부터 솟아나는 것이기 때문이다.

진정한 성은 정반대의 성질이 서로 강하게 끌어당기는 힘이다. 우리가 알고 있듯이, 그 성질은 사춘기가 되면서 꽃이 핀다.

그 과정은 어떻게 이루어질까? 알다시피 어린이에게는 두 개의 중요한 교감신경과 의지를 조절하는 두 개의 중요한 신경조직이 있다. 어린이는 이러한 네 개의 역학적 정신세계사이에 확립되어 있는 동적 의식의 중요한 범위 내에서 살아간다. 교감중추 속에 있는 태양 신경조직과 허리에 있는 요추 신경조직, 즉 횡경막 아래에 있는 중요한 신경중추는 모든 인간 의식 활동에 필요한 에너지의 원동력이 된다. 이것과 대칭되

『도리언 그레이의 초상화』와 『살로메』가 있음.

는 것으로 횡경막 위에 있는 심장 신경조직과 흉부 신경조직이 있다. 활발하게 움직이는 우리의 의식과 활기차고 창조적으로 이루어지는 인간관계의 교류는 체내에 있는 것이든 외부에서 오는 것이든, 모두 이들 네 가지 신경조직을 중심으로 이루어진다. 이 네 개의 신경조직은 어린이가 생후 12년에서 14년이 될 때까지 동적 의식이 활동하는 최초의 무대를 형성하게 된다.

그리고 이제 변화가 시작된다. 이 변화는 서서히 점진적으로 일어나며, 우리는 이것을 피할 수 없고, 또 이것에 대해 준비도 할 수도 없으며 조절도 불가능하다. 살아 있는 영혼은 스스로를 펼쳐나가며 새로운 변모를 추구해나간다.

변모라는 것은 보다 깊은 의식 중추와 기능 중추가 생물학적 정신세계 속에서 눈을 뜨는 과정이다. 이전까지는 하반신 깊숙이 자리 잡고 있는 중요한 교감 중추인 하반신의 조절중추는 꿈속과 같이 무의식작용을 해왔으며, 대칭적 위치에 있는 지각 중추인 선골신경조직과 균형을 이루고 있다. 열두 살이 되면 이 두 개의 중추가 깊은 울림의 힘으로 서서히 깨어나 개인의 삶의 전반적 형성에 변화를 주기 시작한다.

그리고 복부의 깊숙한 곳에 자리 잡고 있는 교감 중추와 허리에 있는 의사결정 중추가 서서히 빛을 발하며, 꿈에서 깨어나 활동을 시작함에 따라, 상체에서는 이에 맞추어 두 개의 신경조직이 눈을 뜨게 된다. 후두와 목 주변에 소위 여러 신경조직이 눈을 뜨고 활동을 시작한다.

이때가 되면 동적 의식이 눈을 뜨기 때문에 새로이 펼쳐나갈 삶의 무대는 소년기보다 훨씬 넓어진다. 이제야말로 다양한 현상들이 눈앞에 펼쳐진다. 우선 실질적 성이 낯설고도 조절하기 어려운 모습으로 우리 내부에 자리 잡는다. 하반신에 일어나는 분명한 변화가 바로 이것이다. 이때 여자의 상반신에는 유방이 발달하기 시작하며 후두의 모양이 변하게 된다. 또 남자는 변성기를 겪게 되고 입술과 목 주위에 수염이 나기 시작한다. 하반신의 경우 하복부 신경조직과 선골신경조직이 서서히 활동하게 되고, 상반신의 경우 경부 신경조직과 인후 신경조직이 서서히 자유로운 활동에 들어가게 된다. 이때 뚜렷한 생리적 변화들이 나타난다.

    털은 왜 상부와 하부의 교감신경 근처에만 나는지 이해할 수 없다. 어쩌면 보호 기능을 위한 것일지도 모른다. 신체에 이상이 생길 정도로 심한 기후 변화가 있을 때, 강하지만 매우 민감한 중추 신경부분을 보호하기 위함일 수도 있다. 아니면 외부의 충격을 받았을 때 털이 경고를 해줌으로써 신경을 보호하기 위해 필요한 것인지도 모른다. 또한 여러 가지 강력한 진동에 보호막이 되는 동시에 자신에게 맞는 활기찬 진동을 받아들이는 통로 역할을 하기 위하여 필요할 수도 있다. 우리의 머리카락도 뇌에서 나오거나 들어오는 생리적 활동, 즉 생기 있는 활동의 흐름을 전달하는 민감한 진동의 매개체 역할을 한다고 볼 수 있다. 그리고 강력하게 용솟음치는 생명의 중추에 나있는 털은 생명의 상징인 닭의 벼슬처럼 일종의 과시를 나타내는 것일 수도 있다. 이런 것들이 털이 난 원인일 수도 있고 더 많은 원인이 있을 수도 있다.

    그리고 활동적인 의식과 존재에 관여하는 네 개의 신경중추가 갑자기 눈을 뜨는 것과 동시에 모든 것에 변화가 일어난다. 얼굴은 이제 자기만의 모습을 갖추게 되며 팔과 다리는 모체 안에서의 부드럽고 둥근 어린이의 형태를 벗어나 발달하기 시작하는 등, 신체에 여러 특징이 나타나게 된다. 낯설지만 창조적인 변화가 우리의 몸에 찾아 온 것이다. 어린아이는 사춘기를 기준으로 이전과 이후는 전혀 다른 모습을 띤다. 이 새로운 탄생, 즉 유아기의 바다로부터 새로운 생명으로 탈바꿈하는 것은 참으로 낯설게 느껴질 수 있다. 이것이 바로 우리가 두려워하는 부활일 수도 있다.

그리고 이제야말로 새로운 세계, 새로운 하늘과 새로운 대지가 나타난다. 드디어 새로운 관계가 형성되며, 여태껏 차지하고 있던 낡은 관계들은 제 위치에서 물러나게 된다. 지금부터 부모는 남녀 교사에게 자리를 양보하게 되며, 형제자매의 자리는 대신 친구가 차지하게 된다. 이제야말로 청춘기의 열애와 진정한 우정이 넘치는 시기이다. 사춘기 이전의 어린아이에게는 놀이 상대가 있다. 그런데 사춘기 이후부터는 친구와 동시에 적도 생기게 된다.

열정적인 관계의 완전히 새로운 장이 펼쳐진다. 낡은 관계들은 사라지고 낡은 사랑도 물러간다. 부모와의 관계도 완전히 단절되지는 않지만 다소 약해진다. 그리고 가족 간의 사랑도 완전히 없어지지는 않지만 유대감이 약화된다. 이 시기는 다른 사람으로 탈바꿈할 시간이다. 낯선 사람이 자기 안으로 들어오도록 허락하는 시기이다.

이때가 바로 최초로 진정한 자신의 모습을 갖추게 되는 시기이며, 진정한 책임감을 느낄 수 있고, 진정한 고독감을 맛볼 수 있는 시기이다. 어린아이는 버림을 받았을 때 느낄 수 있는 깊은 절망감을 알고 있다. 하지만 성장기에 있는 청소년은 독립된 개인으로 성장해서 홀로 서기를 해야 하는 미지의 고통을 맛보게 된다.

　이런 모든 변화들은 하나의 고통이면서도 한편 하나의 즐거움이기도 하다. 이것은 하나의 지각 변동이며 새롭게 열리는 세계이다. 어쩌면 이 시기는 우리들에게 가장 진지한 시간일 수 있다. 하지만 이 시기의 우리는 아직 그 무거운 짐을 질 수 있는 힘은 없다.

　이제 성의 활동이 활발하게 된다. 사춘기가 될 때까지 성은 숨어서 그 모습을 드러내지 않고, 단지 징조로만 나타날 뿐이다. 사춘기 이후가 되면 성은 엄청난 모습으로 나타난다.

　도대체 성이란 무엇일까? 만족스럽게 설명할 수 없다. 하지만 이것만큼은 알고 있다. 즉 성이란 인간과 인간 사이에 있는 강하게 끌어당기는 힘이며, 끊임없이 흐르고 있는 힘의 순환이다. 여기까지의 정신분석학 이론은 옳은 것 같다. 어른이 된 두 사람 사이에는 강한 힘, 자기력, 또는 전기, 무엇이라고 불러도 좋지만 어쨌든 그런 힘이 있다. 두 사람 사이의 활기찬 관계는 이러한 힘에 바탕을 두고 역동적인 음양의 흐름에 따르는 것은 사실이다. 하지만 이러한 역동적인 흐름이 과연 성과 관련이 있는 것일까?

　이것은 정신분석학에 있어 아직 해결이 안 된 부분이다. 분명하게 드러나는 성의 겉모습에서 성을 검토해보기로 하자. 남녀간의 성적 관계는 성교 행위에서 끝난다. 자, 그러면 성교란 무엇일까? 우리들은 그 기능상의 목적이 증식이라는 것을 알고 있다. 하지만 우리들의 경험과 시, 소설에 비추어 보면 증식이라는 목적은 개개인 남녀에 있어서는 부차적인 문제에 불과하다는 것은 너무나 분명한 사실이다. 개개의 인간에게 있어서 성교 행위라는 것은 위대한 정신적 경험이며, 강렬하고도 매우 중요한 경험이다. 개인의 삶과 존재 그 자체가 이러한 생동감이 넘치는 개인의 경험에 달려 있다.

그렇다면 경험이란 또 무엇인가? 그것은 말로 표현하기 어렵다. 다만 우리는 다음과 같은 것을 알고 있을 뿐이다. 성행위시 강렬하고 활기찬 전기 — 적당한 말이 머리에 떠오르지 않아서 유추하여 전기라고 부른다 — 로 엄청나게 충전되어 있는 남성의 혈액이 자석에 이끌리듯이 여성의 혈액을 향하여 돌진하여 넘쳐 솟아오른다. 이 두 사람에게 있어 살아 있는 혈액 전체가 강렬한 자기장을 형성한다. 그러므로 두 개의 극은 반드시 접촉할 수밖에 없다. 성행위시 두 사람의 혈액의 바다가 물결치며, 가능한 한 가까이 접촉하고 싶어서 파도치며 서로 부딪쳐 하나가 된다. 두 개의 전류가 서로 맞닿아 불꽃을 일으키듯이, 또는 엄청나게 충전된 번갯불이 구름 사이로 나오듯이 성행위의 찬란한 섬광이 일어난다. 두 사람의 혈액 속으로 번갯불이 빛을 내며 흘러 들어가며 천둥과 같은 감각이 사방으로 울려 퍼지고, 두 사람의 신경이 흘러내려 점차로 울림이 감소되고 마침내 긴장이 사라지는 것이다.

두 개체는 다시 분리된다. 하지만 그들은 이전과 달라진 것이 없을까? 폭풍우가 지나간 후에 대지는 전과 달라진 것이 없을까? 아니다. 대기는 새롭고 신선하게 변했으며 새로운 느낌으로 온몸은 꿈틀거리는 것이다. 멋지게 성행위를 하고 난 후, 남녀의 혈액도 이와 마찬가지다. 매춘과 같은 거짓된 성교 후에는 신선함이 없고 일종의 해체감만이 남아 있을 뿐이다.

그러나 성행위 후에는 혈액의 화학적 성분의 변화로 인해 잠이 와 몸 전체의 조직이 화학적이고 생물학적으로 재적응할 수 있는 시간을 제공한다.

그래서 혈액은 폭풍우가 지나간 뒤의 대기처럼 새롭게 변화하고 신선하게 재창조된다. 살아 있는 새로운 혈액에서 신선하고 신비로운 파도가 생겨나며, 생명력이 넘치는 여러 신경중추의 하복부 신경조직과 선골 신경조직에 자극을 준다. 이런 신경중추로부터 새로운 충동, 새로운 환상과 새로운 존재가 생겨난다. 신선한 혈액의 파도에서 이는 물거품 속에서 아프로디테[73]처럼 솟아오른다. 이렇게 해서 한 개인의 삶이 나아가게 된다.

이렇게 볼 때 성행위란 어쩌면 한 개인의 정신적인 실체 속에서 어떤 의미를 지닐 수 있는 것이라고 말해도 좋을 것이다. 성행위는 엄청나게 충전된 남성의 혈액이 자석처럼 끌어당기는 여성의 혈액과 서로 합쳐 강렬한 섬광이 교차되는 것이며, 이것이 남녀 양성에 있어 피의 조성과 존재의 본질 그 자체를 변화시키는 것이다.

이것이 확실히 성이다. 그러나 이것이 성의 전부일까? 그것이 문제이다. 앞서 이야기했듯이 피는 성행위 후에 새롭게 바뀐다. 그리고 새로운 불꽃을 피우는 혈액으로부터 새롭게 느끼는 전율, 즉 감정, 충동, 활력의 전율이 하반신의 중요한 여러 중추신경에 전달된다. 그러면 우리가 느끼게 되는 이 새로운 전율은 어떤 역할을 할까?

지금부터 새로운 이야기가 전개된다. 이 새로운 전율은 생명력 넘

---

[73] 아프로디테: (그리스신화) 사랑과 미의 여신, 로마신화의 비너스에 해당함.

치는 상반신의 중추신경에 전달된다. 신체 조직 내에서 자기 자신의 극성이 변화를 한다. 상반신의 중추인 심장조직, 경부 신경조직, 흉부 신경조직들은 이제 적극적으로 활동을 시작한다. 그리고 하복부의 태양 신경조직과 요추 신경조직은 당분간 수동적이고 소극적인 역할을 하게 된다.

그 다음엔 무슨 일이 일어날까? 상반신의 중추신경이 적극성을 띠고 활발하게 움직이기 시작할 때 무슨 일이 일어나는 것일까? 이제 또 다른 이야기로 넘어간다. 이때 눈에는 새로운 시야가, 귀에는 새로운 소리가, 목에서는 새로운 목소리가, 입에서는 새로운 말이 펼쳐지게 된다. 이제 새로운 노래가 흘러나오고, 뇌는 잠에서 깨어나 새로운 사상에 눈을 뜨고, 심장은 새로운 활동 영역을 갈망한다.

심장은 새로운 활동, 즉 새로운 집단 활동을 갈망한다. 다시 말해 남자들 사이에 서로 끌리게 되는 새로운 관계를 갈망하게 된다는 것이다.

이것은 다른 사람들과 서로 끌리는 관계에 대한 갈망, 즉 또 다른 하나의 친교에 대한 갈망이라 할 수 있을까? 이것은 여자를 처음 만났을 때와 똑같이 성욕을 느끼는 것으로 볼 수 있을까? 결코 아니다. 이 끌리는 힘은 전혀 다른 것이다. 이 힘은 가슴과 두 어깨와 목의 신경조직과, 활동과 충전을 조절하는 신경조직으로 이동한다. 남자는 여자와 성행위 이후에 새롭게 변화했으므로 이에 세계를 변화시키기를 바란다. 그래서 같은 성향을 지닌 남자들 사이에 서로 열정적으로 끌리는 새로운 감정이 나타나게 되면 남녀 사이의 끌리는 힘은 약화되어 소극적으로 되어버린다. 밤보다는 낮이 중요하게 되고, 성을 잊어버리는 시간이며 새로운 세계 건설을 위해 바빠져야 할 시간이기도 하다.

서로를 끌어당기는 이 새로운 힘, 동료나 친구간의 새로운 열정의 교류, 이것 또한 성적인 것일까? 그것은 서로 끌어당기는 열정의 활기찬 교류이다. 그렇다면 그것은 성적인 것일까?

그렇지 않다. 적극적인 교류를 조절하는 신경조직은 상반신의 신경이기 때문이다. 역동적인 힘을 가진 동료들 사이에서 이루어지는 접촉은 어떤 것일까? 그것은 서로를 이해하여 마음을 일치시키는 사업상의 순수한 협력관계이다. 공동의 위대한 목적을 위하여 각자의 열정을 합치시키는 것이다. 많은 사람들이 하나의 위대한 목적에 대하여 열정을 가지고 협력하는 것은 남자들에게 있어서 하나의 위대한 목적 달성이다. 하지만 이것이 성적이라고 할 수 있을까? 성이 무엇인지 알고 있으면서 우리는 그것을 또한 성적이라고 부를 수 있을까? 아니, 그럴 수 없다.

위대하고 열정적인 공동의 목적을 위하여 많은 사람들이 만난다는 것은 성이 아니며 또한 성과 혼동되어서도 안 된다. 그것은 정반대의 방향으로 가고 있는 위대한 움직임이다. 분명히 남성에게 있어 최대의 궁극적 욕망은 위대한 목적이 있는 활동에 대한 욕망이다. 남자가 목적이 있는 창조적 활동에 대해 스스로 깊은 신념을 잃었을 때 그는 파멸하고 있는 것이다. 그가 성적인 완성을 최대의 목적이라고 생각할 때, 비록 그것이 자신의 영혼 깊숙이 숨어 있는 생각이라 할지라도, 그때부터 절망은 시작된다. 그가 여자와 아이를 자기 인생의 가장 큰 중심이라고 생각할 때 절망은 시작되는 것이다.

남자는 용감하게 자기 자신의 영혼에 복종하며 인생을 창조하는 일에 스스로 앞장서서 자기의 책임에 충실해야 한다. 동시에 집에 있는 아내의 곁으로 돌아와 아내가 요구하는 성생활에 기꺼이 응할 용기가 있어야 한다. 하지만 이 두 가지의 역할을 혼동해서는 안 된다. 남자는 늘 인생의 개척자라는 것이 본래의 임무이며, 자신의 대담한 영혼에만 의지하여 미지의 세계로 나아가야 한다.

여자는 남자에게 있어 낮의 빛이 사라지는 황혼 무렵, 야영지의 모닥불 주변에서만 존재하는 것이다. 저녁과 밤은 여자의 것이다.

우리들의 성을 완전한 상태로 만들려고 하는 정신분석학자들은 항상 우리에게 끝없는 해를 끼치고 있다.

이제 우리들은 그들의 이론을 떨쳐버리고 열정적인 목적을 가지고 남자들끼리 대(大)결합을 이루어야 한다. 그것은 성적인 것이 아니다. 성은 항상 개인적이다. 남자는 누구의 것도 아닌 자기 자신의 성을 가지고 있다. 그리고 성이라는 점에 있어서는 남자는 독립된 단일개체이다. 그는 다만 한 개인으로서 다른 사람과 사귀게 된다. 그러므로 성을 일반화한다는 것은 잘못된 거짓말에 불과 하다. 대중을 모아놓고 성이 사회의 일반적인 관심사인 것처럼 성에 관해 강의할 수 없다.

우리들은 남성의 위대한 목적으로 되돌아가 열정적으로 협력해서 세상을 만드는 일에 적극적으로 참여해야 한다. 이것이야말로 다수의 진정한 협동인 것이다. 그리고 그렇게 협동할 때 우리들은 개인임을 상실한다. 성적인 결합을 할 때 우리는 한 상대와 같이 하나가 된다. 그것은 개인적인 문제이며 우열의 문제는 없다. 하지만 열정적인 목적을 가지고 협력할 경우에 한 개인은 기꺼이 자신을 버린다. 자신의 충실한 영적인 삶 속에서 절실히 다가오는 커다란 충동을 향하여 자기 몸을 버리는 것이다. 자신의 이름, 명성, 재산, 생명 이 모든 것들을 버려야만 할지도 모른다. 하지만 남자가 자신의 영혼에 비추어 옳다고 생각하는 것을 일단 한번 믿으면, 그 신념에 자신을 희생시키고 집단의 일원이 된다. 그는 자신이 하고 있는 것을 잘 알고 있다. 그는 자신의 영혼 속에 있는 가장 깊은 욕망에 따라 기꺼이 희생한다. 그러나 그는 희생해서 그 희생의 순결함에 책임을 느낀다.

하지만 성적인 완성을 그의 최고의 목표라고 믿는다면 어떻게 될까? 그는 자신의 몸을 던질 목적이 자신을 즐겁게 할 수 있을 때에만 열심히 일한다. 이 기간이 지나면 그는 그 목적을 무시하고 성으로 되돌아간다. 성을 유일한 제일의 목적이라고 받아들였을 때 세계는 절망과 무질서의 상태로 표류한다.

남자들은 친구와 동료로서 신념의 크나큰 집단적 열정으로 서로 단합해 자신의 영혼이 선택한 지도자를 따르게 되는데, 이것은 성적인 열정이 아니다. 어떤 의미로 보아도 그렇지 않다. 성은 어떤 두 사람을 하나로 만든다. 하지만 성이 집단적 목적을 갈구하는 남성의 지배적 열정에 종속되지 않는다면 그 성은 사회를 해체시키는 성향이 있다.

그러나 성적 열정이 위대한 목적의식을 가진 열정에 종속될 때 인간은 비로소 완전한 균형을 이루게 된다. 그리고 그것이 진실한 성적 열정을 지닌 대다수 개인 속에서 성취된다고 하는 전제조건이 아니라면 어떤 위대한 목적의식을 지닌 열정도 오래 지속될 수 없다. 동기, 이상, 사회, 정의가 아무리 위대하다해도 대다수의 인간관계와 개인의 성적 완성이 이루어지지 못한다면 그것은 단 한 순간도 지속될 수 없다.

이 두 가지는 동시에 해결될 수 있는 것이 아니다. 성을 일생에 가장 중요한 목표라고 주장한다면 남성이 가지고 있는 중요한 목적은 붕괴되어 버리고 무질서가 초래된다. 반대로 목표달성을 일생의 가장 고결하고 중요한 활동이라고 주장한다면 현대의 경제생활과 정치생활 등은 불임상태에 빠지게 된다. 따라서 인간도 불임상태에 빠지게 되며 무질서는 불가피한 것이 되고 만다. 현대가 바로 그런 시기가 아닐까? 우리들은 모든 개인의 강렬한 성적 달성을 기초로 하고 그 위에 위대한 목적을 달성하려는 활동을 해야 한다. 이것이야말로 이집트가 그렇게 오랫동안 지속된 방식이다. 하지만 우리들은 그럴 때에도 성적 완성을 목적의식을 지닌 위대한 열정에 종속시켜야 한다. 그 둘이 놓이는 위치의 간격을 아주 좁혀야 하지만 그 위치를 반드시 유지해야 한다.

어린아이의 이야기로 다시 되돌아 가보자. 프로이드는 모든 인간 활동의 원인을 성적 동기로 보았는데 그의 생각이 어디에서 잘못되었는지 이제 전보다 좀더 분명하게 밝혀졌으리라 생각된다. 예를 들어 어린아이에게 있어서 진정한 성적 동기라는 것이 존재하지 않는 것은 분명한 사실이다. 성과 관련된 중요한 중추신경이 아직 깨어나 있지 않다. 하지만 세 살짜리의 아이에게 있어 초기단계의 성적 특징이 멀리서 희미하게 다가오는 그림자의 형태로 나타날 수 있다. 그러나 그것은 아직 미완성의 단계로 생물학적 중추신경으로부터 발생하며 단지 거부감을 주는 침입에 지나지 않는다. 하반신의 신경조직에 속해있는 여러 성중추신경과 강력한 선골 신경조직은 느리게 움직여 사춘기 이전의 어린아이에게는 일종의 태아 상태로 머물러 있기 때문이다. 이것은 세상에 빛을 보기 전의 아이까지도 태내에서 움직이며 발로 찬다는 것을 생각하면 충분히 이해가 될 수 있을 것이다. 마찬가지로 어린아이에게 있어 중요한 성을 조절하는 중추 신경이 가끔 맹목적으로 무엇인가를 발로 차는 동작을 하게 한다. 그것은 어린이 시절에 일어나는 현상의 하나이다. 하지만 불쾌하고도 확실하지 않는 이런 현상에 대해 아이들을 꾸짖는 일이 있어서는 안 된다. 또 이것을 지적인 의식 속으로 끌고 들어가서도 안 된다. '쉬!'라고만 말하고 넘어가는 것이 좋겠다. '망할!', '흥!' 등 약간의 경멸감을 나타내며 꾸짖는 정도에 그치는 것이 좋다. 화를 내거나 무섭게 꾸짖어서는 절대 안 된다. 또 큰 소란을 부리며 야단을 쳐서도 안 된다. 사실 그림자에 불과한 것이니까 그림자처럼 취급하여 그것을 의식하는 일이 없도록 매우 조심하지 않으면 안 된다. 강한 수치심과 공포의 씨앗을 심어 주지 않도록 조심해야 한다. 다만 경멸적이고 무관심한 차가운 분위기를 만들어 그대로 내버려두는 것이 좋겠다.

사춘기 이후에는 성에 대한 필요한 사실들을 간단하게 이야기해 주는 것이 좋다. 사실 성의 변화가 이미 눈앞에 나타나고 있으므로 부모는 그렇게 하는 것이 좋다. 하지만 냉정한 태도로, 될 수 있는 대로 침착하게, 무심코 내뱉는 듯한 어조로 다음과 같이 말하는 것이 좋다. '야, 넌 이제 어린애가 아니야. 그건 너도 잘 알 테지, 그렇지? 어른이 되는 거야. 어른이 된다는 것이 무엇을 의미하는지 알 거야. 네가 여자와 결혼해 애를 낳는다는 것을 뜻해. 너는 그것을 알고 있고, 나도 알고 있어. 하지만 이제 네 몸을 가만히 내버려두거라. 난 너 자신과 너의 감정에 많은 귀찮은 일들이 일어나고 있는 걸 알고 있어. 너에게 일어나는 것은 모두 알고 있어. 그리고 넌 그것 때문에 초조해 하고 있는 것도 난 알고 있어. 하지만 그럴 필요는 없어. 누구나 모두 경험해 본 일이니까. 그러니까 숨어서 살살 쓸데없는 짓을 하지 말라는 거야. 그런 짓은 몸에 도움이 되지 않아. 그리고 네 몸을 가만히 두라고 한 내 말을 잊지 말아라. 다시 말하겠는데, 난 모든 것을 알고 있어. 나도 그것을 모두 경험해 보았으니까 말이야. 네가 결혼하고 싶고 실제로 결혼할 수 있는 여자를 찾을 수 있을 때까지, 이제부터 넌 앞으로 몇 해 동안 내가 너에게 말한 그대로 해야 해. 나도 해보았지만, 자신을 흥분시키는 것은 몸에 도움이 되지 않아. 자제하도록 해. 언제나 자제하며 남자답게 행동해라. 이것만이 중요한 거야. 앞으로 언젠가 남자답게 행동하도록 지금은 조심하며, 조용히 자신을 지켜나가거라. 내가 이 모든 것을 알고 있다는 것을 잊지 말아라. 나도 마찬가지였어. 네가 느끼는 지금 상태와 마찬가지였어. 나 역시 어리석고 해로운 짓을 했는데, 그것을 너에게 되풀이하게 하고 싶진 않아. 그런데 정말로 곤란한 일이 일어나면 나에게 오란 말이야. 그리고 숨어서 몰래 살살해서는 안 된단 말이야. 이제 네가 경험하고 있는 것과 아직 모르고 있는 것도 나는 다 알고 있어. 나는 너 못지않게 나빴으며 어쩌면 너 이상으로 나빴을 거야. 너에게 바라는 것은 단지 하나, 남자답게 행동하라는 것이야. 남자답게 되려고 노력하며 조용히 자기를 지키는 거야.'

  이것은 아버지가 사춘기에 도달한 아들에게 들려줄 수 있는 이야기이다. 당신은 스스로 행한 행동에 무척 신중해야 한다. 특히 당신이 아버지일 경우 성을 지적 관념으로 해석해서는 안 된다. 또 성으로부터 과학적 사실을 이끌어 낸다는 것은 죽음과 다름없다.

사실 진정한 성인으로 입문하는 성인식 같은 것이 필요하다. 성장기에 있는 소년은 어머니와 자매들로부터 될 수 있는 한 멀리 떨어져 있어야 한다. 진정한 남자로서의 책임은 어느 정도 가지고 있어야 한다. 또한 사실상 성생활에의 입문식이 필요하다. 예컨대 야만인들은 자기아들을 거의 반쯤 죽인 후 그를 좁은 구멍으로부터 끌어내 다시 태어나는 것이 어떤 것인지 가르쳐 주고, 대단한 고통을 참게 함으로써 존재 그 자체에 변화가 일어났다고 하는 격렬하고도 강한 지각현상인 의식에 강력한 영향을 준다. 다시 말해 길고도 격렬한 입문식이 필요하며, 이런 과정은 소년들을 다소 수척해 보이게 할 수 있지만 이제 영원히 유아기에서 벗어나, 신중하고 책임 있는 성인의 세계에 들어가는 것이다. 그의 전반적 의식상태가 이 커다란 변화로 몸부림치며 그의 역동적인 정신세계도 똑같이 요동친다. 소녀가 성인이 되는 경우에도 똑 같은 현상이 벌어진다.

강렬하고도 역동적인 반작용이 필요하다. 우리의 신체가 겪는 고통과 신체에 대한 이해가 영혼 속으로 깊이 가라앉으면서 영혼을 영원히 변화시키는 것이다. 그래서 우리에게 찾아온 성을 격렬한 고통, 특권 그리고 신비로 받아들여야 한다. 그것은 우리들에게 찾아온 신비로운 변화, 우리들에게 주어진 새롭고도 엄청난 힘, 새로운 책임과 같은 것이다. 이런 이야기를 하고 있는가? 이런 이야기를 말한들 무슨 소용이 있는가? 성의 신비, 성의 공포, 성의 엄청난 힘에 대해 그저 설명만으로는 부족하다. 인류는 성에 대한 과학적 사실들을 알아서는 안 된다. 절대 안 된다. 이 신비로운 힘은 암흑의 비밀 속에 존재해야 하며 어둡고도 강력한 원동력을 유지해야만 한다. 성의 진정한 모습은 영혼이 힘찬 변화를 겪을 때 나타날 수 있다. 성이란 바로 이와 같이 위대하고도 창조적이며 결정적인 힘이 영혼에게 찾아온 것으로 이해되어야 한다. 성을 시험관 속의 혼합물이니, 또는 화학적으로 논증할 수 있는 열쇠와 열쇠구멍의 단순한 상징 등으로 간주한다는 것은 성에 대한 모독이다. 더욱 참을 수 없는 것은 다음과 같은 말투이다. '얘야, 내가 이 세상 그 무엇보다도 네 아버지를 사랑하듯이, 너도 언젠가는 어떤 남자를 사랑하게 될 거야. 그리고 난 네가 그 사람과 결혼하기를 바란다. 그렇게 하면 넌 행복하게 될 것이고 이 엄마도 너의 행복을 바라고 있다. 그리고 나는 네가 진정 사랑하는 남자와 결혼하기를 바란다. (여기까지 말하고 아이에게 키스를 한다.) 그리고 얘야, 이제부터 넌 네가 모르는 일이 많이 생기게 될 거야. 너도 귀여운 얘기가 하나 있었으면 하고 바라게 될 테지, 어때, 그렇지? 네가 낳은 어린애 말이다. 네 남편도 마찬가지 일거야. 네가 낳은 애는 남편의 애이기도 하기 때문이야, 알지? 그 애는 너희들 두 사람 사이에서 태어난 애란다. 왜 그렇게 되는지는 모를 테지, 그렇지? 아이는 뱃속에서 태어나는 거란다. 네 뱃속에서 말이야. 너도 어머니의 뱃속에서 태어난 거야.' 등등.

현재의 사회 상태를 고려해 본다면 이 방법밖에는 없다고 생각한다. 어머니는 최선을 다하고 있는 것이다.

하지만 매우 잘못된 방법이다. 성을 사랑 받는 것, 특히 정신적으로 사랑을 받는 것으로 표현하는 것은 잘못된 것이다. 과학적인 시험관적 방법은 더욱 나쁘다. 그것은 위대하고 눈에 띄는 생의 원동력을 모두 죽여 버리고 그 자리에 다타버린 지적인 관념과 기교의 재만이 남아 있는 것이다.

성에 대한 과학적 사실은 해골이 사람이 아닌 듯 진정한 성의 모습이 아니다. 해골을 소년 앞에 놓고 '얘야, 너 자신에 대해서 알고자 할 때, 이것이 너의 참된 모습이다'라고 말하지 않을 것이다. 성을 서로 애교를 떨거나 예쁜 아기를 얻으려고 하는 애무의 과정이라고 여기는 이상주의적 설명, 혹은 '작고 귀여운 아기를 낳기 위해 하느님이 그렇게 하라고 시킨 것이다'라는 식의 설명은 이제 듣기만 해도 지겹다. 그것은 깊이 있는 성생활을 망치는 말이다. 그러나 이렇게 성을 파괴하는 것이야말로 어쩌면 우리들이 바라는 것인지도 모른다.

인류가 지각을 하게 될 때, 인류는 우리들의 이해력이라고 하는 것이 그 얼마나 무서운 소돔의 사과인지를 깨닫게 될 것이다. 우리들 모두 쓴 재가 가득 들어 있는 무서운 입과 위를 가지고 있다는 사실을 그때서야 깨닫게 될 것이다. 우리는 성에 대한 '지식'과 '이해력'을 떼 내어 나머지 해로운 것들과 함께 넣어 자물쇠를 채워두어야 한다. 그리고 능력 있는 사람들만이 그것을 조금씩 사용할 수 있다는 것을 알게 될 것이다. 우리들은 대다수의 인간을 '이해력'이라고 하는 유독 물질로 죽여 버렸다고 해도 과언이 아니다. 인간의 죽음과 인류 멸종의 시기는 그리 멀지 않은 것 같다. 이처럼 인간을 납골당에 들어 있는 더러운 해골이라고 떠들어 댄다면, 불모성과 엄청난 허무감만 사람들의 가슴속에 심어주는 결과가 된다. 우리들의 '이해력', 과학, 이상주의는 우리가 거울을 들여다 볼 때마다 해골이 비치듯이 우리들의 가슴속에 기괴하고 심각한 자기 혐오감을 심어주는 것에 다름없다. 인간은 이상 속에 감싸져 있는 과학적 인과관계와 생물학적 과정의 한 모습일 수 있을까? 자신의 살을 통해 싱긋 웃는 해골을 보는 것도 이상할 것이 전혀 없다.

우리들의 지도자들은 사람을 사랑하지 않는다. 그들은 관념을 사랑한다. 피를 빨아먹고 목말라하는 이상이라는 제단 앞에 열정적인 사람들을 희생물로 바치는 것을 기뻐하고 있다. 윌슨 대통령과 칼 마르크스와 버나드 쇼는 반(半)의식 상태의 기만당한 노동자들에게 한 번이라도 사랑이 담긴 피의 맥박을 느껴 본 적이 있었던가? 아니다. 이런 지도자들은 노동자들을 자신의 피로부터 멀리 떼 놓고 불결한 므두셀라74)나 인간의 추상화된 모습으로 전락해버린다.

그러면 나의 생각은 어떤 것인가? 노동자가 내 책을 읽을 염려는 없으니까 그 점에 있어서는 해를 끼칠 걱정은 없을 것이다. 나는 그를 살아 있는 원래의 모습 그대로 구제하고 싶은 것이다. 자연스럽고 생명력이 넘치는 존재의 모습 그대로를 구제하고 싶은 것이다. 이 희망만큼은 버릴 수가 없다. 그것은 나의 열정적 본능이다.

나는 노동자가 공적 일에 대한 책임, 이행하기 힘든 책임, 그의 생명의 피를 빨아먹고 있는 책임감을 나에게 돌려주기를 바란다. 난 그들이 미래에 대한 책임을 나에게 돌려주면 좋겠다. 사고방법에 대한 책임과 앞으로의 방향설정에 대한 책임을 나에게 돌려주면 좋겠다. 우리들이 희망과 신념을 같이 나눌 수 있었으면 하고 바란다. 만일 그가 그의 신념을 나에게 맡겨 준다면 나는 그 책임을 기꺼이 떠맡고 싶다.

---

74) 므두셀라: 노아의 홍수 이전에 969년 살았다는 유대의 족장.

난 그들이 책, 신문, 이론 등을 나에게 돌려보내 주면 좋겠다. 그 대가로 나는 그들이 옛 시절에 즐겼던 태평스러움, 풍부하고 독창적인 자발성, 충만한 생명력을 그들에게 다시 돌려주고 싶다.

여성의 유형(類型)에 대해

　　여성에게 있어 정말로 문제가 되는 것은 그들은 항상 남성이 만들어 놓은 여성상에 자신을 맞추려 한다는 것이다. 여성은 자신이 좋아하는 남자가 정해 놓은 틀 안에 들어가 있을 때 완전히 자기 자신이 된다. 반대로 여자가 히스테리를 일으키는 것은 자신을 어떤 형에 맞추어야 할지, 어떤 형을 따를지 스스로 분간하지 못하고 있다는 증거이다.

　　물론 이 세상에는 많은 남자들이 있으므로 그에 따라 남성이 만든 여성상도 또한 각양각색일 것이다. 남자들은 무엇이든지 유형화하려는 경향이 있고, 이상화된 여성상은 개별적인 것이 아니라 유형에서 생겨난 것이다. 예를 들어 로마의 신사들은 소유욕이 강한 사람들로, 주부라고 하는 하나의 고상한 여성상을 만들어 냈는데, 그 여성상은 그들의 소유욕에 적합했기 때문이었다. '카이사르[75]의 아내는 의심을 사는 행동을 해서는 안 된다'라는 이유로 그녀는 남편이 어떤 행동을 하더라도 상냥

---

75) 카이사르(B.C. 100-B.C. 44): 로마의 장군, 정치가.

하고 정숙하게 살아야만 했다. 그 후 네로황제와 같은 신사는, 여성에 대해 '말괄량이'라는 유형을 만들어 냈는데, 이내 숙녀들이 이 유형을 받아들여 누구에게도 말괄량이처럼 행동했다. 그 후 단테가 순결한 베아트리체76)와 더불어 등장하자마자, 단번에 수많은 순진하고 순결한 베아트리체가 그 후 수세기 동안 도도하고 거만하게 거리를 활보하게 된 것이다. 르네상스시대에 이르게 되면 사람들은 또 인텔리여성이라고 하는 것을 발견하게 된다. 그러자 많은 인텔리여성들이 산문과 시 속에 나타나 뭐라고 소곤대며 돌아다녔다. 디킨즈는 아기 같은 아내의 모습을 새롭게 만들어 냈다. 그러자 또 그런 여자들이 산더미처럼 쏟아져 나왔다. 디킨즈는 순결한 베아트리체의 변형된 유형을 만들어냈다. 순결하긴 하지만 결혼할 수 있다고 하는 아그네스형이 바로 그것이다. 조지 엘리엇은 이 형을 본 떠 한층 더 확실한 유형을 만들었다. 고결한 부인, 정숙한 아내, 헌신적인 어머니가 나타나 일만 하다가 죽어갔다. 우리들의 어머니도 바로 이런 유형의 가련한 여성이었다. 이런 이유로 젊은 남성들이 헌신적인 어머니들에게 다소 두려운 마음을 느껴 다시 그전의 아기 같은 아내에게로 되돌아간 것도 일리가 있다. 우리에게는 새로운 여성상을 만들어낼 능력이 없었다. 다만 우리들의 아기 같은 아내에게는 소년과 같은 특징이 꼭 있어야만 한다. 그것은 우리가 덧붙여 만든 새로운 이미지다. 왜냐하면 젊은 남자들은 확실히 현실의 여성에 대해 무서워하기 때문이다. '저 여자는 어쩐지 좀 위험해, 데이비드의 도라와 같이 아주 단정치 못해. 옳지, 그 여자를 소년 취급을 하면 될 거야. 그렇게 하는 것이 안전하겠

---

76) 베아트리체: 단테가 사랑하고 이상화했던 여자.

지.' 이렇게 해서 여성은 소년과 같은 이미지를 띠게 된 것이다.

물론 이외에도 다른 유형들도 있다. 유능한 남성은 유능한 여성의 이상형을 창조해낸다. 의사라면 유능한 간호사를, 사업가라면 유능한 비서를 만든다. 이렇게 해서 각양각색의 여자를 창조해낼 수 있는 것이다. 남성이란 마음만 먹으면 남성에게 보편화되어 있는 여성에 대한 존경심(이해할 수 없는 이야기이고 양이 얼마나 되든지 간에)까지도 마음대로 창조해낼 수 있는 것이다.

또한 남성의 영원한 비밀스런 이상형인 매춘부도 있다. 많은 여자들이 남자가 만든 이러한 취향에 맞추어 살아간다. 그것은 다만 남성이 그것을 원하고 있기 때문이다.

그래서 불쌍한 여성들은 여성이라는 운명 때문에 농락 당하고 있다. 그렇다고 여성에게 확실히 정해진 생각이 없는 것은 아니다. 여성에게도 확고한 생각이 있다. 여성은 남성이 가지고 있는 모두를 가지고 있는데 다만 남성과 다른 점은 유형을 필요로 한다는 것이다. 흉내낼 수 있는 유형을 하나 주세요! 이것이 여성의 영원한 절규이다. 여자가 어렸을 때 자신의 유형을 선택하지 않으면, 커서 그녀는 자신의 고유한 모습을 확고하게 선언할 수 있고 어떠한 남자의 생각에도 좌우되지 않을 것이다.

이제 진정한 비극은 여성이 여성됨의 유형을 찾고 또 찾아야만 하는데 있지 않다. 심지어 그런 비극은 아기 같은 아내, 소년과 같은 얼굴을 한 소녀들, 아주 완벽한 여비서, 정숙한 아내 또는 자기 희생적인 어머니, 동정녀처럼 순결함을 간직하고 있으면서 어린애를 낳는 정숙한 여자, 오로지 남자들을 즐겁게 해주기 위해 스스로를 타락시키는 매춘부 등과 같은 가증스런 유형들을 여성에게 부여하고 있다는 사실도 아니다. 다시 말해 남성들이 자연적이고 참된 인간성장에 역행하는 이런 유형을 여자에게 부과했다고 해서 비극이 생긴 것이 아니다. 남성은 여성을 치마를 두른 남자, 천사, 악마, 아기 같은 얼굴, 기계, 도구, 유방, 자궁, 두 개의 다리, 노예, 백과사전, 이상형, 혹은 외설적인 것으로 받아들이려고 한다. 남성은 한 여성을 인간으로서 또는 여성이라고 하는 성을 구비한 진정한 인간으로서는 절대 받아들이지 않는다.

물론 여자들도 그 괴상한 틀에 맞추어 살아가길 원한다. 그 틀이 비정상적일수록 더욱 좋아한다. 오늘날 여성의 이상형은 마치 조화(造花)처럼 생긴 얼굴이며 이튼스쿨의 중성적 모습을 띠고 있는 여학생의 얼굴이다. 이보다 더 비정상적인 것이 또 있을까? 정말 괴상한 모습이다. 그런데 여자들은 그 괴상함 때문에 더욱 더 그 틀에 맞추어 살아가려 한다. 젖먹이 소년 같은 얼굴을 가진 여자보다 더 소름끼치게 하는 것이 있을까? 그런데도 소녀들은 허겁지겁 그 흉내내려고 한다.

그러나 그것도 진정한 비극의 뿌리라고는 할 수 없다. 이런 어리석음이나 단테와 베아트리체와의 관계에서 볼 수 있듯이 비인간적인 추악함(베아트리체는 단테가 정해놓은 유형에 맞추어 순수하고 순결한 여성으로서 한 평생을 보냈지만, 단테는 마음에 드는 아내를 얻어 많은 자식들을 두었기 때문이다.)도 최악의 비극은 아니다. 최악의 비극은 남자가 제공한 유형을 여자가 진지하게 따르게 되면 그 남자는 바로 그 유형으로 인해 오히려 그 여자를 싫어한다는 것이다. 요즈음처럼 이튼스쿨의 소년 같은 여자가 정말 나타나게 된다면 청년들 사이에는 그런 여자들에 대한 강한 혐오감이 몰래 싹트게 된다. 물론 이런 여자들은 사람들의 구경거리로는 좋을지 모르지만 청년들은 자기들이 그런 여자들을 만들고 있으면서도 마음속으로는 그들을 싫어하고 공포심까지도 품게 된다.

결혼을 하게 되면 그 유형은 즉시 산산조각이 나버린다. 청년이 이튿 - 소년형의 여성과 결혼하는 날부터 그는 이 유형이 싫어질 것이 뻔하다. 그의 마음은 곧 순결한 아그네스, 정숙한 베아트리체, 애교 있는 도라, 요염한 창녀 등의 새 유형의 여자를 쫓기 시작한다. 그는 무서운 혼란의 소용돌이에 휩싸이게 된다. 불쌍하게도 아내가 필사적으로 어떤 유형에 맞추려 해도 남편은 그것과는 전혀 다른 유형을 원하게 된다. 바로 이것이 현대 결혼의 실체이다.

사실 현대 여성은 바보가 아니다. 바보인 것은 남성 쪽이다. 나로선 그밖에 달리 표현 방법이 없다. 현대 남성은 바보다. 현대 청년들이야말로 소문난 바보다. 과거 어느 시대와 비교해 보아도 현대만큼 여성이 남성으로 인해 혼란을 겪은 적이 없다. 말하자면 청년들이 자기가 진정 원하고 있는 여성상이 어떤 유형인지 결국 자신도 모르고 있다는 증거이다. 청년들이 자기가 진정 원하고 있는 여성상을 알지 못하고 이성을 잃고 헤매게 되면 앞으로의 여성상은 끊임없이 빠르고도 소란스럽게 변화해 갈 것이다. 앞으로 2년 후 여성들은 크리놀린[77]을 또 다시 입게 될지도 모른다. 이것이야말로 참으로 훌륭한 유형이었노라고 말할 지도 모른다. 혹은 중앙아프리카의 발가벗은 토인 여자들처럼 구슬을 주렁주렁

---

77) 크리놀린: 스커트를 부풀게 하기 위한 페티코트.

몸에 감을 지도 모르겠다. 아니면 청동갑옷이나 근위병의 제복을 입은 모습일 수도 있다. 어쨌든 앞으로 어떠한 것이 될지 모를 일이다. 왜냐하면 남자들 자신도 제정신을 잃고 자기가 진짜 바라는 유형이 무엇인지 그 정체를 모르기 때문이다.

여자들은 바보가 아니다. 다만 여성은 이런 저런 유형에 맞추어 살아가야 한다. 그들은 남자들이 바보라는 것을 잘 알고 있다. 그들은 남자들이 제공하는 유형을 그다지 중요하게 여기지 않지만 그런 유형을 따라야 한다. 그렇지 않고선 그들은 존재할 수 없다.

여자들은 바보가 아니다. 비록 남성적인 형태는 아니지만 여성에게는 여성 자체의 논리가 있다. 여성의 논리는 감정의 논리이며 남성의 논리는 이성의 논리이다. 이 두 가지는 서로 보완적이지만 대립하고 있다. 그러나 여성이 가진 감정의 논리는 남자가 가진 이성의 논리에 못지 않게 현실적이고 냉혹한 것이다. 다만 그 작용이 다를 뿐이다. 여성은 몇 해 동안 남성이 강요한 유형을 따르며 생활하겠지만 결코 자기 논리를 포기하지 않는다. 그러나 만일 이 유형이 자기감정과 일치하지 않는다면 이상하고 무서운 감정의 논리가 작용해 그때까지 따라온 유형을 미련 없이 버릴 것이다. 이것이 바로 여성들이 가지는 하나의 놀라운 변화일 수 있다. 여성들은 몇 해 동안 순결한 베아트리체나 아기 같은 아내의 유형을 계속 따르고 있다. 그런데 갑자기 변화가 일어나기 시작한다. 그 순결한 베아트리체였던 여자가 으르렁거리는 암사자가 되는 것이다. 여성의 감정 속에는 남성이 준 이상형에 불만이 존재해 있었던 것이다.

반대로 남성은 바보다. 그들은 이성의 논리에 토대를 두고 있다.

그리고 그들은 특히 여성에 관해서는 여성보다 더 심하게 비이성적으로 행동한다. 남성들은 여러 해 동안 젖먹이 소년 같은 여성상을 만드는데 몰두해왔다. 그러나 그 여자와 결혼하는 순간부터 다른 유형의 여성을 부러워하기 시작한다. '오, 젊은 여성들이여, 그대를 찬미하는 젊은 남자들을 조심해라! 남성들은 그대들을 손아귀에 넣자마자 전혀 다른 여성을 원한다. 이처럼 남자들은 젖먹이 소년 같은 형의 여자와 결혼한 순간부터 정숙하고 의연한 품위를 갖춘 아그네스형의 여성 앞에서 연정을 호소하거나, 영원한 모성의 가슴에 안겨 깊은 위안을 구하려고 하거나, 혹은 완벽한 여성 사업가를 넘보거나, 때묻은 비단시트 위에 누워있는 요염한 창녀의 육체를 안으려고 생각하기 시작한다. 특히 가장 어리석은 것은 이런 모든 특징들을 한 몸에 두루 갖춘 있는 여성이 있었으면 하는 생각이다. 이것이 바로 남성이 가진 이성의 논리라는 것이다. 여성에 관한 한 현대 남성들은 백치와 조금도 다를 바가 없다. 그들은 자신이 무엇을 바라는지 그 정체를 모르고 있으며, 따라서 그들이 손아귀에 넣는 것만으로는 영원히 만족할 줄 모른다. 예컨대 크림케이크를 가지게 되었다면 그것에 만족하지 않고 햄과 달걀, 오트밀이 한데 섞인 크림케이크를 부러워한다는 것이다. 남자들은 바보다. 다만 여성들이 남성이 정해 놓은 이상형을 따라 운명적으로 거기에 묶여 있지 않다면 얼마나 좋겠는가! 그러나 여성은 남성이 제공하는 틀에 맞추어 놀아주어야 하는 것이 현실이다. 그리고 남자가 여자에게 알맞은 여성상을 제공하기만 하면 여자는 남자에게 자신의 모든 것을 제공할 수 있는 것이다. 그러나 오늘처럼 낡고 바보 같은 여성의 유형만이 이 세상에 가득 차있는 상태에서, 여성이 남성에게 도대체 무엇을 줄 수 있단 말인가? 젖먹이 소년 같은 얼굴을 가진 여자만을 원했던 남자에게 하잘것없는 감정 외에 무엇을 줄 수 있단 말인가? 남자에게 줄 수 있는 것은 바보가 흘리는 침이 고작일 것이다. 여자들은 바보가 아니며, 때론 가만히 바보 취급만 당하고 있는 존재가 아니므로, 그들은 손톱으로 남자의 얼굴을 잔인하게 할퀴고, 남자들은 울면서 엄마와 같은 여성상을 찾게 된다. 그래서 갑자기 남자들은 자신들의 여성상을 바꾸어 버린다.

흥! 남자들이란 얼마나 바보인가? 만약 그들이 여자들에게 바라는 것이 있다면, 얼빠진 바보들이 만든 결함투성이의 여성상이 아니라 고상하고 만족스런 여성상을 여자들에게 제시해야 할 것이다.

수탉 같은 여자, 암탉 같은 남자

여성에게는 양면이 있는 것처럼 생각된다. 하나는 온순한 성질이고, 또 하나는 대담한 성질이다. 남성은 소설에서 적어도 '네, 알았어요. 당신이 원하신다면'하고 항상 대답하는 온순한 여성을 즐겨 꿈꾸어왔다. 온순하고도 얌전한 소녀, 온순하고도 얌전한 아내, 온순하고도 얌전한 어머니 등 아직도 이런 것이 여성의 이상형이 되고 있다. 실제로 온순하고도 얌전한 처녀, 온순하고도 얌전한 아내, 온순하고도 상냥한 어머니는 분명 찾아볼 수 있다. 상냥한 체하는 여성도 있기는 있다. 그러나 대다수는 결코 상냥하지도 않으며, 또 상냥한 체하지도 않는다. 우리들은 손수 핸들을 잡고 자동차를 능숙하게 운전하는 소녀에게서 상냥함을 볼 수 없다. 그런 소녀는 대담할 것이 뻔하다. 또 예를 들자면 항상 '네, 알았어요. 당신이 원하신다면'하고 분명히 대답하는 점잔빼며 얌전한 국회의원이 있다면 그 사람은 무슨 소용이 있겠는가! 하기야 여자같이 얌전한 기질을 가진 국회의원도 있기도 하다. 이와 마찬가지로 점잔빼는 교환수와 여자 속기사는 무슨 소용이 있겠는가? 얌전함이란 확실히 외면적으로 나타나는 것이며, 그것은 단발머리처럼 여자다움을 나타내는 하나의 외면적 특징이다. 그러나 그 속에 내면적인 대담성이 숨어 있을 때가 있다. 삶을 온 몸으로 헤쳐 나가야 할 소녀는 대담하지 않으면 안 된다. 그러므로 이 소녀가 대담성과 함께 귀엽고 얌전한 태도를 간직하고 있다면 이것이야말로 참으로 행운이라 하겠다. 이런 소녀는 두 개의 돌로 두 마리의 새를 잡은 것이라 할 수 있겠다.

두 종류의 자신감에는 두 종류의 여성형이 있다. 즉 자신만만한 태도를 가진 수탉형의 여성과 암탉형의 여성이 있다. 사실 시대의 첨단을 걷는 여성은 수탉형의 여성이다. 그런 여성에게는 의심과 불안감이라는 게 없다. 이것이 현대적 여성이다. 한편 구식의 순종형의 여성은 암탉처럼 자기 태도가 자신감으로 가득 차 있다. 그러면서도 본인은 그것을 조금도 의식하지 못하고 있다. 바쁘게 꼬꼬댁거리면서 조용히 돌아다니며, 또 불안하고 꿈을 꾸는 듯한 마음으로 알을 낳거나 병아리를 기르면서도 여전히 자신감에 넘쳐 있다. 그러나 이 자신감은 결코 정신적인 것에 바탕을 둔 것이 아니다. 이것은 암탉의 신체적 특징에서 오는 것이며, 대단히 침착한 것이긴 하나, 일단 놀라거나 무서워하면 즉시 사라져 버리는 것이다.

닭의 세계에서도 이 두 종류의 자신감을 볼 수 있다고 하는 것은 재미있는 일이다. 수탉은 태어날 때부터 능동적인 수컷의 특징을 지니고 있다. 수탉은 날이 밝았다는 것을 '확신하여' 때를 알린다. 그러면 암탉은 자기의 날개 죽지 아래에서 밖을 엿보려는 듯이 목을 기우뚱 내민다. 수

닭은 암탉우리 앞으로 성큼성큼 걸어가서 자신만만하게 목을 길게 내뽑는다. '아!, 날이 밝았구나! 그렇고 말고! 내 말이 틀림없어!' 그 다음 그는 위엄을 갖추고 '대지'쪽으로 발을 내려놓는다. 그는 암탉들이 자기의 그런 확신에 차있는 태도에 끌려 틀림없이 조심조심 쫓아올 것을 알고 있다. 그 때 그는 또 한 번 외친다. '자, 자, 우리는 같이 있게 되었군.' 그것은 암탉이 생각할 기회를 주지 않으려는 것이며 암탉들은 이것을 전적으로 받아들이는 것이다. 수탉은 씩씩하게 주인집 쪽으로 걸어간다. 그러면 사람이 나타나서 모이를 뿌려 줄 것이기 때문이다. '아니, 아직 안 나타났네, 웬일일까? 똑똑히 알려야겠군.' 수탉에게는 수탉으로서의 자신감이 있는 것이다, 그래서 그는 문턱에 서서 큰 소리로 한번 울어 젖힌다. 암탉들은 이것을 보고 모두들 자기 수준에 맞게 감탄한다. 그러나 그것도 잠시 후에는 사라지고, 즉시 암탉들은 제법 암탉다운 생각으로 거기 흩어져 있는 모이를 쪼아먹느라 정신이 없다. 그 동안 수탉은 이 모든 것이 자기의 책임인양 야단법석을 떨면서 돌아다니고 자신감을 보이는 것이다.

 이와 같이 해서 시간은 흘러간다. 수탉은 먹이를 조금만 발견해도 곧 큰 소리로 암탉들을 부른다. 암탉들은 암탉 특유의 자신감 넘치는 태도로 떠들어대며 우우 달려와서는 그것을 모두 먹어치우곤 아무렇지도 않은 얼굴을 한다. 그러나 암탉은 이번에는 자기가 맛있는 모이를 찾아내면 수탉에게는 알리지도 않고 몰래 냉정한 태도로 잠자코 먹어 버린다. 물론 조그만 병아리들이 있을 때에는 이야기는 다르다. 암탉은 무한히 애를 써가며 병아리들을 열심히 부르고 있는 것이다. 그다지 눈에 띄지는 않지만, 암탉이 일단 특유한 자신감에 넘쳐 있을 때에는, 그 자신을 나타내는 방식은 다를망정 그 자신감의 강도에 있어서는 수탉을 훨씬 능가하는 것이다. 예를 들어 암탉이 알을 낳기 위해 둥우리로 간다고 치자. 암탉은 자기 마음에 드는 둥우리를 고집스레 지킨다. 그리고 결국 그 곳에다 알을 낳고야 만다. 그리고는 자신감을 가지고 당당히 걸어 나와 알을 낳은 암탉이 으레 하는 것처럼 그 의기양양하게 꼬꼬댁하는 울음소리를 내면서 떠들어대는 것이다. 그러자 알을 낳은 암탉만큼의 강한 자신감을 가져 본 일이 없는 수탉은 그것에 자극되어 곧 자기도 마치 암탉이라도 된 듯 꼬꼬댁하며 울어대기 시작한다. 그럴 때 수탉은 암탉이 되기를 무척 부러워하는 것이다. 그만큼 암탉의 자신감이 수탉의 적극적인 자신감과 비교해 보면 훨씬 우위에 서 있는 것이다.

그러나 수탉의 적극적인 자신감에는 지배자에게 어울리는 그 무엇이 있다. 닭을 쫓는 독수리가 하늘에 나타나자 수탉은 매우 큰 소리로 경계경보를 울려 위험을 알린다. 그러면 암탉들은 허겁지겁 추녀 아래로 뛰어들며, 수탉은 깃을 퍼덕거리며 경계 임무에 착수한다. 암탉은 무서워 꼼짝도 못한다. '아아, 숨도 크게 쉬지 못하겠어요! 우리 집 남편은 저렇게 대담하게 버티고 계시네요'라고 생각하는 듯 그녀들은 겁을 잔뜩 먹고 서로 바싹 붙어 있다. 하지만 이 공포로 움직일 수 없다고 하는 것이 사실은 암탉다운 점인 것이다.

알을 낳은 암탉의 우는 소리에 자극되어 수탉도 따라 울듯이, 암탉도 수탉 못지않게 때를 알리는 수도 있다. 암탉은 어느 정도 수탉과 닮은 행동을 할 수가 있다. 그렇다고 하지만 암탉이 수탉의 흉내를 내고 있을 때에는 퍽 어색하다. 물론 암탉도 확실히 수탉다운 체하는 자신 있는 태도를 취할 수는 있다. 하지만 그 태도에는 어딘지 좀 불안한 점이 있다. 암탉답게 행동하고 있을 때에는 비록 공포에 덜덜 떨고 있지만 기분상으로는 정말로 불안하지 않은 것이다.

인간 사회라고 하는 거대한 양계장에도 똑같이 적용될 수 있다고 생각된다. 다만 현대에서 모든 수탉은 암탉의 울음소리를 흉내내며 알까지도 낳으려는 기색이며, 암탉은 또 암탉대로 모두 시간을 알리며, 일출을 맞이하려는 기세를 보이고 있다. 오늘날의 여성이 수탉적인 성질을 가지고 있다면, 오늘날의 남성은 암탉적인 성질을 가지고 있다고 볼 수 있다. 오늘날의 남성은 소심하고, 겁쟁이이다. 그리고 부드럽고, 복종하는 성질도 지니며 암탉 같은 소심함에 안주하려는 듯이 보인다. 그래서 그는 누군가 그에게 사납게 말을 거는 것을 좋아하지 않는다. 그러므로 오히려 여성이 성큼성큼 걸어가 꼬꼬댁 꼬끼오! 하고 소리 높여 울어대는 것이다.

이 수탉적인 여성에 있어서의 숙명적 비극은 그녀들이 가슴 속 깊이 간직하고 있는 남성적인 자신감이 남자들보다도 훨씬 남성적이라는 데에 있다. 수탉이 아침에 소리 높여 때를 알릴 때, 그는 그 후에 귀를 기울이고는 어딘가에 자기 이외의 수탉이 있어 자기 울음소리에 대항하여 도전해 오지나 않을까 하고 주의 깊게 경계하는 것이다. 암탉은 그와 같은 사실을 전혀 알 길이 없다. 수탉의 주위에는 맑게 갠 하늘 밑에서도 대항, 도전, 위험, 죽음, 적어도 그러한 가능성이 항상 따라다니는 것이다.

그러나 슬프게도 이제 암탉이 되고 보면 그녀가 시간을 알리는 때에도 대항이니 도전이니 하는 것에 귀를 기울이고 있는 예는 별로 없다. 그녀가 제 아무리 꼬꼬댁 꼬끼오! 하고 울어 봐도 아무 반응이 없다. 꼬꼬댁 꼬끼오! 다만 그것 뿐으로 그것을 남이 어떻게 생각할지 그런 것에 관해서는 전혀 관심이 없는 것이다.

여성의 남성화가 위험하고 해로운 것은 바로 이 점이다. 그것은 어긋나는 톱니바퀴이며, 다른 사물과의 관련이 결여되어 있다. 바로 여기에 남성화한 수탉형의 여성의 비극이 있다. 그녀들 자신도 잘 알고 있는 바이지만, 실제로 그녀들은 달걀처럼 부화할 수 있는 것을 낳고 있는 것이 아니라, 선거권이니 텅 빈 잉크병이니, 기타 여성 자신들에게 아무 의미도 없는, 말하자면 부화할 수 없는 것을 낳고 있는 것이다.

이것이 현대 여성의 비극이다. 여성은 남성화되었다. 한평생을 바쳐 어떤 목적과 주장에 정열과 힘을 쏟아 부었고, 이것에 반대되는 의견은 당연히 고려해야 할 것임에도 불구하고 귀담아 들으려고 하지 않는다. 기질은 남성적이지만, 그러나 잠시도 여성 이외의 것일 수는 없는 것이다. 자기 스스로의 여성적 자아에 부딪치면 깜짝 놀라 참정권의 문제니, 사회 복지 사업이니, 스포츠니, 상업이니 하는 것으로 미친 듯 뛰어든다. 그녀는 남자보다 훨씬 더 남자답다는 면에서는 참으로 놀랄 만하다. 그러나 슬프게도 기초가 약하다는 것이다. 이것은 결국 하나의 표면적인 태도에 불과하다. 그러므로 어느 날 그 태도가 묘한 구속이 되며, 고통으로 느껴지는 일이 있다면 그 태도는 단번에 붕괴되고 마는 것이다. 그리고 그것이 붕괴된 후에 자기가 낳은 달걀, 즉 선거권, 몇 마일이나 되는 타자 글씨의 나열, 수년씩이나 걸려 쌓은 사업의 성과를 바라볼 때, 갑자기 이제까지 자기가 해 온 것이 모두 허무로 밖에는 보이지 않는 것이다. 결국 그녀는 역시 암탉이며, 수탉은 아니었던 것이다. 모든 것이 그녀의 저변에 깔려 있는 여성적 자아와는 아무 관계도 없었다는 것을 알게 되며, 그녀는 자기 인생을 상실하였다는 것을 깨닫게 되는 것이다. 사랑스러운 여성만이 가지는 자신감, 즉 모든 여성의 진정한 행복인 여성다운 생활 태도는 이제 그녀에게 있어 도달할 수 없는 세계로 변해 버린 것이다. 한평생을 이처럼 불굴의 정신과 남성적인 자신감으로 삶을 살아 왔기 때문에 그녀는 자기 인생을 송두리째 잃어버린 것이다. 남은 것은 허무뿐!

남자는 일 해야 하고 여자도 마찬가지이다

　　　　지금처럼 상황이 계속된다면, 남자나 여자는 지금과 거의 같은 식으로 살게 될 것이다. 알다시피 변화의 요소란 항상 있다. 그러나 변화는 두 가지 종류인데, 하나는 다음 단계로의 변화가 있고, 또 하나는 다른 방향으로의 도약이다. 다음 단계로의 변화를 진보라고 부른다. 우리 사회가 주어진 길을 따라 계속 즐겁게 진보한다면, 남자나 여자도 똑같이 갈 것이다. 항상 주어진 길을 갈 것이다.

　　　　그래서 그러한 경우에 중요한 것은 남자와 여자가 아니라 주어진 길이다. 철도기차는 그 자체가 특별히 중요한 것은 아니다. 중요한 것은 그 기차가 어디로 가느냐 하는 것이다. 만약 내가 크루[78]로 가고 싶다면, 베드퍼드[79]행 기차가 아무리 사람들로 가득 차 있다고 해도 나는 전혀 관심이 없을 것이다. 만약 우연히 그 기차가 사고가 난다고 해도 일시적

---

78) 크루: 영국 잉글랜드 북서부 체셔의 도시.
79) 베드퍼드: 영국 잉글랜드의 중부 베드퍼드셔의 주도.

이고 부차적인 관심밖에 가질 수 없을 것이다.

거기에 오늘날의 남자와 여자의 문제가 있다. 그들은 특별히 흥미롭지도 않고 그들 자신만으로는 특별히 중요하지도 않다. 날마다 볼 일을 보기 위해 바삐 움직여 가는 수천 수백만의 중산모자와 말쑥한 손가방들은 모두 수많은 불멸의 영혼일 수도 있지만, 어쩐지 그렇게 말할 수는 없을 것 같다. 성직자는 이 문제에 있어 우리의 허영심을 자극하는 대가로 보수를 받는다. 모든 중산모자와 손가방들이 당신과 나 그리고 서로에게 의미하는 것은 일과 직업입니다.

그러므로 더 나은 일 더 나은 직업으로 향하는 진보라는 현재의 흐름이 계속된다면, 요점은 템즈강의 물방울을 고려하지 않는 것처럼 그 흐름에서 둥둥 떠가는 남자와 여자를 고려하지 않는다는 것, 문제는 그 강이 어디로 흘러가느냐 하는 것이다. 그 강, 진보의 강은 과연 어디로 흐르고 있을까? 물론 모든 사람은 그것이 더 큰 사업과 더 좋은 직업으로 향하여 흐르기를 바란다. 그런데 다시 묻건대, 중산모를 쓴 남자와 가방을 맨 여자에게 그 흐름은 무엇을 의미하는가?

물론 그것은 더 많은 돈을 벌고, 더 기분 좋은 일을 하고, 그리고 일하는 시간을 더 줄이는 것을 의미한다. 모든 지루한 일로부터의 벗어남을 의미한다. 남자나 여자가 임금이 높은 기분 좋은 일을 필요한 몇 시간만 할 뿐 즐기는 것말고는 아무것도 할 일이 없다는 것을 의미한다. 여자는 집안 일에 혹사당하지 않아도 되고, 남자는 힘들여 과제를 하지 않아도 된다. 자유롭게! 즐길 자유. 영화도 더 많이, 자동차도 더 많이, 춤도 더 많이, 골프도 더 많이, 테니스도 더 많이, 그리하여 좀 더 자신으로부터 완전히 멀어지는 것이다. 그리고 삶의 목표는 즐기는 것이다.

이제 남자나 여자가 이런 것들을 얼마나 원하느냐에 따라, 실제 얻을 수도 있고, 또 그것을 유지시킬 수도 있을 것이다. 그 놀이가 조금이라도 할 만하다면, 놀이를 계속할 것이다. 오늘날 자동차, 영화, 라디오, 재즈가 그 정도의 가치는 있는 것 같다. 그렇기 때문에, 현재의 사업에서 더 큰 사업으로, 현재의 직업에서 더 좋은 직업으로의 진보는 계속될 것이다. 이것은 쉽게 말해서, 포드와 같은 거대한 재벌이 정해 놓은 우주의 계획이다. 그리고 그들은 그 의미를 알고 있다.

그러나 (이 '그러나'는 대단히 중요한 말이다) 사업을 더 큰 사업으로 변화시키는 것은 쉽지 않으며, 불쾌한 일을 유쾌한 일로 바꾸는 것이 불가능할 때도 있다. 과학이 도움이 되지 않고 계산이 맞지 않게 되는 것이 바로 이런 부분이다. 포드의 최상의 자동차공장에서는 아마도 모든 일이 추상화되고 쾌적하게 될 수도 있다. 그러나 석탄으로 가열하는 부엌의 레인지를 요리사가 날마다 제대로 다루지 못한다면 주인 여자는 그 요리사 이상으로 은밀히 그 석탄렌지를 싫어한다. 그러나 많은 주부들은 전기레인지를 살 여유가 없다. 만약 모든 사람이 여유가 된다 해도, 여전히 집안 일은 완전히 유쾌한 것이 되지는 못한다. 현대과학의 어떤 발명품도 현대 여성에게 그녀가 주인이든 하녀이든 집안 일을 불쾌한 일이 되지 않게 할 수는 없다. 이제 어떤 일을 할 수 있는 유일하고도 적절한 방법은 그 일을 좋아하는 누군가가 하도록 하는 것이다. 과거에 요리사는 요리하기를 즐기고 하녀들은 바닥 닦기를 즐겼다. 그런 시대는 이제 끝났다. 주인답게, 인간답게, 그리고 훨씬 더 그렇게 여주인답게, 하녀답게 하던 시대는 지났다. 여주인은 바닥 닦기를 싫어하고, 두 세대만에 하녀도 바닥 닦기를 싫어한다. 그러나 바닥은 닦아야 한다. 얼마에? 값을 올린다. 값이 올라가면 바닥 닦기는 조금 나아진다. 그러나 얼마 후에 다시 바닥 닦기에 대한 혐오감이 부엌일 하는 하녀의 가슴속에 가득해지고, 그러면 전반적인 긴장이 형성되고 전반적인 항의의 외침이 터져 나온다. 이 일을 할 가치가 있나? 정말 할 가치가 있을까?

청소의 경우는 기계로 대치되거나 현실로부터 멀어지게 할 수 없는 모든 노동에 적용된다. 젊은 여자는 속기나 타이프를 치는 일에 대해 아주 적은 임금으로 노예처럼 일 하게 되는데 그 일이 육체적으로 큰 힘이 드는 일이 아니기 때문이다. 젊은 여자는 집안 일을 잘 하지 못할 것이다. 많은 임금을 받을 만큼 잘 하지는 못할 것이다. 왜? 왜냐하면 어떤 알 수 없는 혹은 명백한 이유로 인해, 현대의 여성이나 남성은 육체적인 일을 싫어하기 때문이다. 남편에게 감자 껍질을 좀 벗기라고 해 보라, 그러면 심하게 화를 낼 것이다. 아내에게 당신의 양말을 빨라고 해 보라, 그러면 반응이 마찬가지일 것이다. 기계를 돌보는 것과 같이 '정신적'이고 완전히 기계적인 일에는 아직 어떤 전율이 있다. 그러나 실제 노동은 교육의 영향으로 인해 우리에게 혐오감을 주게 되었다.

그리고 이런 부분에서 과학이 인간의 요구를 따라오지 못하고 있다. 이런 부분이 진보가 치명적으로 위협받는 곳이다. 인간은 바닥 닦기, 도끼질, 석탄 싣기, 인부 일과 같은 단순 노동, 모든 노동의 기초가 되는 험한 일은 없어져야 한다고 모두가 강력하게 요구한다. 설거지조차도 하지 않으려 한다. 과학은 우리를 위해 설거지하는 법도 아직 배우지 못했다. 설거지를 제대로 하지 못하는 하녀에 대해 심하게 못마땅함을 느끼는 여주인은 그녀 자신이 설거지를 싫어하기 때문에 그런 것이다. 과학은 이러한 하찮지만 기본적인 일에서 오히려 우리를 곤경에 빠뜨린다. 과학자에게 아기가 우유를 먹고 자라게 하는 편리함보다도 먼저 더러운 찻잔을 깨끗이 하는 묘술을 찾아내도록 하자. 우리의 계속되는 진보를 위해 우리가 의지해야 할 것은 과학이기 때문이다.

그런데 매우 순조롭게 진행되고 과학에 의존하고 있는 진보는 인간의 감정이 변화하는 만큼 그렇게 빠르게 진행되지 않는다. 비록 쇠고기는 우리가 그것을 먹는 것을 제외하고 그것에 관련된 모든 것이 우리에게 끔찍하게 느껴진다고 해도 여전히 쇠고기다. 먹는 일을 제외하고도 쇠고기는 여러 가지 일을 요구한다. 이러한 많은 일이 요구된다는 것, 그 사실에 우리는 어쩔 수 없이 부딪히게 된다. 여주인이 고기를 다듬어서 굽거나 감자를 깎거나 빨래를 짜 너는 것을 싫어한다면, 하녀도 마찬가지로 이것을 싫어하고 결국 어쩔 수 없이 어느 정도 분개하면서 그 일을 할 것이다.

인간 진보의 행진을 고려해볼 때 우리가 충분히 고려하지 않고 있는 한 가지는, 동시에 계속되지만 진보와 항상 일치하지는 않는 인간 감정의 위험한 행진이 또한 진행되고 있다는 것이다. 인간감정의 변화! 남자와 여자에게서 일어난 가장 큰 변화중의 하나는 육체적 노력, 육체적 노동 그리고 육체적 접촉에 대해 지난 30년 동안 형성된 혐오감이다. 이 변화는 남자보다 여자에게서 더 심하게 일어났는데, 이는 여자가 항상 직접적으로 필요한 육체적 일을 책임져야 했기 때문이다. 그런데 이제,

거의 모든 육체적 활동이 현대의 남성에게 혐오감을 주듯이, 그러한 일이 여성에게도 혐오감을 준다. 영화, 라디오, 전축 등은 육체적인 노력과 육체적 접촉이 남자나 여자 모두에게 똑같이 불쾌하기 때문에 발명되었다. 그 목적은 가능한 한 현실로부터 멀리 떨어지게 하는 것이다. 그리고 우리에게 유일하게 도움이 되는 것은 과학이다. 그런데 과학은 아직 설거지도, 양말 꿰매기도, 혹은 불꽃을 되살리는 일도 하지 못한다. 물론 전기 온열기나 중앙난방이 있다. 그러나 그것이 전부가 아니다.

그렇다면 결과는 무엇인가? 관념적으로 보면, 더 큰 사업과 더 좋은 직업을 향해 나아가며, 아기는 우유로 자라고, 음식은 알약으로 나온다. 그러나 다른 한편에서는, 과학이 쇠고기를 먹기 위해 해야 하는 일이나 설거지, 힘든 노동 혹은 울어대는 아기로부터 우리를 구해주지는 못했다. 커다란 장애가 있다. 이 장애가 진보에 커다란 위협이 된다. 왜냐하면 날마다 인간은 쇠고기와 설거지와 힘든 노동과 그리고 보채는 아기를 더욱 심하게 싫어하기 때문이다.

주부는 분노로 가득 차 있다. 그녀도 어쩔 수 없다. 젊은 남편도 분노로 가득 차 있다. 가족의 수입을 보충하기 위해 감자를 심어야만 하기 때문에 그도 어쩔 수 없다. 하녀도 분노로 가득 차 있고, 공사장 인부도 분노로 가득 차 있으며, 광부도 분노로 가득 차 있고, 광부의 아내도 남편이 많은 돈을 벌지 못하기 때문에 분노로 가득 차 있다. 현대 남녀의 이상한 괴팍함이 증가됨에 따라 분노도 증가한다. 분노, 분노, 분노. 생활의 기초가 아직도 너무나 육체적이며, 또 그것이 우리에게 혐오감을 주기 때문이다. 나름대로 천재인 포드는 현대의 근로자가 원하는 것은 현대의 신사들의 경우와 마찬가지로 '추상화'라는 것을 깨달았다. 현대의 근로자는 자기 일에 흥미를 가지기를 원하지 않는다. 그는 가능한 한 관심이 없고, 가능한 한 거의 기계화되기를 원한다. 이것이 그 사람들의 위대한 의지이고 그것을 부정할 수 없다. 이는 남자에게서와 같이 여자에게서도 똑같다. 여자가 전기요리기를 원하는 것은 그 전기요리기가 주의나 '관심'을 전혀 요구하지 않기 때문이다. 전기요리기는 요리를 거의 완전히 추상적으로 만드는 것이며, 몇 개의 스위치만 누르면 되고, 육체적인 접촉이나 손을 더럽힐 필요가 전혀 없는 것이지만, 어쩔 수 없이 육체적 접촉을 통하여 나온 결과이다. 만약 우리가 집안 일을 정말 추상적인 것으로, 즉 스위치를 누르고 기계를 작동시켜서 할 수 있는 일로 만들 수만 있다면, 주부는 다시 다소간 만족스러워 할 테지만 그것은 미국에 있어서조차도 완전히 이루어질 수 없는 일이다.

　　이에 대한 분노는 엄청나다. 음식을 준비해야만 하는 현대여성의 마음속에 먹는 일에 대한 분노는 심각하다. 단지 먹는 일에 대해 왜 이런 모든 일을 하면서 신경을 써야하는가? 과연 왜? 과학도 진화도 인간의 감정의 변화를 따라 잡지 못하여, 쇠고기를 준비해야만 하는 사람들이 아무리 싫어하더라도 쇠고기는 여전히 쇠고기이기 때문이다. 알약에 관한 이야기가 아무리 계속되어도 음식에 대해 짜증내는 일은 계속되고 또 계속될 것이다. 포드의 최고급 공장 아래 깊숙한 곳에서는 반나체의 남자들이 땅속에서 석탄을 캐내는 짜증나는 일이 계속된다. 지금도 그렇고 앞으로도 그럴 것이며 거기에서 벗어날 수 없다. 남자들이 실제로 그러했듯이 아주 즐겁게 석탄 캐는 일을 했을 때는, 그리고 여자들이 실제로 그러했듯이 아주 즐겁게 요리했을 때는, 석탄렌지라 할지라도 그 때는 모든 일이 잘 되어갔다. 그러나 사회 전체가 뜨거운 렌지 앞에서 땀 흘리며 요리하거나 탄광에서 땀 흘리며 광맥층을 깨는 것을 싫어한다고 가정하면, 어떻게 해야 할 것인가? 많은 사람들은 그들이 하기 싫어하게 되고 당신 자신도 하기 싫어 할 일을 하도록 부탁하거나 요구해야만 한다. 그 다음엔 어떻게 되는가? 분노와 짜증스러움!

사회생활이란 모든 계층의 사람들이 서로 어느 정도 조화롭게 살아간다는 것을 의미한다. 그리고 개인생활이란 남자들과 여자들이, 남자와 여자가 어느 정도 기분 좋게 살아간다는 것을 의미한다. 만약 각 사회 계층 사이에 심각한 갈등이 있다면, 사회는 혼란으로 위협을 받게 된다. 만약 남녀 사이에 심한 갈등이 있다면, 그 개인이, 즉 실제로 모든 사람이 내적인 혼란과 불행으로 위협을 받는다는 것을 의미한다.

그렇다면 우리가 근로계층에게 그들이 원하지 않는 일을 하도록 요구하지 않는 한, 근로계층이 조화롭게 근로질서를 유지하는 것은 아주 쉬운 일이다. 그러나 공립학교는 치명적인 영향을 미쳤다. 그들은 소년들에게 이렇게 말했다. 노동은 신성하다. 그러나 너희들이 원하는 것은 계속 공부하는 것이다. 평생을 탄광에서 일하기를 원하지는 않을 것이다. 출세하여 깨끗한 일을 하라! 흔해 빠진 광부가 아니라 교사나 사무원이 되어라.

이것은 올바른 공립학교의 교육이며, 지난 세기의 모든 고상한 사회적 이상과 잘 조화를 이루고 있다. 불행히도 계속 공부할 수 없는, 일생을 탄광에서 일할 수밖에 없는 사람들에게 미치는 그러한 교육의 좋지 않은 영향은 완전히 간과된다. 광산촌의 공립학교에서 이러한 아이들은 적어도 90퍼센트를 차지한다. 그럴 수밖에 없다. 그래서 공립학교 학생들의 90퍼센트는 학교에서 의도적으로 반항아가 되기를 배우고, '계속 공부하지' 못한 것에 대해서, '갱에서 나오지' 못한 것에 대해서, 일생 동안 '더러운 일'을 계속하면서 '흔한 광부'가 된 것에 대해서 자신을 멸시하도록 배운다. 당연히 모든 광부는 자신은 빠져나올 수 없지만 아들은 탄광에서 나와 신사가 되기를 바란다. 그런데 '신사'나 사무원 그리고 교사들의 수가 광부의 수에 정확히 비례하여, 그 90퍼센트는 탄광을 벗어나기가 불가능하기 때문에, 또다시 쓰라린 환멸이 따른다. 그래서 제 3세대에 이르면 오늘날의 불만에 가득 찬 젊은 광부가 된다. 그는 현대의 상황과 현대의 교육의 계획에 따른 산물로서, 당연히, 어쩔 수 없이, 자연스럽게 불만에 가득 찬 광부라는 현재의 모습에 이른 것이다. 용인된 모든 교육에 따르면, 그는 주어진 상황에서 벗어나 자기를 향상 시켜야 했었다. 누구나 알듯이, 균등한 기회가 주어졌으니까. 그런데 그는 상황에서 벗어나 자기를 향상시키지 못했다. 그러므로 그는 자신의 눈으로 봐도 어느 정도 실패한 사람인 것이다. 그는 더러운 일을 할 운명이다. 그는 불평하는 사람이다. 포드조차도 탄광을 깨끗하고 빛나는 추상적인 일로 만들 수는 없다. 석탄은 추상적이 될 수 없다. 소련도 그렇게는 할 수 없다. 탄광은 검은 땅 속에 구멍으로 남아 있으며, 그 속에서 시커멓게 된 남자들은 석탄을 캐내고 삽질하고 땀을 흘린다. 그 일은 추상적이 될 수 없고, 레버를 당기기만 하면 되는 손쉬운 일이 될 수도 없으며, 그렇다고 그만 둘 수도 없고, 완전히 없앨 수도 없다. 지금도 그 일은 존재하고 존재해야만 한다. 근로자들이 반짝이는 레버를 당기거나 빛나는 손잡이를 돌리기만 하면 되는 깨끗하고 정결하고 조화로운 초특급 공장이 존재하기 위해서는 그 모든 철이 힘들게 광에서 캐어져 제련되어야 했다는 것을 포드는 잊고 있다. 포드의 공장은 여러 산업 천국 중의 하나이다. 그러나 이러한 천국은 여러 노동 지옥에 의지하고 있으며, 언제나 그랬었고, 앞으로도 언제나 그럴 것이다. 과학은 이러한 부분에서 우리를 곤경에 빠뜨린다. 과학은 우리에게서 이러한 지옥 같은 일을 제거하기 위한 것이다. 그런데 그렇게 하지 못한다. 전혀 그렇게 하지 못한다!

그러한 여러 지옥 속에서 시커멓게 된 남자들에게 그들이 지옥 속에 있다는 것을 가르치지 않았다면, 그들이 그 속에서 흔한 광부, 천한 노동자로 있다는 것에 대해 자신을 경멸하도록 만들지 않았다면, 사태는 그렇게 빨리 진전되지 않았을 것이다. 그러나 지금 우리는 그러한 사태에 직면해 있다. 모든 사회가 사무치는 분노로 가득한 노동계층에 의지하고 있다. '당신이 광부가 된다면 어떻겠는가?'라는 광부의 질문에 대답할 수가 없다. 우리가 그 일을 몹시 싫어 할 것이라는 것을 매우 잘 알고 있다. 한편으로 보면 공립학교에 다니지도 않았던 나의 아버지는 그 일을 아주 좋아했다. 그러나 그는 개선되었다. 진보! 인간의 감정은 변화하고 빠르게 급격히 변해 간다. 그런데 과학은 환경을 적절하게 변화시키지 못했다.

어떻게 해야 하는가? 우리는 모두 힘든 육체노동을 싫어한다. 우리는 모두 그러한 일을 해야 한다는 것이 끔찍하다고 생각한다. 실제로 그러한 일을 하는 사람을 천하고 불결하다고 생각하고, 50년 동안 그들에게 그렇게 말하면서 그곳에서 빠져나와 '자신을 향상시켜라'고 촉구해왔다. 과학적으로는 그러해야 하듯이, 만약 모든 사람이 힘든 노동 없이 잘 지낼 수만 있다면, 그렇게 말하고 촉구하는 것은 매우 좋은 일일 것이다. 그러나 실제는 전혀 그렇지 않다. 우리는 아주 많은 사람들이 '향상되지 못하고' '천하고 흔해빠진' '흔한 광부, 흔한 노동자'로 계속 남아 있도록 할 수밖에 없다. 현재에도 미래에도 과학이 이 점에서는 우리를 실망시킨 상태에서 아주 많은 사람들이 여전히 일생을 노동하면서 보내야만 하기 때문이다. 만약 인간에게 맞도록 이 거친 땅을 향상시키지 못하는 한, 인류에게 '자기를 향상시켜라'고 가르칠 수는 없다. 그런데 거친 땅은 옛날의 모습 그대로이고, 인간은 그러한 땅의 노예상태로 있다. 과학도 진보도 우리의 총체적인 빈곤으로부터 우리를 구제해줄 가능성을 보여주지 않는다. 그밖에 모든 것이 다 사라져 버린다 해도 노동하는 다수의 사람들은 존재하고 앞으로도 존재할 것이다. 왜냐하면 노동자는 있어야 하기 때문이다. 노동은 과학이 해결하지 못한 인간의 기본 조건을 의미하기 때문이다.

    그렇다면 어떻게 할 것인가? 가능한 한 노동하는 사람들이 노동을 좋아하도록 만들고, 노동을 좋아하도록 가르치려고 노력할 수 있을 뿐이다. 그것은 현대인의 감정의 경향으로 보면 어리석게 들릴 뿐 아니라 어리석은 것이다. 인류 전체는 날마다 더 까다로워지고 더 '섬세해진'다. 날마다 인류는 더욱 심하게 더러운 일을 싫어한다. 그리고 사회적 의식은 전반적으로 날마다 모든 사람을 더 까다롭고 더 '섬세하고' 더 세련되고 더러운 일을 하기에 더 적합하지 않도록 만들어 가고 있다. 모든 인간이 더러운 일을 하기에 부적합해지도록 하기 전에 더러운 일의 필요성을 먼저 없애야 할 것이다.

　일에 대한 남자와 여자의 상황이 그러할 때, 즉 남자와 여자의 마음속에 해야 하는 일에 대한 혐오감이 있을 때, 개인의 삶, 남자와 여자의 관계는 어떠한가? 인간의 이 새로운 까다로움과 섬세함은 어떤 영향을 미치는가?

　엄청나다! 육체적 노동, 육체적 노력, 육체적 접촉에 대한 혐오감은 결혼과 가정생활에 치명적인 영향을 미쳤다. 이 시대의 거대한 흐름에 따라 여자는 집안일, 집안 살림, 자녀양육, 가정을 돌보는 일에 대해 보편적인 혐오감을 가지지 않을 수 없다. 여자들은 이 방면에서 가장 헌신적인 노력을 하는데, 이러한 일은 대체로 여자가 해야 하는 일이기 때문이다. 그렇다고 해서 식사를 준비하고, 냄비를 닦고, 아기젖병을 씻고, 남자의 속옷을 꿰매는 일을 싫어하는 본능적 감정을 없앨 수는 없으며, 그것은 오늘날 대다수의 여자들도 느끼는 것이다. 문제는 이런 일을 실제 한다는 것에 대한 육체적 혐오감이다. 많은 여자들은 육체적으로 싫어하면서도 스스로를 교육하는 훌륭한 주부이다. 그리고 이는 칭찬할 만한 일일지라도 소모적인 일이다. 많은 나쁜 결과를 가져오는 소모적인 과정이다.

　여자들이 냄비를 닦고 렌지를 닦는 일을 정말로 좋아할 수 있었을까? 어떤 여자들은 지금도 그렇다고 생각한다. 20년 전만 해도 다수의 여자들이 그 일을 좋아했다고 생각한다. 그런데 어떻게 된 것일까? 인간의 본능이 정말로 변할 수 있을까?

본능은 변할 수 있으며, 그것도 가장 놀라운 방식으로 변할 수 있다. 이는 사회학자들에게 큰 문제가 되고 있는 것으로 인간 특히 여자의 본능이 격렬한 변화를 보인다는 것이다. 예전에 여자의 본능은 모두 가정, 울타리, 남자의 보호, 자신의 가정을 꾸려나가는 행복을 위한 것이었다. 이제는 모두 그 반대이다. 여자는 사랑스러운 자신만의 작은 가정을 원한다고 생각하지만, 그것이 결혼을 의미할 때, 그녀의 본능은 원하지 않는다. 그녀는 자신만의 남자를 원한다고 생각하지만, 남자가 항상 옆에 있다는 것에 대해서는 본능이 절대로 원하지 않는다. 그녀는 긴 실에 남자를 꿰어놓고 자기가 마음 내킬 때마다 밀었다 당겼다 하고 싶을 것이다. 그러나 고정된 관계가 되어야 할지라도, 남자가 옆에 어쩔 수 없이 방심할 수 없이 항상 있는 것, 그것이 매일 밤 만이라고 해도, 주말 만이라고 해도, 남자가 항상 있는 것은 원하지 않는다. 그녀는 그가 그녀의 영혼 속에 늘 있다고 해도, 그리고 그에게 매일 가장 다정한 편지를 쓴다고 해도, 그가 단지 가끔씩만 나타나기를 바란다. 모든 것이 잘 되어있고 좋다! 그러나 그녀의 본능은 그의 존재, 영원하고 영속적인 육체적 존재는 원하지 않는다. 그녀는 그의 존재를 물질적이고, 피할 수 없고, 영속적인 것으로 느끼고 싶어하지 않는다. 그러한 존재는 그녀의 성질과 완전히 어긋나며, 그녀의 본능을 혼란시킨다. 그녀는 그를 사랑하고, 그에게 충실하기를 좋아하기도 한다. 그러나 그녀는 그가 실체로서 주위에 있기를 원하지 않는다. 실제 그녀는 이따금씩 그의 육체적 존재를 원할 뿐이다. 그녀가 진정 사랑하는 것은 그에 대한 생각과 그에 대한 관념과 그와의 먼 교류가 실제로 그와 함께 있는 순간들과 조화를 이루는 것이며, 함께 하는 순간은 작은 축제와 같이 지난 후에 다소 기쁘게 느껴진다.

서로 붙어사는 전통적 방식을 따르기 위해 스스로 노력할 때조차도 이제 대다수의 젊은 여자들은 이와 같이 느낀다. 그리고 많은 남자들도 여자만큼 예민하지는 않을 지라도 이와 똑같이 느낀다. 젊은 부부들은 전통적인 남편과 아내가 되도록 스스로 강요할지 모르지만 흔히 그 긴장감은 잔인하고 결과는 끔찍스럽다.

이제 우리는 인간의 감정과 인간관계라는 관점에서 우리 문명의 경향을 보고 있다. 우리 문명은 부인할 수 없을 만큼, 점점 더 육체적인 것으로부터 추상적인 것으로 나아가고 있으며, 남자와 여자, 개인과 개인 사이에 점점 더 심한 육체적 분리가 일어나고 있다. 요즘 남자와 여자들은 늘 함께 있다고 말할 것이다. 그렇다. 그러나 그들은 좋은 사람으로, 좋은 친구로, 서로 이상한 독립성을 가지고 같이 어울리며, 어떨 때는 친밀하다가도 다음 순간에는 타인이 되는, 언제라도 간섭하지 않는 만화경 속의 사진조각만큼이나 서로 관련이 없는 사이다.

요즘 젊은이들의 육체를 바라보는 까다로움, 섬세함, 혐오감 등은 점점 강해지고 있다. 여성들이 육체적 존재로서 기억되고, 특히 심하게 의식되는 그런 남성은 그들의 눈에는 정말 혐오스런 존재로 비친다. 그녀는 그 남자로부터 지구의 가장 먼 곳으로 달아나기를 원한다. 여자 혹은 어린 여자가 약간 여성적인 육체적 존재가 되자마자, 젊은 남자의 신경은 산산이 흩어진다. 서로 다른 성은 견딜 수가 없다. 그들은 정신적이고 인격적인 존재로서 서로를 사랑하며, 모두 말, 재치, 말대꾸일 뿐이고, 혹은 재즈, 자동차, 기계를 이야기하거나, 혹은 테니스, 수영을 하거나,

해변에서 하루 종일 수영복 차림으로 앉아 있는 것만으로 충분할 뿐이다. 그러나 이것은 모두 이상하게도 비육체적이며 단지 시각적 측면에서 몸의 과시에 불과하다. 50년 전에 그 정도의 나체는 남자와 여자를 완전히 떨리게 만들었을 것이다. 지금은 전혀 그렇지 않다! 사람들은 그들이 얼마나 비육체적인가를 보여주기 위하여 몸을 과시한다. 여자가 욕망의 대상이 되지 않을수록 그들은 더욱 더 자신을 드러낸다.

　　　이러한 현상을 분석해보면 혐오감을 알 수 있다. 어떤 미묘한 점에서 젊은이들은 육체적으로 서로 혐오감을 느낀다. 젊은 여자는 남자에게, 남자는 젊은 여자에게. 그들은 오히려 혐오의 감정을 즐기며, 일종의 시합을 한다. 어린 여자가 마치 젊은 남자에게 이렇게 말하는 것과 같다. '알다시피, 나는 당신을 좋아하는 편이에요. 당신은 정말 전율이 넘치도록 나에게 혐오감을 주거든요.' 그리고 젊은 남자도 '나도 마찬가지요'라고 대답한다. 물론 젊은 남자와 여자 사이에 강렬한 비육체적 애정이 있을 수도 있다. 그러나 어느 한 쪽이 확실한 육체적인 존재가 되는 순간 즉시 혐오감이 생긴다.

　　　육체적 혐오감의 전율에 근거한 결혼은, 오늘날 많은 결혼이 그렇듯이, 정신적인 '사랑' 혹은 육체 없는 아쉬워하는 사랑으로 맺어졌을 때에도 결국에는 오래 가지 않아 파국에 이른다. 그렇게 해서, 위대한 '정신성,' 위대한 '향상' 혹은 세련과 위대한 까다로움과 위대한 감정의 '훌륭함'이 탄생하는 한편, 젊은 여자는 뻣뻣하고, 야윈, 비육체적인 막대기로서, 젊은 남자는 흠 없는 마네킹으로서, 각각이 진짜 만화처럼 추상적이 되어야 한다. 이 모든 것은 결국 무엇을 의미하는가? 그 동기는 무엇인가?

정신성이 정말로 의미하는 것은 육체적인 혐오감이다. 우리 시대의 위대한 정신성이란 것은 우리 모두가 육체적으로 서로를 혐오한다는 것을 의미한다. 감정의 세련과 결벽증적인 까다로움에 있어서의 커다란 진보는 우리가 어떤 사람, 모든 사람, 심지어 우리자신의 육체적인 존재조차 싫어한다는 것을 의미한다. 인류 전체가 영화, 라디오, 전축을 통해 놀라울 만큼 추상적이 되고 있다는 것은 우리가 즐길 때도 육체적 요소를 싫어하고 ,육체적 접촉을 원하지 않고 그것으로부터 도망치기를 원한다는 것을 의미한다. 우리는 살과 피가 있는 사람을 쳐다보기를 원하지 않는다. 우리는 화면에 있는 그들의 그림자를 보고자 한다. 우리는 기계를 통해 들리는 소리가 아닌 실제 목소리를 듣고 싶어하지 않는다. 우리는 육체로부터 멀어져야만 한다.

하층민의 대다수가 지식층보다 더 기이하게 추상화되어 있는데, 이는 정말 이상한 일이다. 더 지저분하다고 할 수 있는 노동자는 정말로 몸도 없고 진정한 감정도 없다. 그는 맛을 모르기 때문에 가장 비참한 음식을 먹으며, 자기 음식을 보기만 하고 결코 먹지는 않는다. 그는 생각으로 맥주를 마시고, 더 이상 맛을 보지 않는다. 분명히 그러하다. 아니면 음식과 술이 그렇게 질이 떨어질 수는 없을 것이다. 그리고 그의 아내, 불쌍한 그의 아내는 옷을 걸어 놓는 못과 같고 그것으로 끝이다. 무감각한 타락, 감각의 쇠퇴라는 끔찍한 상태이다.

그러나 그 모든 것의 이면에는 언제나 어디서나 우리 문명의 거대한 하나의 충동으로서, 다른 모든 존재에 대해, 모든 형태의 육체적인 존재에 대해 육체적인 반동의 충동이 일고 있다. 반동, 반동, 반동. 반감, 반

감, 반감. 혐오, 혐오, 혐오. 이것은 어디에서나 육체적인 존재에 대해 우리의 사회적 행동의 저변에 깔린 리듬이다.

그런데 우리는 모두 근본적으로 그리고 영원히 육체적인 존재이다. 땅도 그렇고, 하늘까지도 그렇다. 그렇다면 우리문명이 계획적으로 강화해온 이러한 반동과 혐오의 결과는 어떻게 나타날 것인가?

결과는 진정 하나밖에 없으며 똑같은 것이다. 그것은 어떤 형태의 집단적인 사회적 광란이다. 육체적인 나라인 러시아는 20년 전에 육체적 반동과 '정신성'의 광란상태에 있었다. 혁명은 참으로 반육체적 광기의 거대한 분출에 불과한 것으로 볼 수 있다. 소련은 반육체적인 광기에 의해 세워진 당연한 상태의 사회로 볼 수 있다. 물론 육체적인 것과 물질적인 것은 똑같은 것이 아니며, 사실 자세히 보면 서로 반대이다. 세 살 먹은 어린애도 알 테지만, 기계는 분명 물질이고, 확실히 반육체적이다. 그리고 소련은 기계라는 이미지 즉 '순수한' 물질주의 위에 세워져 있다. 소련은 자본을 싫어하는 것보다 훨씬 더 실제의 육체적인 몸을 싫어한다. 소련은 자본을 부르주아와 혼동한다. 그러나 그 속에 위험은 거의 없다고 생각하는데, 모든 서양문명이 이제 기계 중심이 되고 물질 중심이 되어, 우리 모두를 순전히 기계에 의해 이끌어지는 광인의 통합체가 되게 할 광기를 분출시킬 준비가 되어있기 때문이다.

그렇다면 어떻게 해야 하는가? 남자와 여자들은 어떻게 해야 하는가? 남자와 여자들이 몸을 되찾는 것만이 우리가 해야 할 일이다. 대부분의 사회는 돌이킬 수 없을 정도로 상실되었다. 여전히 반동, 반감, 혐오, 증오 그리고 마침내 맹목적인 파괴를 원하는 비육체적이고 기계적인 존재로 추상화되었다. 우리사회 저변의 추진력은 똑같이 그대로이다. 반동, 혐오, 증오이다. 그리고 이 힘이 한번 통제를 벗어나면 어떻게 될 지 우리는 알고 있다. 노동자 계층에만 해당하는 것이 아니다. 부유층도 반동과 혐오라는, 그리하여 마침내 증오가 되어 버리는 추진력으로 가득하기는 마찬가지이다. 그 힘은 우리의 정신적 문명에 보편적으로 들어있다. 그 힘이 한 번 통제를 벗어나면, 그러면…….

어떤 남자와 여자들, 개인들이 자기의 몸을 되찾아 온정과 애정과 그리고 육체적인 조화의 다른 흐름을 보존하도록 노력하는 수밖에 없다. 달리 할 수 있는 것은 아무것도 없다.

여자들은 독단적이다

　　내 운명은 수탉 같은 여자들 속에서 살아가도록 정해져 있는 것 같다. 아마 남자가 자신의 모습이 어떤지 생각해 볼 나이에 여자들은 암탉 같이 착하고 부드러워야 하지만 도리어 수탉 같이 자만한 모습을 띤다. 그런 여자는 신념을 키워가든지 아니면 그것에 사로잡힌다. 그렇게 되면 남녀 모두가 괴롭게 된다.

　　내 경우엔 어머니와 함께 시작되었다. 어머니는 몇 가지 원칙을 세워놓고 있었다. 그 중 하나는 남자는 맥주를 마시지 말아야 한다는 것이다. 이 생각은 아버지가 맥주를 마셨다는 사실에서 자연스럽게 연유되었다. 아버지는 이따금 술을 너무 많이 마셨다. 그래서 가족 생활비를 술 마시는데 탕진했다. 그러므로 어머니는 맥주를 마시는 것은 가장 큰 죄악이라고 생각하게 되었다. 이보다 더 큰 죄악은 없다고 생각했다. 어머니는 이 큰 죄 앞에선 황소처럼 사나워졌다. 아버지가 거나하게 취해 집에 오면 어머니의 잔소리는 이만저만이 아니었다.

다행히 우리 사랑스런 아이들은 교육을 받아서 '결코' 이 죄에 빠져들지 않았다. 어머니는 우리를 금주학교로 보냈고 거기서 우리는 술에 관한 끔찍스런 이야기들을 듣게 되었다. 한 젊은 영웅이 술을 결코 만지지도 맛보지도 않겠다는 금주 맹세를 했다. 그런데 동료들이 그에게 맥주를 억지로 마시게 하려고 할 때 그는 이를 악물었다. 그러나 결국 그는 앞니 하나가 빠지게 되었고 동료들은 그 작은 앞니 틈새로 맥주를 식도까지 부어넣었다. 그래서 그는 그 충격으로 상심해서 죽어버렸다고 했다. 우리는 이 이야기를 듣고 몹시 울었다.

어머니는 유머감각이 매우 뛰어난 여자였지만, 우리가 이 무시무시한 이야기를 집에서 다시 했을 때 어머니의 얼굴은 강하게 굳어졌다. 그리고 우리는 금주학교에 가서 더욱 철저하게 교육을 받았다

몇 년이 흘러 아이들은 청년이 되었다. 분명히 어머니의 아들들은 맥주 잔 근처에도 가려하지 않았다. 그들은 맥주 잔을 별로 좋아하지 않았다. 그래서 어머니의 마음은 느긋하고 편안해 보였다. 어머니는 저녁식사 때 내가 그 무서운 원수인 맥주 한잔을 마시는 동안 즐겁게 지켜보기까지 했다. 더 이상 잔 속에 뱀이 없었다. 마셔라, 또 마셔라.

'그런데 어머니, 맥주를 조금 마시는 것은 염려하지 않으시면서, 아버지에 대해서는 왜 그렇게 심하게 반대하셨습니까?'

'내가 어떤 일을 겪었는지 넌 이해하지 못할게다.'

'네, 이해합니다. 그런데 어머니는 우리에게 음주를 끔찍한 죄라고 여기게끔 만들었습니다. 그리고 강한 술은 귀신이라고 우리에게 겁을 주었습니다. 어머니는 무조건 술은 악마라고 믿었습니다. 왜 이젠 더 이상

악마가 아닙니까?'

'너는 너의 아버지와는 다르다.'

그러나 어머니는 약간 수줍어하면서 말했다. 살아가면서 우리의 감정들도 변하게 된다. 우리는 시간이 흘러감에 따라 더 부드러워지기도 하고 더 거칠어지기도 한다. 이렇듯 우리는 변하게 되어 있다. 스무 살에 우리의 감정을 화나게 하던 것이 있었더라도 아마 쉰 살에서는 전혀 그렇지 않을 수도 있다. 그리고 이러한 변화는 남자보다 여자에게서 훨씬 더 두드러지게 나타난다. 특히 나의 어머니처럼 가정에서 도덕적인 힘을 행사하는 여자에게서 그 성향은 더욱 잘 드러난다.

도덕이라는 것을 앞세워 음주를 필사적으로 반대하면서 그렇게 어머니는 자신의 일생을 망쳐버렸다. 확실히 어머니에게는 술을 싫어하는 이유가 있었다. 그런데 왜 도덕을 앞세워 결사적으로 반대를 했는가? 도덕, 바로 그것이 단지 말썽거리 정도밖에 안 될 가벼운 일을 결국 비극적인 결과를 낳아버렸다. 그리고 어머니는 쉰 살이 되고 이제 인생의 전성기가 가버린 뒤에서야 그것을 깨달았다. 그렇지만 그동안 살아오면서 어머니의 인생, 어린 아이들, 술 취한 남편과 스스로 낙천적인 본성을 되찾기 위해서, 그리고 잘 살아보기 위해서 무엇인들 하지 않았을 것인가.

여자가 너무 지나치게 자기 운명을, 특히 다른 사람의 운명을 다스리려고 하면 그것은 엄청난 비극을 초래하게 된다. 여자가 자신의 운명과 주변 사람들의 운명을 지배하려고 하면, 분명히 자신의 운명을 망치고 다른 사람의 운명도 엉망으로 만들게 될 것이다. 쉰 살의 나이를 피할 수 없듯이 자신이 헤어나기 힘든 함정에 빠졌다는 것을 절실하게 깨달을 것이다. 여자는 독단적으로 살지 말았어야 했다.

　　오, 현대의 여자들이여, 쉰 살의 나이를 조심하라. 그때는 인생의 연극이 끝나고 극장의 문도 닫히고, 이제 밤으로 내몰리는 때이다. 그동안 자신의 힘으로 인생의 위대한 연극을 만들고, 운명과 모든 승리의 주인으로 위대하게 살고 있었다 해도, 이제 세월의 시계가 쉰 살을 알리고 연극은 끝난다. 자신의 연극은 무대 위에서 끝이 났다. 자신의 진정한 안식처가 있든지 없든지 이제 당신은 평범한 밤 속으로 들어가야 한다.

　　누구든지 독단적으로 살아가는 것은 위험하다. 특히 여자에게 더 위험하다. 원래 감정의 동물인 여자는 존재의 위대한 목적을 향하여 자기의 모든 감정의 힘을 몰아간다. 20년, 30년 동안 계속 그 위대한 존재의 목표를 향해 돌진할 수 있다. 그러나 쉰 살의 나이가 가까워지면 속도가 느려지고 활동의 추진력은 쇠약해지기 시작한다. 그 위대한 목표는 이제 자신에게 더 가까이 다가올 뿐 아니라 이미 너무 가까이에 와 있다. 그렇다고 멀리 돌아간다면 그것은 정말로 따분하고 시간 낭비가 될 뿐이다.

　　세 자매에 대한 이야기가 있다. 첫째는 교육을 받아서 사회개혁에 헌신하기 위해 세상으로 나갔다. 그녀는 자기가 세상을 구원할 수 있음을 확신했다. 둘째는 자기를 잃지 않고 자신의 삶을 살아가려고 굳게 결심했다. '내 인생의 목적은 내 자신을 잃지 않고 살아가는 것이다'라고 다짐했다. 그리고 그녀는 자신이 누구인지를 알게 되었고, 앞으로도 계속 자기 자신을 잃지 않고 어떻게 살아갈 수 있는지에 대해서도 알게 되었다. 셋째의 목표는 될 수 있는 대로 많은 장미를 모으는 것이었다. 그녀는 자기를 사랑해 주는 사람들, 자기의 옷을 만들어 주는 양재사, 남편, 아이들과 함께 정말 행복한 시간을 보냈다. 세 자매는 모두 삶이 자신들에게 줄 수 있는 모든 것을 얻었다.

 세 자매는 이제 쉰 살에 가까워지고 있다. 그런데 그들은 모두 그 나이의 현대여자들이 보통 겪게 되는 치명적인 파멸의 상태에 와 있다. 첫째는 사회개혁에 대해 아주 냉소적이 되어 버렸고, 둘째는 자기가 확신했던 자아가 더 이상 존재하지 않다는 것을 깨닫기 시작했다. 셋째는 세상이 위험하고 더러운 장소라는 것을 깨닫고, 자신이 있어야 할 위치가 어디인지 그 장소를 찾을 수 없게 되었다.

 무엇보다도, 여자에게 가장 치명적인 것은 자신의 목적을 설정해 그 목적에 따라 너무 독단적인 태도로 살아가는 것이라 할 수 있다.

부모의 사랑

　　사춘기의 중요한 시기가 되면 개인은 인생을 완성할 수 있는 제2의 시기를 맞이하게 된다. 그러나 모든 활동이 네 개의 신경조직의 극점에서 이루어지지 않는다면 완전한 변화는 불가능하다. 어린 시절은 각자가 스스로 극복해야 할 과도기이다. 청년기의 남녀는 엄청난 힘으로 노력하지 않으면 어린 시절로부터 좀처럼 빠져 나올 수 없다. 그리고 만약 어린 시절을 함께 보낸 사람들과 그들의 사랑이 계속 그를 잡고 있으면 결코 벗어 날 수 없는 것이다.
　　우리에게 아주 이상적이고 바람직하다고 생각되지만 달리 생각하면 커다란 위험이 될 수도 있는 것이 무엇인지에 대해 알아보자. 그것은 바로 이상적인 사랑과 이상적인 정신이다. 이상적인 것이란 바람직한 열망, 사교적인 사랑, 순수한 동정심에 바탕을 둔 친교와 '이해심'을 말한다. 그런데 소위 우리가 이상적이라고 여기는 것은 이 세상에서 가장 고귀한 사랑이라고 부르는 어머니와 자식간의 사랑이라 할 수 있다.

그런데 이 말은 무슨 뜻일까? 어머니로부터 지나치게 간섭받고 자란 아이는 상층의 교감중추신경을 지속적이고도 꾸준하게 억누르게 되고, 또한 하층의 의식중추신경을 지속적이고 꾸준하게 억제하는 것이 중요하다고 여기게 된다. 그러나 사춘기에 접어드는 아이는 육감적인 감각, 남자다운 독립심과 강인하고도 반항적인 자아, 의지력, 지배력, 자존심 등에서 오는 환희를 맛볼 수 있어야 한다. 그런데 그런 감정을 조절하는 바로 그 중추신경이 어머니의 영향으로 꾸준히 억압되고 있는 것이다. 따스하고, 날렵하며, 감각적인 자아가 어린 시절 내내 꾸준히 지속적으로 금지 당하고 좌절되어 마침내 약해지게 된 것이다. 육체적 감각을 되살리게 될 때 우리는 탐욕스럽고 추하게 되는 것이 아니라, 오히려 더 강한 추진력이 생기게 되며 어떠한 상황에도 개의치 않는 우리의 본래의 모습을 되찾게 되는 것이다. 삶이란 항상 세련되고 보다 더 풍요로워야 한다. 사랑과 행복이 목표가 되어야 한다. 불만이나 불쾌감을 계속 참는다고 해서 자기의 고집과 고유한 정신세계는 사라지지 않고 단지 침묵하고 있을 뿐이다. 감정을 억누른다는 것은 얼마나 해로운가!

결과는 어떻게 될까? 상층의 교감중추는 비정상적일 정도로 크게 흥분이 된다. 의식중추는 상당한 혼란을 일으켜 갑자기 경련상태에 빠지게 된다. 그래서 어린아이의 교감중추와 의식중추의 양극은 엄청난 혼란을 일으켜, 아이는 거의 정신을 차릴 수 없게 된다. 이때는 아주 예민해져서 통제하기 힘든 격정의 감정이 흘러 들어오게 된다. 그러므로 아이의 감정은 다치기 쉽고 불안해하고 변덕이 심하게 된다. 또한 아이는 이 시기에 정신적 의지가 굳어져버려 매우 차가운 태도를 보이기도 한다.

대개 부모 중 어머니는 맹목적으로 헌신하는 편이다. 반면 아버지는 흔히 그렇지 않다. 아이들은 부모를 반드시 사랑해야한다고 배운다. 그리고 아이들은 부모로부터 사랑, 친절, 연민, 자비, 좀더 고상한 감정들, 이런 것들만이 참된 감정이라는 것을 배우고, 나머지는 모두 그릇된 것이므로 받아들여서는 안 된다는 것을 배운다.

그 결과는 어떻게 될까? 상층의 중추신경이 부자연스러울 정도로 민감해지거나 비정상적인 반응을 할 정도로까지 심각해진다. 아니면 정반대로 신경이 무감각해지거나 생동감을 잃게 된다. 그래서 부모와 자식 간에 잘못된 관계가 형성되어 고통을 받게 된다. 이와 같은 잘못된 관계는 두 명의 어른들, 순수하게 사랑하는 연인 중 한사람, 서로를 괴롭히려 하면서 사랑하는 척 하는 사람들의 관계에서 찾아 볼 수 있다. 아이로 하여금 자신만의 고유한 감정들이 심오하고 무한하다는 것을 스스로 느끼도록 가만히 내버려두지 않고, 부모는 자신의 이기적인 사랑에서 비롯되는 연민의 정과 정신적 사랑에 어쩔 수 없이 휘말려, 아이에게는 상관도 없는 의식 세계에 아이가 빠져들도록 자극하게 되며 또한 아이 자신만의 자발적인 의식 세계와 자유를 빼앗는 결과를 초래한다.

이것은 아이에게 치명적이다. 사춘기가 되기 훨씬 이전부터 부모가 정신적 사랑을 지나칠 정도로 강조하게 되면, 제2의 성이 나타나도록 하는 교감중추의 역할이 비정상적으로 흘러가 버린다. 이렇게 되면 치유할 수 없을 정도의 불행한 일이 발생하게 된다. 그런 아이는 밝은 곳에서 직접 사물을 보는 것이 아니라 어둠 속에서 아이답지 않은 조숙한 눈으로 감각을 받아들이게 된다. 조숙한 아이들은 사물을 부분적으로 알아야 할 굉장히 어린 나이에 그렇게 하지 않고 전체를 알기 시작한다. 목 주위의 경부 신경조직과 경부 신경중추는 사춘기 이후가 되어야 활동하기 시작한다. 물론 이 신경중추는 상층에 위치하고 있는 교감중추와 인식중추인데, 성인의 이기적인 사랑의 감정과 이기적인 사랑의 의지가 아이나 유아에게도 자극을 주어 이 신경중추가 비정상적으로 반응하게 된다. 이것이야말로 지독한 음란 행위가 아니고 무엇인가!

우리가 특히 바람직하고 이상적이라고 생각하고 있는 이러한 상태는 우리의 감각 중추를 최대한 억압하여 정상적으로 활동할 수 없도록 한다. 이렇게 되면 아이의 모든 행동이 상층의 의식 중추, 즉 가슴과 목 부분을 조절하는 중추로 몰리게 된다. 물론 우리는 이 중추를 횡경막 아래에 있는 감각 인식 중추와는 대조적으로 역동적 인식 중추라고 부른다.

그리고 그 아이가 사춘기에 이르게 되면 상층에 있는 신경중추의 충동적인 힘이 이미 활동을 시작했기 때문에 조숙한 행동을 하게 된다. 요즘 아이들은 거의 대부분 조숙하여 사춘기가 되면, 생리적 교감신경에서 일어나는 반응을 이미 광범위하게 경험하게 된다. 그런데 그 아이는 이런 반응을 누구와 경험하게 될까? 바로 부모인 것이다.

이것은 바로 자기 자식을 파멸시키는 행위라 할 수 있다. 왜냐하면 첫 번째 단계에서의 반응 활동은 육체를 무시하고 정신세계에서만 이루어지기 때문에 부모인 어른에게나 어울리는 것이다. 이러한 반응 활동과 인간관계는 네 개의 중추인 역동적 의식신경중추에서 일어나는 것들이다. 제 2차 성징(性徵)이 나타나고 더 깊은 단계의 의식 활동이 이루어질 때, 이전의 인간관계는 낯설게 느껴지게 된다. 전 세계 인류와 인간의 본능에 비추어 볼 때, 아이가 성적 본능을 가지게 되면 부모는 반드시 그것을 반대한다.

    부모들은 너무 성급하다고 할 수 있다. 왜냐하면 부모들은 모두 아이가 그들의 품속에서 벗어나기 전에 아이를 서서히 삼켜버리기 때문이다. 그리고 부모가 아이들을 사춘기 시절에 학교나 다른 곳으로 보낸다 해도 큰 도움이 되지 못한다. 왜냐하면 이미 부모는 그전에 아이에게 해로운 영향을 끼쳐버렸기 때문이다. 부모와 사회는 아이가 열두 살이 될 때까지 상반신에 있는 중추, 특히 상층의 교감중추가 시키는 대로만 살아가도록 강요하게 된다. 따라서 아이는 정열적이고 아주 민감해진 자기의 육체를 이해할 수 없게 되는 것이다. 부모와 사회는 학교, 주일학교, 책, 가정에서 모두 아이들에게 어른처럼 행동하기를 강요한다. 이것은 정말 치명적인 것이 된다. 그 중 가장 교묘하면서도 강력하게 영향을 미치는 것은 바로 가정과 부모이다. 부모는 사랑과 '연민'이라는 가면을 쓰고 아이의 마음속 깊이 들어와 아이를 괴롭히고 얽매는 사랑의 그물이 된다.

    그래서 아이가 사춘기에 이르게 되면 어린 시절의 신비로움을 이미 박탈당해버렸기 때문에 그것을 포기하게 되고, 자유롭지 못한 상태에 빠지게 된다. 이렇게 되면 사춘기 시절에 접어든 그 아이는 전반적인 의식구조가 새롭게 펼쳐져도 그것을 느끼지 못한다. 그리고 넓고도 불가사의하게 다가오는 새로운 관계와 신선하고도 생명력이 넘치는 충동의 영역에 눈을 떠보지도 못하고 자신이 끊을 수 없는 사슬로 묶여져 있다는 것을 깨닫게 된다.

　　사춘기는 스스로의 힘으로 이루는 것이다. 성에 눈뜨는 시간이 점점 다가온다. 그러나 이런 아이는 사슬로 묶여서 꼼짝할 수 없게 된다. 부모는 아직 자기의 채워지지 않은 사랑의 욕구를 아이로부터 채우려 하고 있었다. 의식의 구조 속에는 부모와 아이 사이에 끈질긴 관계가 이미 형성되어 버린 것이다. 부모는 천을 짜듯이 자신의 살과 아이의 살을 엮어 아이를 소유해 버렸다. 부모의 이런 행위는 말할 수 없을 정도로 끔찍한 것이다. 이것은 마치 어른들의 사랑과 같은 관계, 즉 남자들 사이의 사랑, 여자들 사이의 사랑, 남녀 사이의 사랑과 같은 관계가 아이와 부모 사이에도 이루어진다. 부모가 아무리 자식을 아끼고 소중하게 여겼다고 한들 그것은 변명이 되지 않는다. 그것은 오히려 부모의 죄를 더욱 깊게 할 뿐이다. 부모는 자신과 아이 사이에 더 깊은 감정의 굴레를 만들어 왔던 것이다. 나는 지금 성적인 문제를 이야기하고 있는 것이 아니라 순수한 감정, 즉 신성한 사랑을 이야기하고 있는 중이다. 부모는 자신과 아이 사이에 더 고귀한 사랑, 더 정신적인 사랑, 그리고 어른의 영혼과 같은 감정의 끈을 만들어 놓은 것이다.

　　이것이야말로 치명적인 것이다. 이것은 일종의 근친상간이라 할 수 있다. 이것은 육체적인 근친상간보다 더 위험하고 더 강한 정신적인 근친상간이다. 왜냐하면 그것은 좀처럼 만족할 줄 모르며 본능적으로 그다지 싫지 않기 때문이다. 정신분석학이 불신을 받고 있지만, 부모와 아이 사이에 있는 사랑의 욕구든, 사랑의 교감이든 이러한 관계를 조절하는 상층 교감신경이 우리를 결국 근친상간으로 몰아넣는 것은 불가피하다는 것을 밝힌 정신분석학의 공헌은 크다고 할 수 있다.

상층신경조직에서 이루어지는 순결한 정신적 관계가 우리의 목표이다. 하지만, 인간의 정신구조상 이성에 끌리는 것은 피할 수 없기 때문에, 하반신의 신경조직인 육체의 감각 조절신경에서도 활동이 시작되는 것이다. 우리가 천사처럼 순결할 수도 있지만 인간이기에 이런 상황이 일어나게 될 것이며 그것은 또한 당연히 일어나야 한다. 러스킨[80)의 아내가 남편보고 그는 어머니와 결혼했어야 했다고 한 말은 진리이다. 그는 이미 자기의 어머니와 '결혼해버린 상태였다.' 우리가 소위 고상하다고 여기고 있는 덕목인 목적, 믿음, 순결, 소망, 의지 등을 갖추고 있어도, 더 높고 고귀한 정신적 사랑의 관계가 이루어지고 난 후에는 하반신에서 일어나고 있는 육체의 감각적 사랑에 눈을 뜨게 되는 것이다. 그 다음은 어떤 일이 일어나게 될까?

물론 부모는 자기들의 사랑이 아무리 강하다 해도 그것은 순수한 것이며 육체적인 느낌은 털끝만큼도 없다고 말할 수 있다. 아마 그럴 수도 있겠지만 안 그럴 수도 있을 것이다. 순순히 그렇다고 인정하는 것이 좋을 것이다. 결코 피할 수 없는 일이다. 상층교감신경은 비정상적으로 흥분을 일으켜 하층교감신경을 자극하게 된다. 그래서 그 흥분감 때문에 하층교감신경을 억누르는 것이 불가능하고, 이성에게 끌리는 느낌을 아무리 억제하려고 해도 하층교감신경은 활동을 시작하게 되는 것이다. 우리의 정신은 그 구조가 정밀하게 잘 짜여 있어 한쪽 편에서 활동을 시작하면 나머지 한쪽에서도 자동적으로 활동을 하도록 자극 받게 된다. 부

---

80) 존 러스킨(1819-1900): 영국의 평론가 · 사회사상가.

모 자식간의 관계가 너무 강하게 되면 그 관계가 순수하더라도 아이의 하반신에 있는 성을 조절하는 중추를 반드시 자극하게 된다. 이렇게 되면 일단 한번 자극 받은 육체의 감각 중추는 부모 이외의 다른 사람, 즉 친구나 연인에게서 육체적 감각을 찾게 되는 것이다. 이러한 육체적 관계는 부모 자식간에는 이루어질 수 없는 것이다. 내가 경험한 바에 따르면 생물학적 측면에서 볼 때 부모 자식간에는 육체적 감각 조절 중추에서 철저하게 성을 혐오하게 되는 마음이 일어나게 된다. 이러한 관계에서는 자연스런 감각이나 느낌이 조화를 이루지 못하게 된다.

그러면 부모가 저지른 실수는 어떤 것일까? 아이와 부모는 이미 상층에 있는 어른과 같은 사랑의 감정과 의지로 연결되어 있어, 아이는 하반신의 감각중추가 자극을 받아도 다른 사람과 어울릴 수도 없고 아무 목표도 없으며 마음이 끌리는 관계도 이룰 수 없게 되고 말았다. 이렇게 되면 강한 힘을 가진 성 조절중추가 균형을 잃고 비정상적으로 활동하게 된다. 결국 한쪽으로만 치우치게 되는 것이다. 그래서 아이는 상층중추만 활동하게 되어 내성적인 아이로 되어 버린다.

이것이 바로 내성적인 성격이 형성되는 과정이라 할 수 있다. 하반신의 성 조절 중추신경이 자극을 받기는 하지만 아무 감각도 없고, 다른 사람과 관계도 맺을 수 없으며, 외부에 반응할 힘도 없어지고, 표현력도 완전히 잃게 된다. 그 신경조직은 상층 신경중추의 영향으로 한쪽으로만 치우쳐지게 된다. 육체적인 성의 감각이 아래쪽 중추신경으로부터 위쪽의 중추신경 쪽으로 흐르게 만든다. 상층의 신경중추가 하층의 신경중추를 한쪽으로만 흐르도록 억제하고 있는 것이다. 그래서 계속 위쪽으로만 흐르게 된다. 이렇게 되면 반작용이 생기게 마련이다. 최초로 자의식을 가지게 될 때, 하반신에서 일어나는 자기의 본성을 느끼기보다는 상반신의 강한 자의식 속에서 그것을 느끼게 된다. 이것이 우리가 처음 겪게 되는 큰 불행이다. 상반신이 하반신을 조절하게 되는 것이다. 그렇게 되면 촉감으로, 손으로 자위행위를 함으로써 성에 눈을 뜨게 된 몸을 자극하게 된다. 그리고 자기 자신에 대해 음란한 생각을 하게 된다. 또한 대부분의 젊은이들처럼 야한 그림을 벽에 붙여 놓는다. 대부분의 남자들처럼 상스러운 이야기에 성적욕망이 일어나기도 한다. 그리고 자위행위와 같은 여러 가지의 가벼운 성도착 증세에 빠져들게 된다.

　　이러한 것들은 무엇을 의미하는가? 하반신 조절 신경과 몸의 활동이 상반신의 조절신경중추에 의해 통제를 받고 있다는 것을 의미한다. 눈과 귀로 성적인 활동과 지식을 모으고 싶어한다. 그래서 마음은 성적인 것으로 가득 차게 된다. 그리고 자신의 성에 대해서는 항상 내성적인 성향을 보이게 된다. 확실히 외향적으로 보이는 이탈리아 사람도 살펴보면 똑같다는 것을 알 수 있다. 결국 그를 괴롭히는 것은 다름 아닌 자신의 성인 것이다.

　　오늘날 부모가 이것 외에 과연 아이에게 해놓은 일이 무엇이 있는가? 아이들이 강하고도 조숙한 성적 행위에 은밀하게 몰두하게 되는 것은 거의 피할 수 없는 일이다. 위쪽에서 발달한 자아는 아래쪽의 자아에 격렬한 자극을 주게 된다. 이러한 상태에 빠진 아이는 물론 비참할 뿐만 아니라 불꽃같이 맹렬한 그 아이의 성, 수치심, 자위행위, 은밀하면서도 비참한 흥분감, 성적인 호기심, 이 모두는 우리시대가 안고 있는 최대의 비극이다. 그 아이는 실제로 행동으로 옮기기보다는 아는 것에 그칠 뿐이다. 이렇게 되면 실제 성관계에 대해 생각하게 될 때 혐오감을 느끼게 된다. 즉 정상적인 성행위는 혐오스럽게 여기게 된다는 말이다. 단지 머릿속에서만 느끼고, 보고, 경험하고, '인식하는' 것에 빠져든다. 흥분이나 체험과 같은 정체 모를 무엇이 상층의 의식 속으로 흘러드는 것이다. 이런 이유 때문에 오늘날 우리는 내성적인 성향을 가지게 되고 성도착증에 빠지게 된다. 즉 그저 자연스럽게 솟아오르는 열정이 아닌 정체 모를 그 무엇이 나타나, 육체적 감각의 자아로부터 자연스럽게 흘러나오는 직접적인 행동을 무시해버리고, 우리를 이러한 상태로 만들어 놓은 것이다. 성에 대해 생각해볼 때, 우리가 마음속에 떠올릴 수 있는 것은 기교니, 환상이니 하는 정신적 요인들이다. 이것은 성을 상층 의식 구조에서 생각해내는 것들로서 마음, 눈, 입, 손가락 등으로 이루어지는 것들뿐이다. 이것이야말로 우리가 저지르고 있는 더럽고 병적인 타락행위이다.

    그러므로 어른들과 그들이 만들어 놓은 이상은 비난받아 마땅하다. 그러나 잔뜩 불붙어 혼자만의 성적 흥분을 느껴야 하는 아이들의 비극을 보고 있으면 기가 막혀 비난은커녕 괴로울 따름이다.

    이제 이상적인 사랑이 과연 무엇인지 살펴보자. 열광적인 사람은 사랑 속에서 성취감을 추구하려 한다. 그래서 그들은 노력을 한다. 그러나 사랑에는 성취란 없다. 성취의 절반 정도가 강하고 육감적인 사랑을 통해 온다. 남자에게 있어 중요한 완성은 깊고도 혼자라는 절실한 감정 속에서 자신을 강하게 소유하는 것이라 할 수 있다. 깊고 풍요로운 고독은 사랑을 통해 접근되고 완성된다. 그 고독감은 사랑의 깊은 골짜기를 지나면서 얻어진다.

　　인생에는 여러 목표가 있지만 자아 완성이 가장 중요한 목표이다. 그 목표를 완성하는 데에는 두 가지 중요한 길이 있다. 첫 번째는 깊고 열정이 넘치는 완전한 사랑을 통해서 이루는 방법이 있고, 두 번째는 영혼의 진지한 목표인 종교적 목표의 실행을 통해서 이루는 방법이 있다. 그런데 우리는 상층 자아를 통하여 거짓으로 사랑을 행하고 마침내 사랑을 죽음에 이르게 하고 있다. 그리고 또한 강한 목적과 신앙으로 적극적인 합일점을 찾게 되는 두 번째 방법에 대해서도 우리는 비웃음을 보낸다.

　　다시 자식과 부모의 관계로 돌아가자. 사랑을 통해 얻어지는 혼자라는 고독감은 이상이나 외곬수적인 도덕적 사랑으로는 얻기 힘들다. 여자가 성숙한 단계에 이르게 되고, 고귀한 침묵이 흐르는 완성 경지에 이르게 되는 소위 위험한 나이에 이르게 되면, 미친 듯이 새로운 사랑을 찾게 된다. 여자가 남편과의 관계에서 순수한 균형과 안정단계에 도달하게 되는 결정적인 시기가 되면, 그녀는 어떤 형태이든 안정, 평화, 균형, 그리고 남편으로부터 등을 돌려 더 많은 사랑, 더 큰사랑, 새로운 연인, 즉 진정 자기를 '이해해줄' 사람을 요구하게 된다. 이때 흔히 자기 아들에게로 집중하게 된다.

　　사실 여자는 감정을 통해 자아 완성의 목표에 이르게 된다. 그러나 여자가 자기 자신과 성에 완전히 도취되어 있는 것이 얼마나 나쁜 것인지를 남자가 이해하지 못하면, 여자가 남자로부터 이해 받는다고 해서 여자는 자아 완성에 도달하지 못한다. 여자는 사랑, 깊은 육체적인 감각,

절묘한 감각적 합일을 통해 자기 완성에 이를 수 있기 때문이다. 그러나 여자는 자기 완성의 순간에 도달하게 된다하더라도 더 많은 흥분을 요구할 수 있어야 한다. 그리고 성숙의 아름다움과 침묵의 아름다움과 고요한 진실함을 지니고 있어야 한다.

    하지만 이때 남자나 남편이 여자에게 관심을 두지 않으면 여자는 그렇게 하지 않을 것이다. 한편 남자는 서른 다섯 살쯤 되면 자아의 완성이나 성숙의 단계에 이르게 되는데, 이때는 휴식할 시간이 아니다. 오히려 그 반대이다. 결혼을 통해 인생의 완성을 추구하고 자신의 영혼을 바쳐 이룩한 결혼이라면, 미래를 위하여 그 다음 단계에 대한 책임감을 가져야 한다. 그리고 더 높은 목표를 정하고 그 목표를 향하여 열정을 가지고 최선을 다해야 한다. 홀로 서서 독립하겠다는 굳은 결심을 하고, 또한 자신을 정리해서 고요한 침묵과 성숙의 단계에 이르겠다는 결심을 한 다음 미래의 목적을 위해 나아갈 신성한 책임을 져야 한다. 그러므로 쉴 시간이 없다. 홀로 서야겠다는 결심과 자신을 잘 정리해서 평온한 상태에 이르겠다는 결심, 더 높은 목적에 대한 책임감, 이 모두는 어떤 면에서 보면 모든 부모, 모든 아버지, 모든 남편에게 반드시 필요한 것이다. 이러한 결심과 책임감을 가지지 않는다면, 사랑의 열정은 깨지고 가정은 파멸에 이르게 된다. 특히 여자에게 있어 사랑의 열정은 수습하기 힘들어 파멸을 부르게 된다.

    이런 상태에 있는 불행한 여자는 매우 열정적으로 자기 완성을 계속 추구하게 되는데, 자의식과 성적인 감각은 가슴이 아니라 머릿속에서 병들어가게 된다. 그리고 홀로 서기와 자기를 정리할 용기가 없고 굳은 결심으로 아내를 사로잡지 못하는 남편의 나약한 사랑에 좌절하여, 결코 충족되지 않는 만족감을 찾아 헤매게 된다. 그래서 자기가 삼켜 버릴 대상을 찾으려 하는 것이다. 이럴 때 여자는 대체로 자기 자식에게 관심을 돌리게 된다. 바로 여기서 자기가 원하는 것을 찾게 된다. 마침내 여자는 자기의 소유물인 아들에게서 자기가 열정적으로 찾고 있던 안성맞춤의 감정을 찾는다. 아들을 수단으로 삼아 아들에게서 자신의 해답을 찾고 있는 것이다. 그래서 자기의 몸을 던져 아들에게 최후의 엄청난 사랑을 쏟는 것이다. 그것은 그 여자의 마지막 파멸을 불러일으키게 하는 강한 애착심이다. 남편에게 주어야 할 풍부한 마음과 강한 힘이었기에 아들에게는 독약이 되는 것이다. 이것은 바로 결단력을 내릴 용기도 없고 더 높은 단계의 책임감도 결코 받아들이지 않은 남편이 초래한 결과이다. 아들이 내성적인 성격과 콤플렉스를 가지게 되는 치명적인 환경이 또 한번 시작되는 것이다. 만약 남편이 궁극적으로 자아 완성과 홀로서기와 생활에 대한 책임감을 받아들이지 않는다면, 그는 아내가 불안해하고 그와 조화로운 생활을 할 수 없으며 결국 파멸로 치닫게 된다는 것을 명심해야 한다.

'사람이란 자기의 첫사랑을 영원히 회상한다'라는 말은 오늘날에는 비꼬는 말처럼 들린다. 이것의 진정한 의미는 '사람이란 자기의 첫사랑을 영원히 회상하지 않는다'라는 뜻인 것 같다. 사실 남자는 일단 첫사랑이 이루어지기만 하면 그 첫사랑을 버리지 않는다. 그러나 남자는 맨 처음 시도해본 사랑을 버릴 수도 있다. 남자가 일단 상부의 중추신경과 하부의 중추신경의 조절에 따라 몸과 마음을 모두 바쳐 한 여자와 생명력 넘치는 친밀한 관계를 가지게 된다면, 그 사랑은 결코 깨지지 않는다. 마음으로만 하려는 성관계는 깨지기 마련이며 완전한 사랑의 순환이 이루어지지 않는다. 그러나 완전한 순환이 이루어지게 되면 그 사랑은 좀처럼 깨지지 않는다.

오늘날 우리가 성을 가슴이 아닌 머리로만 생각한 나머지 자의식이 강하고 수줍어하게 되어버린 것은 매우 안타까운 일이다. 여자도 남자와 마찬가지 상태로 되어 버렸다. 그래서 요즘은 친구이기 때문에 결혼한다고 말한다. 따라서 그들은 성이 역겹고 큰 실수거리가 된다고 여긴다. 그래서 친구인 체하면서 멋진 사랑을 유지 할 수 있다. 성이 그 어느 때보다 가슴이 아니라 머릿속에서만 빙빙 돌면서 넓게 자리 잡고 있다. 그러므로 서로에게 만족하지 못한 부모가 아이에게 매달려 결국 그 아이를 불행한 상태로 내몰고 있는 가정이 생겨나게 된다. 아니면 결국 이혼하는 경우도 있다. 그렇게 되면 우리의 교감중추신경에는 아무런 작용도 일어나지 않는다. 우리의 마음은 그저 텅 비어 있을 뿐이다. 그래서 아름다운 결혼 생활이 가지는 생명의 교류는 찾아 볼 수 없다.

자신과 상대방 사이에 네 개의 신경중추 중에서 두 개만으로, 즉 육체적 아니면 정신적으로만 관계를 맺는다면 그 관계는 반드시 파국을 초래하게 된다. 특히 그 관계가 자신에게도 처음이고 상대방에게도 처음이라면 반드시 깨지고 만다.

이제 부모의 경우를 보자. 부모는 최초로 아이의 의식 깊은 곳에 자리 잡는 존재이다. 죄를 범하고 있는 불법 침입자이다. 그러나 그것이 문제되는 것은 아니다. 부모와 아이는 의식구조의 첫 활동영역인 상층의 신경조직과 목의 신경조직과 교감중추와 인식의 중추 사이에서 관계를 맺고 있는 것이다. 이것은 몸의 반쪽만 살아 있게 하는 것이다. 그러므로 될 수 있는 대로 이 관계를 깨뜨려야 한다. 아니면 죽음이 이것을 깨뜨릴 수 있을지도 모르겠다.

앞서 살펴보았듯이 상층 신경조직에서 이루어지는 사랑과 인식의 활동은 반드시 하층 신경조직에 있는 성적 감각중추를 자극하게 된다. 관계가 있는 두 사람이 서로 육체적인 교류가 없어도 그렇게 된다. 자, 어떤 일이 일어나게 되는지 살펴보자. 바람직하고 진정한 아내의 본모습을 알아보고 싶다면, 열여덟 살이 된 아들에게 대하는 어머니를 살펴 보라. 아들에게 대하는 태도, 아들을 자극하는 태도, 여자로서 아들의 것이 되고 싶어 부리는 애교, 이 모든 것은 아들에게 순종하는 아내와도 같다. 이러한 태도는 결코 남편에게는 할 수 없는 행동이다. 그리고 그것은 성숙한 여자가 침묵 속에서 피우는 꽃이다. 그것은 여자가 피우는 바로 그 사랑이라는 것이다. 아들이 자기 옆에 있으면서 자기가 주는 사랑의 선물을 받도록 하는 것이다. 그 외에는 성적인 것도 요구하지 않으며, 아들에게 아무것도 바라지 않는다. 그것이 결혼한 여자가 피우는 이상적인 꽃이다. 남편은 미래를 위하여 최선의 노력을 하면서 그 꽃을 자기의 모자에 담아야 한다. 남편에게 있어 그 꽃은 서약이기도 하며 만개하여 결혼에 의미를 주는 것이기도 하다. 이렇게 되면 아들에게도 정말 멋진 일이 된다. 이제 여자는 처음으로 진정한 아내가 된 기분을 느끼게 된다. 이렇게 되면 남편 다음으로 아들에게 관심을 가지게 된다.

어머니와 아들의 관계 대신에 아버지와 딸의 관계를 살펴보아도 마찬가지다. 그 다음엔 어떤 일이 이어질까? 아들은 한동안 거침없이 자라서 마침내 성의 필요성을 느끼게 되고 스스로 성에 눈 뜰 시기에 이르게 된다. 아들은 즐겁게 청년기에 접어들게 되며, 그의 앞에 아무 장애물도 없이 어머니의 보호와 사랑을 받으며 자유롭게 세상에 나가게 된다. 그에게는 모든 것이 신기하게 다가오며, 멋진 것들을 마음껏 보고 어머니에게서 자극을 받아 만물을 이해한다고 느끼게 된다. 이렇듯 성숙한 여인이 아들에게 불러 넣어 줄 수 있는 힘을 생각해 보라. 아들은 산소 속에서 타오르는 불꽃처럼 활활 타오른다. 그래서 천재에게는 훌륭한 어머니가 있다고 대부분의 사람들이 당연하듯이 말한다. 한편 천재는 대체로 슬픈 운명을 지니고 있다.

    자, 이제 당당하게 세상으로 나간 청년은 어떻게 될까? 그는 실제로 육감적이고 성적인 자아를 어떻게 받아들일까? 그 자아를 묻어 두었을까? 아니면 낯선 사람과의 관계를 시도해 볼까? 그는 어머니에게서 배운 대로 성을 억제하지 않는다. 이미 부모와의 이상적인 사랑에 연결되어 있지만 앞으로 가장 좋은 사랑이 무엇인지 알게 될 것이다.

    어떤 여자도 아들에게 주는 사랑, 아버지에게 주는 사랑, 형제에게 주는 사랑, 즉 진정 순종하는 아내가 가질 수 있는 아름답고 훌륭한 사랑을 낯선 사람에게는 주지 않을 것이다. 여자는 낯선 사람인 남편에게 자기는 왕비요, 여신이요, 여주인이기를 요구한다. 그리고 남편에게 절대적이고 최고의 사랑을 받고 싶어하며 자신이 처음이자 마지막 여자이기를 주장한다. 그러나 여자는 피가 섞인 혈족들에게 이런 것을 요구하는 법은 결코 없다. 혈족에게 있어서 여자는 언제나 헌신적으로 사랑하는 사람이 되는 것이다.

그래서 아버지나 오빠를 따르는 매력적이고 젊은 여성은 어머니를 헌신적으로 사랑하는 매력적인 남성과 결혼하고 싶어한다. 이 결혼은 겉으로는 좋아 보인다. 하지만 꼭 그렇지만은 않다. 물론 그들은 좋은 친구일 수 있다. 그러나 그것이 남아 있는 유일한 것이다.

우리는 거기에 있다. 이 게임은 시작도 되기 전에 깨져버린다. 가족의 테두리 안에서 지칠 줄 모르는 사랑의 신조 때문에 강렬한 어른들의 동정심이 어린 자식에게 자극을 준다. 이탈리아에서는 부모가 어른이 느낄 수 있는 성적 의식과 감정을 아이들에게 고의적으로 자극한다. 하지만 우리의 경우를 보면 부모가 아이에게 자극하는 것은 정신적인 감정과 정신적 비판력이다. 그래서 아이가 어른의 일을 경험하고 어른과 같은 헌신적인 감정을 가지게 되면 조숙하다고 여기게 된다. 이러한 비정상적인 상황 때문에 생기는 부모 자식간의 강한 사랑은 큰 문제가 된다. 이 사랑은 마치 남녀의 사랑과 같이 강하지만 성적이지는 않다. 그렇지만 이런 사랑은 형제 자매간의 헌신적이고 강한 사랑과 마찬가지로 보기에도 딱한 모습이다. 이런 경우 아이는 미래에 자신에게 다가오게 될 멋진 사랑을 미리 경험해 버리게 되는 것이다. 또한 낯선 사람과의 관계에서는 충격과 갈등이 불가피하지만 가족 내에서는 갈등 없이 사랑의 관계가 손쉽게 형성되는 것이다. 그래서 이런 사랑이 가장 쉽고 가장 강해서 최고의 사랑인 것처럼 보이고 가장 고귀한 것처럼 여겨지기도 한다. 그래서 이런 가정에서 자라난 남자는 자신이 어머니와 여동생과 나누던 사랑이 이 세상에서 가장 고귀한 사랑이라고 믿고 있다. 따라서 자기 아내와 나눌 수 있는 남녀간의 사랑이 그만큼 고귀한 사랑이라고 믿고 있는 남자를 찾기란 힘들다.

 그런 가정에서 자란 아이들은 스무 살이 되기도 전에 단맛을 보았기 때문에 더 이상 남아 있는 것이 없게 된다. 그 후에는 생명력이 없게 되고 반복과 환멸감만이 남아 있는 것이다.

 그렇게 되는 이유는 무엇일까? 그 이유는 항상 똑같다. 그런 부모들은 대단히 굳은 결심으로 자기 자신을 잘 정리하여 편안한 상태를 만들고, 자기 영혼의 홀로서기를 스스로 이루지 못한다. 그런 남편이나 아버지는 자기 자신만의 평온함과 홀로서기를 이룩할 용기가 없는 것이다. 그리고 그런 아내나 어머니는 사랑에 대한 헛된 고집을 가지고 끝없이 사랑을 요구하면서 사랑 받고자 하는 욕망을 포기할 용기가 없는 것이다. 그런 여자는 자신의 자기주장을 버리고 자신은 물론이고 정신적 노력을 스스로 믿고 있는 남자를 신뢰할 만한 훌륭한 정신을 가지고 있지 않다. 물론 요즘 그런 남자들이 '있기는' 한지 생각해 볼 일이다.

 무엇보다도 슬픈 일은 이러한 부모 밑에서 자란 아들의 미래이다. 어머니와 여동생과 이미 강한 관계를 맺고서 아내와 같은 관계의 아름다움을 맛본 이런 아들! 오빠를 이미 사랑해본 딸이 집착이 심한 어떤 여자의 아들과 결혼을 한다면, 그들은 겉으로는 아주 그럴 듯해 꽤 사랑스러운 부부처럼 보인다. 그리고 처음에는 잘 되어 간다. 그러나 점차로 그들은 서로 불안해지기 시작한다. 어머니와 아들 사이의 사랑과 아버지와 딸 사이의 사랑은 성관계를 할 수 없는 불완전한 관계이지만 그들은 이미 부모와의 관계에서 아름다움을 맛본 뒤이기 때문에 그 사랑을 잃어버린 느낌이 들어 서로가 안달하게 된다. 그래서 결혼에 있어 부부의 성적인 부분이 텅텅 비어버리게 된다. 대신 그 자리에는 가장 사랑스러운 것, 즉 어머니, 아버지, 오빠에게 느꼈던 사무치는 헌신적인 사랑이 자리 잡게 되는 것이다. 결혼과 동시에 이러한 사랑이 완전히 사라진 것이다. 아니 최고의 사랑이 없어진 것이다. 그래서 그들은 안달을 하게 되고 그 나머지 다른 사랑은 그들에게 일고의 가치도 없는 것들이다. 바로 이것이 그들의 인생인 것이다. 이제 그만 정신 차리고 아이들을 잘 길러라. 앞날을 생각해 보아라! 계속 그렇게 가다가는 아이가 스무 살이 되었을 때 제대로 자기 인생을 살아 나갈 수 있겠는가?

    정신분석학이 이러한 상황을 해결하는데 도움이 될까? 우리에게 흥분을 일으키게 하는 또 다른 성적 자극 원인은 무엇인지, 부도덕한 것을 더욱 부채질하도록 만든다고 하는데 그것은 무엇인지 한번 생각해보자. 진부한 이야기 바로 그것이다. 즉 부성 콤플렉스, 모성 콤플렉스, 근친상간의 환상이 바로 그것이다. 그것은 말도 안 되는 소리이다. 우리가 그런 것들에게서 흥분을 느끼지 못한다면, 수많은 다른 유행어들을 잊어버리듯이 그 용어들을 쉽게 잊게 될 것이다. 그리고 몸으로 하지 않고 머릿속에서만 하는 성적 행위, 직접 부딪치지 않고 은밀히 혼자 하는 행위, 혹은 이 보다 더 추한 행위로 우리가 더 타락하지만 않는다면 우리는 예전의 모습을 되찾게 될 것이다.

진짜 중요한 것

대부분의 혁명은 폭발이다. 그리고 폭발은 대부분 사전에 계획되기보다는 불붙듯이 갑자기 일어나는 경우가 훨씬 많다. 혁명 후 일어난 역사적인 사실을 살펴보면 1790년대에 프랑스 사람들은 완전한 군주주의와 귀족주의 체제가 성립되는 것을 진정으로 원하지 않았지만 그렇게 되어 버렸다. 그래서 그들은 온갖 노력을 다해 보았지만 결코 원래의 목적으로 되돌릴 수 없었다. 러시아인들에게도 그와 같은 경우가 있었다. 그들은 벽에 통로를 뚫으려고 하다가 집 전체를 무너뜨리는 결과가 되어 버린 경우이다.

자유를 위한 투쟁은 나폴레옹이나 소련의 경우처럼 연속적으로 일어나, 처음 계획했던 바와 동떨어져 도리어 전제정치의 늪으로 빠질 수 있다. 그리고 여성 해방 운동도 마찬가지 원리이다. 아마 현대의 가장 중요한 혁명은 여성해방운동일 것이다. 어쩌면 그것은 거의 2,000년 동안 일어난 가장 치열한 투쟁이며 누가 뭐래도 여성의 독립, 자유를 위한 투쟁이라 할 수 있다. 그런 투쟁은 아주 고통스러운 것이었다. 적어도 나에게는 그렇게 보인다. 그리고 그것은 결국 승리하게 되었다.

그것은 정도를 넘어 여성의 횡포로, 가정주부의 횡포로, 세상에 존재하는 여성의 이념과 이상을 전제적인 횡포로 바꾸어 놓았다. 말하자면, 이제 이 세상은 여성의 감정에 의해 움직이고, 군대나 모험적이고 힘찬 행동을 모두 버리고 생산적이고 가정적인 행동을 하게 된 남자들의 대승리는 가정주부들의 승리이기도 하다.

남성은 여성의 요구에 복종하고 있다. 적어도 겉으로는 남자가 여자의 요구에 고분고분하게 따르는 것처럼 보인다.

그러나 안으로는 무슨 일이 일어나고 있을까? 투쟁이 있었음을 부정할 수 없다. 물론 이러한 자유를 향한 투쟁이 없었다면 여성은 자유를 얻지 못했을 것이다. 그런데 이제 여성은 더 이상 그럴 필요가 없는데도 여전히 투쟁하고, 열심히 노력한다. 그것은 남성을 쓰러뜨리기 위해서이다. 현대의 인류를 움직이고 있는 것은 위대한 여성의 정신이며, 오늘날 그것에 복종하지 않는 남성을 찾기란 어렵다. 그러나 평화의 상태는 아니고 여전히 투쟁과 대립의 움직임이 있다.

여성들은 단체를 형성하여 여성의 정치적 투쟁을 위해 노력하고 있다. 그리고 개인적으로도 여성은 남성인 아버지, 남자형제, 그리고 특히 남편과 투쟁을 하고 있다. 이 짧은 반란의 시기를 제외하고 여성은 남성에게 줄곧 복종해왔다. 아마도 이러한 복종의 관계는 남성과 여성의 피할 수 없는 본성인 것 같다. 그러나 그것은 본능적이고 무의식적인 복종임에 틀림없다. 어떤 특정한 시기가 되면 여성에 대한 남성의 맹목적인 복종은 약해지는 것 같다. 그렇게 되면 그런 관계는 쉽게 깨진다. 그런 관계는 어떤 큰 단계가 끝나가고 또 다른 단계가 시작되기 전 항상 일어난다. 한때 남성이 여성을 열렬히 숭배하고, 또 여왕에 대한 찬양을 시작하는가 싶더니 그 시기는 곧 끝나버렸다. 그리고 여자가 누린 영광의 시간은 짧았고 그 후 비참한 시간이 아주 오랫동안 지속되고 있다. 즉 남자가 여자를 떠받들지 않게 되자 여자의 영광은 사라지고, 투쟁은 계속 되고 있다.

이 투쟁은 반드시 두 성이 대립하는 것으로 보기는 어렵다. 본래 성이라는 것은 서로에게 향한 적개심으로 맞서지는 않는다. 그리고 어떤 특정한 시기에는 단지 겉으로 그렇게 보일 뿐이다. 예를 들어 남자가 무의식적으로 자신감을 상실할 때나, 아니면 여자가 의식적으로든 무의식적으로든 남성에 대해 신뢰감을 갖지 않게 될 때, 남녀가 서로 맞서는 것처럼 보이는 것이다. 그러므로 지금의 남녀 대립은 생물학적인 성의 싸움이 아닌 것이다. 전혀 아니다. 성은 오히려 남녀를 하나로 만들 수 있는 것이다. 그래서 멋지게 하나로 합쳐 질 수 있다. 하지만 남자가 본능적으로 삶에 대한 자신감이 무너지게 되는 때에만 성은 거대한 무기로 변하여 서로 나누어지게 된다.

남자는 자신감을 잃게 되고 여자는 그와 투쟁을 시작한다. 클레오파트라는 안토니와 사실상 투쟁을 했다. 그 때문에 그는 자살했다. 그러나 그는 먼저 자신감을 잃고 사랑에 의지하게 되었다. 그것은 그의 나약함과 패배를 확실히 보여주는 증거가 되는 것이다. 그리고 여자가 한번 자신의 남자와 싸우기 시작하면, 마치 자유를 위해 싸우는 것처럼 싸우고 또 싸운다. 그러나 그녀가 원하는 것은 단순히 자유만이 아니다. 그리고 자유는 남자에게 어울리는 용어이며, 여자에게 있어 자유라는 의미는 오히려 시시한 것이다. 여자는 자신감이 없는 남자로부터 벗어나기 위해 싸우는 것이다. 여자는 투쟁하고 또 투쟁하지만 그 투쟁으로부터 벗어날 수 없다. 여성의 관점에서 자유를 생각해보면, 사실 여성은 옛날보다 오늘날이 더 자유롭지 못하다고 볼 수 있다. 이 말의 의미는 남녀가 서로 최초로 만난 당시보다, 여자에게는 마음의 평화가 더 줄어들게 되었다는 것이다. 즉 사랑스러운 여성에게 잔잔하게 흐르는 강물과도 같은 평화가 이제 점점 줄어들고 있다. 또한 행복한 여성이 즐기던 아름다운 꽃과 같은 휴식도 이제 부족해진 것이다. 그리고 여성이 지닌 생명력과도 같이 거의 무의식적으로 솟아오르는 형언할 수 없는 삶의 즐거움 역시 줄어들게 된 것이다.

　　오늘날 여성은 사랑을 위해서가 아니라 투쟁을 위해 항상 긴장하고 신경이 예민해져 있다. 그래서 경계를 늦추지 않고 칼을 뽑아들고 무장하고 있는 것이다. 그녀의 찢어진 옷과 투구, 짧은 머리, 그리고 단호한 태도를 보면 마치 군인처럼 보인다. 이런 그녀를 한번 쳐다보아라. 군인과 같은 모습 외에는 아무것도 보이지 않을 것이다. 그것은 그녀의 잘못이 아니고 그녀의 슬픈 운명이다. 남자가 자기 자신과 삶에 대해 자신감을 잃게 될 때 이런 상황이 발생하게 된다.

　　여러 시대에 걸쳐 남자와 여자 사이에는 무수한 관계가 형성되어 왔다. 서로가 불신하는 시대의 관계들은 족쇄로 느껴졌고, 그 속박으로부터 자유로워지기 위해 싸워야만 했다. 그것은 무의식적으로 형성된 관계에서 느낄 수 있는 서로의 공감대를 쓰라린 눈물을 흘리며 냉정하게 끊어 버리는 것이다. 그것은 남녀 사이에 무의식적으로 형성된 애정과 서로 끌어당기는 강한 힘의 흐름을 단호히 끊어 버리는 것이다. 남성과 여성은 두 개로 분리되는 것도 아니며 그렇다고 완전한 통일체도 아니다. 이에 대해 심한 반대가 있더라도, 우리는 이것을 계속해서 주장해야만 한다. 남자와 여자는 분리된 두 사람이 아니라는 것이다. 심지어 의식이나 마음도 둘로 분리 될 수 없다. 그리고 정반대의 주장이 큰 소리로 들린다 해도, 결코 둘로 분리될 수 없다. 눈에 보이는 관계이든지 보이지 않는 관계이든지, 결코 나눌 수 없는 복잡한 삶의 흐름 속에서 남자와 여자는 영원히 연결되어 있는 것이다. 그것은 남편과 아내의 관계뿐만 아니다. 기차에서 나와 마주 앉은 여성, 담배를 산 가게의 여성, 즉 이 모든 여성은 강물이나 물보라처럼 나의 피와 나의 영혼 속으로 흘러들어 온다. 그래서 여성이 가지고 있는 생명력의 수증기를 내 앞으로 흘러 보내어 나라는 존재를 나로 살아갈 수 있도록 해주는 것이다. 반대로 나는 여성의 마음을 달래주고, 만족하게 해주며 여성에게 힘이 되어 주는 남성의 생명력을 여성에게 보내 준다. 아직도 대중 속에서의 남녀관계는 바로 이런 것이다. 그래서 대중 속에서 낯선 사람끼리의 남녀관계를 살펴보면 사적인 남녀관계보다는 생명력의 교류가 더 잘 유지되고 있으며 원래의 남녀의 역할도 어느 정도 지속되는 것이다. 우리의 현대 생활은 점점 더 대중 속에서 이뤄지고 있다. 그러므로 남녀는 많은 사람들 앞에서는 여전히 상대에게 매우 친절하게 대한다.

그러나 사사로운 개인적인 관계에서는 싸움이 계속된다. 그것은 우리들의 증조모에서부터 시작되었다. 할머니들 시대에 와서 그것은 강력해졌다. 그리고 그것은 어머니들 시대에 와서 생활 속에서 압도적인 요소로 작용하게 되었다. 여성들은 그것이 정의를 위한 투쟁이라고 생각하게 되었다. 또한 그들은 남자를 '더 우수하게' 만들어 아이들에게 '더 나은' 삶을 만들어 주기 위해 남자와 투쟁한다고 생각했던 것이다.

　　이제 우리는 투쟁에 대한 이러한 도덕적 변명은 통하지 않는다는 것을 잘 알고 있다. 또한 우리의 아버지들은 어머니들과 싸워 패배했다는 것도 알고 있다. 왜냐하면 어머니들이 무엇이 '보다 좋은 것'인지에 대해 진정으로 알고 있었기 때문이 아니라, 아버지들이 그들의 삶의 흐름과 삶의 실체에 대한 직관적인 이해력을 상실했기 때문이다. 그러므로 여성은 어떤 대가를 치르더라도 맹목적으로 그리고 운명적으로 그들과 싸워야만 했다. 작은 아이 시절부터 우리는 그것을 계속 보아왔던 것이다. 우리는 어머니들이 부르짖고 있는 도덕적인 변명을 믿었다. 우리는 이제 자라서 남자가 되었고 이번에는 우리가 또 여성으로부터 공격을 당했다. 그리고 도덕적이든 그렇지 않든 이제 여자들에게는 공격의 구실이 없다는 것을 우리는 알게 된 것이다. 공격의 핑계는 단지 겉으로 보기에 거창할 뿐이다. 그리고 '선'에 대한 신념을 주장했던 우리들의 어머니들도 죽기 전에는 오히려 자신들이 주장했던 그 '선'이라는 것에 진저리를 내는 것이다.

　　그 투쟁은 과거에도 그랬고 현재에도 투쟁 자체를 위한 것이다. 그 투쟁이 정신을 잃고 잠시 휴식하는 시간을 제외하고는 늘 무자비하다. 그리고 여자는 사랑을 얻으려고 남자와 싸우는 것이 아니라고 수도 없이 말한다. 그러면 왜 싸우는 걸까? 그 이유는 여자들이 남자가 더 이상 사랑할 수 없다는 것을 본능적으로 눈치 챘기 때문에 싸우는 것이다. 남자는 자기의 고유한 자신감과 삶의 흐름에 대한 본능적인 자신감을 잃게 되어 더 이상 사랑할 수 없게 된 것이다. 남자는 정말 사랑할 수 없는 상태에 이르게 된 것이다. 남자가 여자에게 더욱 저항하고 자기 주장을 더욱 내세우며 더 낮게 무릎을 꿇고 여자를 더 숭배할수록 그의 사랑의 능력은 더욱 줄어들게 된다. 심지어 남자가 받들고 흠모하는 여자 자신도 자기가 사랑 받고 있지 않다는 사실과, 남자가 자기를 사랑하는 척 속이고 있다는 사실을 직관적으로 알아챈다. 그러나 그녀는 남자가 자기를 속이도록 더욱 부채질하게 된다. 그런데 그것은 어처구니없게도 그녀의 자만심을 추켜 세워주는 꼴이다. 그러나 결국엔 복수의 여신 네메시스와 퓨리스가 와서 불쌍한 두 남녀를 뒤쫓게 된다. 남녀간의 사랑은 경배나 숭배도 아니고, 더 깊은 것도 아니며, 빛나고 화려한 것은 더더욱 아니다. 말하자면 그것은 일상생활이며 숨쉬기의 일부분과도 같이 우리가 살아가는데 필수적인 것이다. 사실 남녀간의 사랑은 정말 숨쉬기와도 같은 것이다.

　여자들이 사랑을 얻기 위해 투쟁을 하지만 적어도 남자와 직접 싸워 남자의 사랑을 쟁취한 여자는 결코 찾아 볼 수 없다. 그래서 여자가 남자와의 싸움을 끝낼 때 비로소 남자는 여자를 사랑하게 되는 것이다. 그런데 여자가 그와의 싸움을 끝내는 시간은 언제일까? 남자가 확실하게 여자에게 복종할 때일까? (왜냐하면 남자는 거짓이든 가짜든 복종은 늘 할 수도 있고, 아니면 그저 조금 복종하는 체 하기 때문이다.) 아니, 이때가 가능성이 가장 희박하다. 왜냐하면 남자가 여자에게 복종할 때, 여자는 대체로 이제까지보다 더 심하고 더 무자비하게 싸우기 때문이다. 왜 여자는 남자 곁을 떠나지 않을까? 때로는 떠나기도 한다. 그러면 남자에게서 떠난 다음엔 무슨 일이 이어질까? 그녀는 그런 싸움을 다시 하기 위해 그저 또 다른 남자와 교제를 하게 된다. 그러므로 그녀 자신이 남자와 싸울 필요성을 만들어 내는 것은 엄연한 사실이다.

왜 여자는 혼자 살 수 없을까? 그렇게 할 수 없다. 때때로 여자는 다른 여자들과 손을 잡고 집단 속에서 그 싸움을 계속한다. 그러나 때로 여자는 혼자 살아야만 한다. 왜냐하면 어떤 남자도 여자와 싸우기 위해 앞으로 나오지 않기 때문이다. 그러다가 조만간 남자와 만나게 될 필요성이 다시 그녀에게 다가온다. 그것은 피할 수 없다. 만약 그녀가 부유하다면 그녀는 댄스 파트너로 직업 댄서를 고용할 것이다. 그리고 가장 하찮은 일로 그에게 굴욕감을 줄 것이다. 그 싸움은 끝나지 않는다. 위대한 헥토르[81]가 죽을 때 당했던 굴욕감 정도로는 여자들이 만족하지 못한다. 물론 그는 마차의 뒷바퀴에 묶여 질질 끌려가며 나체로 모욕당했다.

싸움은 언제 끝날까? 아, 도대체 언제란 말인가! 현대의 삶은 우리에게 아무런 해답도 주지 못하는 것 같다. 그러나 아마도 남자가 자신의 능력과 자신감을 되찾을 때 가능할 것이다. 그렇게 되면 그 이전의 남자는 죽고 그와는 다른 생명력, 다른 용기, 그리고 다른 종류의 조심성이나 부주의함을 지니고 고통스럽게 다시 태어나는 것이다. 그러나 대부분의

---

81) 헥토르: (그리스신화) 프리아모스의 아들로 안드로마케의 남편. 트로이의 용사로 아킬레스에게 살해된다.

남자는 오래된 자신의 겁 많은 성질을 떨쳐 버릴 수 없고, 또 대담하게 떨쳐 버리지도 않는다. 그들은 절망 속에서 여자에게 매달려 차갑고 무자비하게 여자를 증오하게 되는데, 이것은 계속 학대받은 아이가 느끼는 증오심과 같은 것이다.

그리고 그 증오심이 사라지게 될 때, 남자는 이기주의라는 마지막 피난처로 도망친다. 이때 그는 더 이상 진실한 감정을 가지고 있지 않기 때문에 고통을 느끼지도 않는다.

지금은 이 세상에 새로운 세대가 살고 있다. 그래서 그 싸움은 다소 약해진다. 왜냐하면 양쪽 다 마음속이 텅 비었기 때문이다. 이것은 사실 비꼬는 말이다. 젊은 남자들은 자기가 숭배하는 어머니들의 '자비'와 '모성애'의 대부분이 단지 어머니의 이기심에서 출발된 것이며 자기 자신의 욕심의 연장이며 다른 사람을 자기 마음대로 하기 위한 독점력을 가진 사랑이었다는 것을 알게 된 것이다. 세상에 이런 일이 있다니 기가 막힌 일이 아닌가! 자신의 이익을 채우기 위해 아이들을 독점하려고 은밀히 안간힘을 쓰는 이러한 여자들! 이런 여자들은 아이들이 기만당하고 있다는 사실을 생각이나 할까? 아니 한순간도 생각해보지 않다니! 나는 요즘 어린아이들이 '우리 엄마는 늘 나를 괴롭힌다. 여섯 살밖에 되지 않았지만, 나는 반항할 수 있다'라고 생각하는 것을 그들의 눈에서 읽을 수 있다. 이것이야말로 투쟁인 것이다. 남자에 대한 여자의 싸움은 이와 같이 어머니가 아이를 지배하려는 것과 같은 성질을 지니고 있다. 즉 이 싸움은 다른 사람을 지배하려고 하는 자신의 의지를 지켜나가기 위한 단순한 싸움으로 변해버린다. 그것은 비굴하게 또 다시 실패한다. 그러나 여자는 싸움을 계속한다.

　　이제 남자와의 이 거창한 싸움은 거의 끝날 때가 된 것 같다. 그 이유는 무엇일까? 그것은 남자가 새로운 힘을 되찾게 되어 늙은 육체 속에 들어있던 낡은 정신을 죽여 새로운 힘과 새로운 자신감을 지니고 다시 태어났기 때문일까? 안타깝게도 전혀 그렇지 않다. 남자는 교묘하게 몸을 피해 여자를 따돌린 것이다. 남자는 그동안 고문당하고 무시당해 신뢰감마저 잃게 되었다. 그래서 모든 감정들을 자기 내부에서 몰아내 버리고 사실 껍데기만 남아, 이제 착하고 상냥한 최고의 현대남성의 모습을 하고 있다. 그를 움직이게 하는 것은 단 한 가지, 자신의 안전을 위협하는 것 외에는 아무것도 없게 된 것이다. 이제 그는 '안전'을 느낄 수 없을 때 공포에 질리게 된다. 그렇기 때문에 남자는 위험한 감정이 난무하는 세상과 요구사항으로 가득 찬 세상이 벅차 이 세상과 자기 자신 사이에 여자를 두게 되는 것이다.

　　이제 그는 아무것도 느끼지 못한다. 남자는 자기의 모습을 아주 잘 위장하고 있어 마치 해방된 모습처럼 보인다. 그리고 그것은 모든 인식의 경지를 넘어서 위장된 해탈과 평화의 모습이다. 그것은 완전한 무에서 얻을 수 있는 해탈과 평화와 같은 것이다. 우선, 여자는 그것을 알아차리지 못해 화가 나 제정신을 잃게 된다. 평화, 능력, 힘의 상태를 이룬 것처럼 위장하여 이기주의자가 되어 버린 남자의 모습이 싫어서 여자들은 잇달아 스스로에게 분노하는 모습을 볼 수 있다. 남자는 이제 자연스러운 감정이 메말라 버리고 이기주의자가 되었기 때문에 인간으로서 느낄 수 있는 고통을 더 이상 받지 않게 되었다. 그래서 그는 이제부터 직접 세상에 나서지 않고 뒤에 서서 살아가면서 완전히 자기중심적이 되어버린 것이다. 더욱이 자기 자신마저도 세상이나 다른 사람에게 떠넘기고자 계획하고 그 은밀한 야심으로 생기에 넘쳐 있다. 남자나 여자가 자신을 떠넘기려고 애쓰는 모습을 보면 인간은 그 본성이 이기주의적 성향을 가지고 있다는 것을 알 수 있다. 이기주의자인 현대남자들이 주로 쓰는 확실한 위장술은 상냥하고 친절하고 겸손한 척 하는 것이다. 그러니 남자들이여 항상 우아하고 겸손해라!

오늘날 많은 남자들, 특히 성공한 남자들, 매력적인 남자들, 그리고 '예술 활동을 하는' 남자들, 이 모두가 그런 것처럼 한 남자가 이기주의의 승리의 이런 기쁨을 누리게 될 때, 여자는 그 꼴을 보기 싫어하고 화를 내게 된다. 하지만 남자는 더 이상 아무 반응을 하지 않는다. 그래서 그 싸움은 갑자기 끝이 난다. 하지만 그녀는 그 남자에게 부딪쳐 싸우려고 한다. 그러나 그는 거기에 없고, 다만 그녀가 주는 충격을 받아들이고는 아무것도 느끼지 못하고 무표정한 모습만이 있을 뿐이다. 그녀는 점점 거칠고 난폭하게 변해간다. 요즘 30대 여성들이 이상한 행동을 하고 있는데 그 원인이 바로 여기에 있다고 설명할 수 있다. 이런 남자와 싸워봤자 그들에게 되돌아오는 것이라곤 아무것도 없다는 사실을 갑자기 깨닫게 된 것이다. 그래서 그들은 무서운 지옥에라도 떨어진 것처럼 흥분해 정신이 나가버렸다. 바로 이것이 여자들의 현재 모습이다.

이제 그들은 절망에 빠지거나 아니면 순간적으로 바뀔 수 있는 여성 특유의 성질을 살려 갑자기 사태를 알아차린다. 그 다음 즉시 그들의 전반적인 행동이 변화하게 된다. 그것으로 끝이다. 이렇게 싸움은 끝난 것이다. 이제 남자는 싸움에서 벗어나게 되었다. 그는 어떤 의미에서는 보잘것없는 존재이다. 여자에 대한 증오심은 약해졌다 하더라도 다소 감각이 살아나게 된다. 그래서 이제 이런 남자를 보게 되는 20대의 여자는 좀더 현명해진다. 따라서 그녀는 자기의 남자나 다른 남자들과 더 이상 싸우지 않게 된다. 이제 여자는 남자가 자기 방식대로 살아가도록 내버려두고, 가능한 그녀 자신의 방식을 찾으려고 애쓴다. 그리고 지금부터 아이를 괴롭힐 생각을 할 수도 있다. 그러나 대체로 아이를 멀리 두려고 한다. 그녀는 이제 제법 혼자 있을 수도 있다. 만약 남편이 감정을 느낄 수 없다면, 그녀 역시 아무 감정도 느낄 수 없다. 그녀는 남편에 대한 자기의 감정은 중요하지 않고, 자신이 화가 나서 신경질을 부리는 상태가 아니라면 남편을 빛의 천사, 날개 달린 사자, 가장 사랑스러운 남자, 그리고 나의 멋진 귀염둥이라고 부를 것이다. 그녀는 이런 말을 오데코롱 향수처럼 남편에게 뿌려댄다. 그러면 남편은 그것을 당연히 받아들이고 그 다음 즐거움을 넌지시 끄집어낸다. 그들의 삶은 '한바탕의 즐거움'이 된다. 진부한 표현을 빌리자면 그들의 삶은 신경이 끊어질 때까지 한바탕의 즐거움이 될 수 있다. 화장한 얼굴, 가짜 보석, 가장된 품위, 꾸며진 매력, 꾸며진 애무, 꾸며진 열정, 가짜 문화, 블레이크의 『산루이스레이의 다리』에 나오는 거짓된 사랑, 피카소의 거짓된 사랑, 최근 영화스타의 거짓된 사랑, 이런 것들은 모두 가짜이다. 가장된 슬픔과 즐거움, 가장된 비애와 신음소리, 가장된 환희의 절정들, 이 모든 것들 뒤에는 돈이 최고라는 생각과 돈으로만 살아가려는 뼈아픈 현실이 숨어 있다. 이것은 끔찍해 보이고 이러한 현실 뒤에는 보이지 않는 공포가 도사리고 있는 것이다.

　　물론 이것은 현대 젊은이들을 극단적인 시각으로 본 경우이다. 그들은 비극이나 진지함을 유행이 지난 쓸데없는 것이라고 무시해버리고 살아가는 사람들이다. 그들이 진정 지금 어디 있는지도 모르는 사람들이다. 그리고 그들은 그런 것에는 관심도 없다. 하지만 그들은 남녀간의 오랜 투쟁과는 거리가 먼 곳에 서 있다.

　　결과적으로, 그 동안의 남녀간의 싸움은 거의 가치가 없었던 것 같다. 그러나 그들은 여전히 싸우고 있는 것 같다. 아마 결과적으로 긍정적인 면이 있을지도 모른다. 과연 그럴까?

　　그동안 많은 젊은이들이 나름대로 여러 가지 일을 겪었지만, 5세기에 퇴폐적인 라벤나[82])의 로마인이 느꼈던 것과는 비교할 수 없는 공허함과 환멸감을 느끼는 상태에 이르게 되었다. 지금 그들은 바로 공포와 절망감에 빠져 있는 것이다. 그래서 신뢰감을 되찾으려고 신념의 방향을 바꾸어 타진해 보기 시작한다. 그리고 자신들이 진지하게 살아가지 않는다면 버스를 놓치는 것처럼 삶을 완전히 잃어버리게 될 수도 있다는 것을 깨닫기 시작한다. 그동안 그 똑똑한 젊은이들은 어떤 것에 너무 빨리 뛰어오르려고 하다가 자신의 삶 그 자체를 잃어버림으로써 결국 뛰어오르지도 못하게 되었다. 런던의 속담인 '놓쳐버린 버스!'라는 말이 잘 어울리는 상황이다. 좋은 기회를 다 놓쳐버리고 바보같이 시간만 낭비하다니! 젊은이는 이것이 바로 그 속담과 같은 경우라는 것을 불안 속에서 이제 막 깨닫기 시작한다. 그들이 그동안 분주하고 멋지게 살아온 '삶'이

---

82) 라벤나: 이탈리아 북동부에 위치한 도시. 5세기 서로마제국의 수도.

라고 하는 것은 결국 삶이 아니며, 진정으로 중요한 것을 놓치고 있다는 것을 걱정스럽게 깨닫기 시작한다.

그렇다면 이제 무엇을 해야 하는가? 진정 중요한 것은 무엇인가? 아, 장애물이 놓여 있구나. 살아가는 방식에는 수백만 가지가 있으며 그것이 모두 삶이라는 것이다. 그렇지만 인생에서 과연 진정으로 중요한 것은 무엇일까? 우리에게 옳다는 느낌을 줄 수 있는 것, 삶이 진정으로 좋다는 것을 우리가 느끼도록 해주는 것은 무엇일까?

그것은 훌륭한 질문이다. 그러나 그 해답은 진부한 것들뿐이다. 그러나 모든 세대들은 자기만의 방법으로 해답을 찾아내야 한다. 나에게 삶의 의미를 주는 것은, 내가 아프고 병들어 있어도 직접 어느 곳으로 가서 우주의 생생한 삶과 접촉하는 것이다. 그래서 내가 살아 있다는 것을 느끼고, 내 영혼의 깊은 곳에서도 살아 있다는 것을 느끼는 것이다. 어쨌든 내 인생은 저 먼 우주와 별들로부터, 그리고 우리가 사는 이 훌륭한 '세상'으로부터 힘을 얻는다. 이 훌륭한 세상으로부터 나의 힘과 나의 확신감에서 비롯되는 것이다. 어떤 이는 '신'을 말하지만 '신'이란 말은 어쩐지 더럽혀져 있는 것 같다. 영원한 우주를 통하여 끝없이 서로 얽혀 있는 삶, 그리고 우리에게 재생을 가져다주는 생명의 불꽃이 엄연히 '존재하는' 것이다. 언젠가 우리는 그것과 접촉할 수 있게 된다.

남자가 영원한 생명의 불꽃과 접촉을 하지 못하고, 아주 이기적이 되어 불꽃 속에서 활활 타오르지 않고 자기 내부에 갇혀 살게 될 때 남녀 사이에는 싸움이 시작된다. 그것은 황혼이 깃들고 소나기가 내리는 것을 우리가 피할 수 없듯이 더욱 피해 갈 수 없는 것이다. 여자가 융통성이 없고 옳고 그름이 분명할수록 겉보기에도 더욱 경직되고 파괴적인 성향을 보인다. 이런 여자가 자기의 대단한 자제력과 자신을 지탱하는 힘을 잃게 되면, 여자가 여자인 것을 피할 수 없듯이 남녀가 싸우게 되는 상황은 더욱 피할 수 없게 된다. 바로 이때 모든 관계가 깨지고 만다.

이제 남자가 생명 자체로 되돌아가는 길 외에는 할 수 있는 것이 아무 것도 없다. 생명은 눈에 보이지 않지만 저 먼 우주에서 유유히 흐르고 있고, 앞으로도 영원히 흘러 갈 것이다. 그리고 그것은 살아 있는 모든 것들을 지탱해주고 또 다시 새롭게 해준다. 바로 그 생명으로 되돌아가라. 이것은 죄나 도덕, 선과 악에 관한 문제가 아니다. 지쳐서 생기 없는 오늘날의 남자를 소생시키고, 재생시키고, 생기를 불어넣고, 새롭게 만들고, 정신 차리고 활발하게 살아가도록 하기 위한 문제이다. 어떻게 재생되고, 새롭게 태어나고, 다시 생생해 질 수 있는가? 그것은 남자들이 그들 스스로에게 던져야 할 문제이며 여자들도 역시 스스로에게 물어봐야 할 것이다.

이 문제의 해답을 찾는 것은 어렵다. 특이한 음식이나 약물을 섭취한 후 몸의 내부에서 보이지 않게 흘러나오는 묘책으로도 해결할 수 없다. 또한 훌륭한 계시나 메시지도 역시 아닐 것이다. 그리고 그것은 어떤 것을 아는 것이 아니라, 실천의 문제이다. 결국 해답은 생명력 넘치는 우주의 중심과 접촉하는 것이다. 그렇다면 우리는 어떻게 그것을 해낼 수 있을까?